米山達郎
久保田智大 著

大学入試

# 英作文バイブル

## 和文英訳編

解いて覚える必修英文
100

Writing Bible for
University Entrance Examinations

Z-KAI

## はじめに

本書は、**和文英訳のカギとなる文法・語法・表現のポイントを凝縮した100の英文**を、ポイントを理解しながら覚えることで、大学入試の英作文に必要な知識を効率よくマスターすることを目的とした、**暗唱例文集を兼ねた問題集**です。

### ■英作文学習のカギは例文暗唱

英語は語順によって意味が決まる言語であり、単に単語を並べただけでは文になりません。また、語順が正しくても、時制などが間違っていれば、意図が間違って伝わってしまう恐れがあります。日常生活であれば、文法的に間違った英語を書いたり話したりしても、相手は話を理解しようとしてくれるでしょう。しかし、大学入試で同じことをすると、伝えたいことが伝わらないどころか、減点の対象となってしまいます。大学入試の英作文で高得点を取り、合格を勝ち取るためには、**文法的に正しい英文を書く力を身につけることが必要不可欠**なのです。

文法的に正しい英文を書く力を身につけるためには、文法・語法を**「英作文で使えるかたち」**で身につける必要があります。そのために大切になるのが、**「実際に使うかたちで覚える」**ということです。たとえば、「この動詞は自動詞で使う」と覚えるのではなく、「この動詞は〈自動詞＋副詞〉のかたちで使う」のように**フレーズで覚える**と、英作文の時に使える知識になります。文法的に正しい英文を書くために効果的な究極の学習法が、**〈例文暗唱〉**です。例文は、複数の文法・語法のポイントがフレーズのかたちで詰め込まれた、**「英作文のポイントの宝庫」**ともいえるものです。「英作文は英借文」ということばがあるように、暗唱した例文をベースに英文を書けば、文法的に正しい英文をスムーズに書くことができます。使える例文を数多く覚えることが、英作文学習のカギともいえるでしょう。

### ■例文暗唱の際に注意すべきこと

英作文学習のカギともいえる例文暗唱ですが、例文を覚える際に注意すべきことがあります。それは**「文法・語法・表現のポイントを理解したうえで覚える」**ということです。せっかくの例文も、ただ機械的に覚えた、いわゆる「丸暗記」しただけの状態では、英作文に役立てることはできません。英作文で使えるようにするためには、文法・語法のポイントを理解したうえで覚えることが必要不可欠になります。さらに、「この表現は具体例を挙げる時に用いる」のように、どのような状況で使うのかを理解することも大切です。例文暗唱の際には、その文に含まれる文法・語法・表現を意識するようにしましょう。

## ■効率よく例文を暗唱するための本書の工夫

英作文学習のカギとなる例文暗唱を、丸暗記ではなく、文法・語法・表現のポイントをしっかりと理解したうえで効率よく行える学習方法を追求した結果、誕生したのが『大学入試 英作文バイブル』です。本書には、効率よく例文を暗唱するために、次のような工夫が盛り込まれています。

### ① 和文英訳に必要なポイントを 100 の英文に凝縮

例文は1つでも多く覚えたほうがよいですが、現実問題として、例文暗唱に使える時間は限られています。そこで、本書では、和文英訳のカギとなる文法・語法・表現のポイントを 100 の英文に凝縮しました。100 の英文を覚えることで、大学入試の和文英訳に必要なポイントをマスターできます。

### ② 3ラウンド方式で覚えた英文を「使える」状態に

本書では、3つの異なる観点から問題を解くことで、文法・語法・表現のポイントへの理解を深めながら英文を覚えられる〈3ラウンド方式〉を採用しました。この方式により、英文を単に「覚えている」状態から、あらゆる場面で応用できる「使える」状態に引き上げることができます。

### ③ 別冊で必修英文と重要表現をくり返し確認

覚えた英文は、本書での学習が終わった後もくり返し確認することが大切です。そのために、本書では 100 の英文と重要表現をまとめた別冊を用意しました。この別冊を音声と合わせて活用すれば、いつでもどこでも英文や表現を覚えたかを確認できます。入試直前の最終チェックにも最適です。

和文英訳のカギとなる文法・語法・表現のポイントを凝縮した 100 の英文を、独自の3ラウンド方式によって単に「覚えている」状態から「使える」状態に引き上げることができる本書は、まさに英作文の「バイブル＝必携書」といえるでしょう。本書で身につけた英文を武器に、大学入試の英作文攻略の第一歩を踏み出すことを心より願っています。

米山　達郎
久保田　智大

## もくじ

はじめに …… 2
本書の構成と使い方 …… 6

まずは確認 英語を組み立てる基本手順 …… 8

Round 1 文法・語法の急所を確認する …… 11
名詞の急所 …… 12
代名詞の急所 …… 16
文型の急所 …… 20
時制の急所 …… 32
動詞の語法の急所 …… 41
助動詞の急所 …… 50
形容詞の急所 …… 54
比較の急所 …… 65
副詞の急所 …… 70
否定の急所 …… 76
準動詞の急所 …… 79
前置詞の急所 …… 92
節の急所 …… 95

改めて確認 英語の品詞 …… 112

Round 2　表現を機能ごとに確認する …… 113
意見を述べる …… 114
行動をうながす …… 118
気持ちを伝える …… 122
条件・目的・譲歩を表す …… 128
論理関係を表す …… 134
例示・追加を表す …… 138
様子・程度を表す …… 144
相違・類似を表す …… 150
比較を表す …… 152
時を表す …… 158
変化を表す …… 162

改めて確認　英語の語順 …… 164

Round 3　和文英訳にチャレンジ …… 165

**音声サイトのご案内**

本書の必修英文の音声は、下記サイトから無料でダウンロードできます。各 Round の学習の際や、別冊を使って英文を暗唱する際にご活用ください。

https://service.zkai.co.jp/books/zbooks_data/dlstream?c=3090

## 本書の構成と使い方

本書では、3つの異なる観点から問題を解くことで、文法・語法・表現のポイントへの理解を深めながら英文を覚えられる〈**3ラウンド方式**〉を採用しています。この構成にしたがって学習すれば、英文を単に「覚えている」状態から、あらゆる場面で応用できる「使える」状態に自然に引き上げることができます。ここで各ラウンドの構成と学習の流れを確認してから問題に取り組みましょう。

## Round 1 理解 定着 発信 文法・語法の急所を確認する

このラウンドでは、和文英訳のカギとなる〈**文法・語法**〉を確認します。ここで扱う文法・語法は、英作文の際に間違いやすいポイントばかりです。まずは問題を解き、文法・語法のポイント解説を確認します。間違えた問題については、解説をしっかりと読み、ポイントを確実に理解するようにしましょう。さらに、英文に含まれる重要表現を確認して、英文についてわからない点がないようにします。すべてのポイントを理解したら、英文を暗唱しましょう。暗唱する際は、「書く」「音声を聞く」「声に出して読む」など、さまざまな方法を活用すると、記憶にしっかりと定着するでしょう。

① 001 好天に恵まれたので、川辺でピクニックをして1日の大半を過ごすことにした。

It was such a sunny weather that we decided to spend most of the day having a picnic beside the river. 【下線部訂正】

② 確認 【名詞の急所①】 名詞の可算・不可算を区別する

日本語と異なり、英語では〈可算名詞（数えられる名詞）〉と〈不可算名詞（数えられない名詞）〉を区別する。日本語の発想で区別できることもあるが、同じ名詞が可算・不可算の両方に使われることも多いので、まずは「常に不可算名詞として使う名詞」を覚えておこう。

覚えよう 常に不可算名詞として使う主な名詞

□ advice「忠告／助言」 □ baggage / luggage「（旅行用）手荷物」
□ damage「損害」 □ equipment「装置」 □ evidence「証拠」
□ fun「楽しみ」 □ furniture「家具」 □ harm「害」
□ homework「宿題」 □ housework「家事」 □ information「情報」
□ knowledge「知識」 □ news「知らせ」 □ progress「進歩」
□ scenery「景色」 □ traffic「交通（量）」 □ wealth「富」
□ weather「天気」 □ work「仕事」

③ 発想 英文の組み立て方

「好天に恵まれた」は「とてもよい天気だった」ということ。「天気」は weather で表すが、weather は常に不可算名詞として使う名詞なので、× a weather や × weathers という形はない。したがって、a sunny weather の a を削除する。

④ 表現 英作文に役立つ表現

□ とても［非常に、大変］～ので…する ▶ such + 形容詞 + 名詞 + that SV 機能

〈形容詞 + 名詞〉の部分は、名詞によって次の3パターンになる。

① 〈a + 形容詞 + 可算名詞の単数形〉 例 such a difficult problem
② 〈形容詞 + 可算名詞の複数形〉 例 such difficult problems
③ 〈形容詞 + 不可算名詞〉 例 such sunny weather

□ ピクニックをする ▶ have a picnic

この表現のように、日本語の「する」がいつも do で表せるとは限らないことに注意。

⑤ 001 **It was such sunny weather** that we decided to spend most of the day having a picnic beside the river.

12

① **問題**：文法・語法のポイントが、〈**誤文訂正問題**〉または〈**並べ替え問題**〉で問われています。まずは解いてみて、ポイントを理解しているか確かめましょう。

② **確認**：①で問われている文法・語法のポイント解説です。間違えた問題については、解説をしっかりと読み、ポイントを確実に理解するようにしましょう。

③ **発想**：和文英訳の際の英文の組み立て方を解説しています。問題の解き方にもなっているので、ここで日本語を英語にする際に注意すべき点を確認しましょう。

④ **表現**：英文中に含まれる、英作文に役立つ表現がまとめられています。英文中でどのようなかたちで用いられているかを確認しながら表現を整理しましょう。**機能** が付いている表現については、Round 2 でくわしく扱います。

⑤ **正解（暗唱英文）**：問題の正解です。この英文を暗唱することが最終目標になります。学んだ文法・語法のポイントを確認しながら暗唱しましょう。

## Round 2 理解 定着 発信 表現を機能ごとに確認する

このラウンドでは、Round 1 で学んだ英文を、「意見を述べる」「行動をうながす」など、相手に何かを伝える時に役立つ**〈機能表現〉**の観点から確認します。左ページに問題、右ページに解答と解説という見開き構成になっているので、Round 1 で暗唱した英文が定着しているかを簡潔に確認することができます。問題は、機能表現の部分を問う**〈部分英作文問題〉**になっています。英文は、**機能表現ごとにまとめられた、Round 1とは異なる順序**で並べられているので、英文を違う角度から確認することができます。ここで学ぶ表現は、自由英作文の際にも役立つので、使う場面を意識しながら確認しましょう。

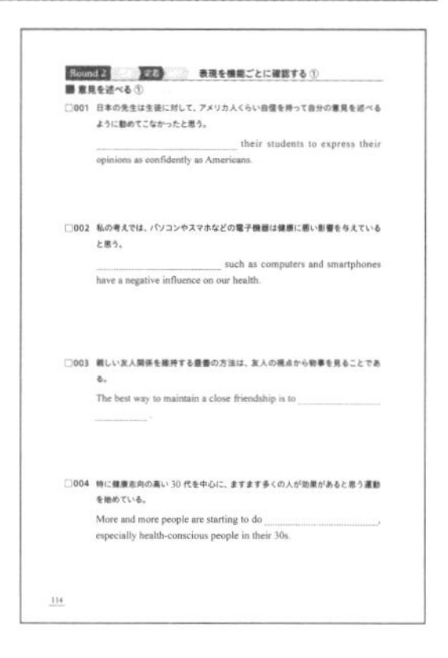
Round 2 定着 表現を機能ごとに確認する ①

■ 意見を述べる ①

□001 日本の先生は生徒に対して、アメリカ人くらい自信を持って自分の意見を述べるように勧めてこなかったと思う。
______ their students to express their opinions as confidently as Americans.

□002 私の考えでは、パソコンやスマホなどの電子機器は健康に悪い影響を与えていると思う。
______ such as computers and smartphones have a negative influence on our health.

□003 親しい友人関係を維持する最善の方法は、友人の視点から物事を見ることである。
The best way to maintain a close friendship is to ______.

□004 特に健康志向の高い30代を中心に、ますます多くの人が効果があると思う運動を始めている。
More and more people are starting to do ______, especially health-conscious people in their 30s.

114

## Round 3 理解 定着 発信 和文英訳にチャレンジ

このラウンドでは、本書での学習の総まとめとして、**〈和文英訳〉**にチャレンジします。Round 2 と同じく、左ページに問題、右ページに解答と解説という見開き構成になっているので、暗唱した英文がすらすら書けるようになったかを簡潔に確認することができます。問題には、**〈発想のヒント〉**が付いているので、英文がうまく出てこない時はヒントを見てから英訳してみましょう。英文は**Round 1と同じ順序**で並べられているので、正しく書けなかった英文については、Round 1 に戻って文法・語法と機能表現のポイントを再確認しておきましょう。

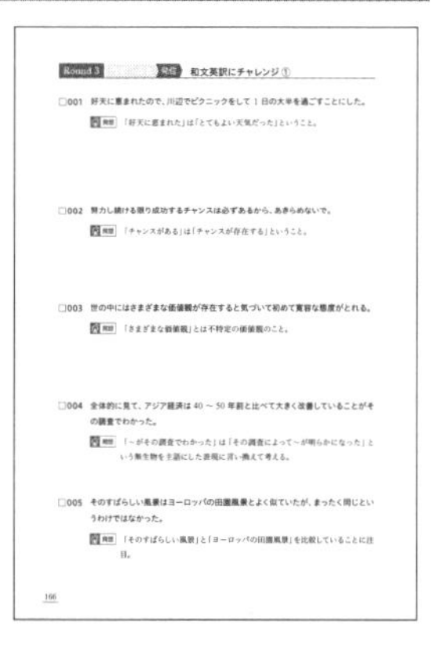
Round 3 発信 和文英訳にチャレンジ ①

□001 好天に恵まれたので、川辺でピクニックをして1日の大半を過ごすことにした。
発想 「好天に恵まれた」は「とてもよい天気だった」ということ。

□002 努力し続ける限り成功するチャンスは必ずあるから、あきらめないで。
発想 「チャンスがある」は「チャンスが存在する」ということ。

□003 世の中にはさまざまな価値観が存在すると気づいて初めて寛容な態度がとれる。
発想 「さまざまな価値観」とは不特定の価値観のこと。

□004 全体的に見て、アジア経済は40～50年前と比べて大きく改善していることがその調査でわかった。
発想 「～がその調査でわかった」は「その調査によって～が明らかになった」という無生物を主語にした表現に言い換えて考える。

□005 そのすばらしい風景はヨーロッパの田園風景とよく似ていたが、まったく同じというわけではなかった。
発想 「そのすばらしい風景」と「ヨーロッパの田園風景」を比較していることに注目。

166

**別冊** 別冊には、本書で扱った必修英文 100 と英作文に役立つ表現がまとめられています。本書での学習を終えたら、別冊を使ってくり返し復習して、英文がスラスラ出てくるようにしましょう。

## まずは確認　英語を組み立てる基本手順

本書での学習を始める前に、日本語を英語にする際の基本的な手順を確認しておきましょう。この手順を自動化することが、大学入試の英作文はもちろん、あらゆる場面で英語を書くための土台となるので、本書の必修英文を覚える時にも手順を意識するようにしましょう。

手順1　主語(S)を決定する
手順2　述語動詞(V)を設定する
手順3　修飾表現を処理する
手順4　英文を連結する

### 手順1　主語(S)を決定する

日本語では、主語の「私(たち)」や「あなた(たち)」がしばしば省略されますが、英語では主語(S)が必要になります。したがって、まず**「主語を何にすべきか」を決める**ことから始めましょう。主語が省略されている日本語を英語にする時は、省略された I / We / You などの主語を補います。また、日本語の「～は」や「～が」で示された語句が英語でも主語として使えるとはかぎらないので、**日本語の具体的な文脈や状況をよく見極めたうえで、一般常識も活用して適切な主語を決める必要**があります。次の例で確認しておきましょう。

□明日、大阪は雨になる。　▶ **It** will rain in Osaka tomorrow.

「大阪は」を主語にして× Osaka will become rain tomorrow. と言うことはできない。「大阪」は雨が降る場所であり、「雨が降る」という動作を行う主語ではないからである。このような場合、英語では It を主語にする。

### 手順2　述語動詞(V)を設定する

主語と異なり、述語動詞は日本語でも省略されることはなく、文末付近に書かれているので、問題なく発見できます。述語動詞を英語にする際には、次の 3 つの点に留意しましょう。

① 主語とのつながりを考慮して、使うべき動詞を決める
② その動詞が使える語法と文型を確認する
③ 文脈・状況・常識を活用して、時制や助動詞などの動詞の形を調整する

例をもとに、手順を具体的に確認しておきましょう。

□昨日、娘はおこづかいのことで私に不満を言った。

▶ My daughter **complained** to me about her allowance.

✎① 「不満を言った」が述語動詞なので、complain を使う。
② complain to A about B(A(人)にBのことで不満を言う)という語法を確認する(文型は SV)。
③ 「昨日」のことなので、過去形にする。

□兄がいくらかお金を貸してくれるかもしれない。

▶ My brother **may lend** me some money.

✎① 「貸してくれる」が述語動詞なので、lend を使う。
② lend A B(A(人)にB(もの・お金)を貸す)という語法を確認する(文型は $SVO_1O_2$)。
③ 「かもしれない」という意味が必要なので、助動詞の may を使う。

述語動詞を正しく設定できれば、英語の構造面の間違いは最小限に抑えられます。構造面の減点を最小限にとどめることは、大学入試の英作文で高得点を獲得するための最適な戦略となります。したがって、**動詞の語法と文型を正確に使いこなすことが、日本語を英語にする際の最大のポイント**といえるでしょう。次の点に留意して、動詞の語法と文型を整理して覚えるようにしましょう。

**① 〈動詞＋後続形〉というフレーズで覚える**

動詞を覚える時は、意味だけ覚えても不十分です。辞書などを利用して、〈動詞＋後続形〉というフレーズで覚えるようにしましょう。本書でも、覚えるべきフレーズを適宜示しています。

**② 基本動詞の使い方に習熟する**

「難しい日本語を英語にする時は、難しい単語を用いなければならない」というのは、間違った思い込みです。たとえば、大学入試の英作文問題で使う動詞の 90%は、中学までに学んだ基本動詞で書くことができます。難しい動詞は使える状況や文脈が限られており、応用性や汎用性に欠けますが、基本動詞は状況や文脈に制限されずに幅広く使うことができます。基本動詞を確実に使いこなせるようになるために、日頃の学習では基本動詞こそ辞書をこまめに引くようにしましょう。

**③ 英語長文の復習でも「書く」の視点を持つ**

英語長文は、正しく自然な英文のお手本になります。英語長文を復習する時には、日本語訳の確認だけでなく、長文で出てきた動詞の使い方にも注意を払うようにしましょう。そうすることで、その動詞が用いられる適切な状況や文脈が自然と体得できます。さらに、冠詞、前置詞、時制などの使い方にも注目して復習すると効果的です。

### 手順3　修飾表現を処理する

SVを設定して文型が決まったら、次の3つの点に留意して修飾表現を処理しましょう。

① 名詞を修飾する短い表現は〈形容詞＋名詞〉で処理する
② 名詞を修飾する長い表現は〈名詞＋形容詞句〔節〕〉で処理する
③ 名詞以外を修飾する表現は副詞（句・節）で処理する

□これはすべての子供が心から楽しめる本です。

▶ This is a book **which** every child will really enjoy.

✎「すべての子供が楽しめる」は「本」を修飾する長い表現なので、〈名詞＋関係詞節〉を用いる。which で始まる関係詞節は、名詞 book を後置修飾する形容詞節。

形容詞や副詞の間違いは、「ニュアンスの誤差」という軽度の減点対象にしかならない場合がほとんどなので、あまり神経質になる必要はありません。一方、動詞の語法や文型や語順、句・節などの間違いは、構造上の重大なミスと見なされ大幅に減点されるので用心しましょう。

### 手順4　英文を連結する

手順1〜3をくり返し、まとまった内容と英文構造を持った短文がいくつかそろったら、その短文どうしを適切に連結して、まとまった文章にしていくことになります。文（SV）と文（S' V'）を連結して長文を構成する方法には、次の3つのパターンがあります。

① 副詞（句）で連結する
② 等位接続詞（and, or, but など）で連結する
③ 従属接続詞（when, if, though など）で連結する

□祖母は80歳だが、今でも毎日泳いでいる。

▶ My grandmother is 80.  **However**, she still swims every day.

▶ My grandmother is 80, **but** she still swims every day.

▶ **Though** my grandfather is 80, he still runs every day.

✎「祖母は80歳」と「祖母は今でも毎日泳いでいる」の2つの文を連結している。however は副詞、but は等位接続詞、though は従属接続詞。

# Round 1

## 文法・語法の急所を確認する

**001** 好天に恵まれたので、川辺でピクニックをして1日の大半を過ごすことにした。

<u>It was such a sunny weather</u> that we decided to spend most of the day having a picnic beside the river.　【下線部訂正】

## 確認 【名詞の急所①】 名詞の可算・不可算を区別する

日本語と異なり、英語では〈可算名詞(数えられる名詞)〉と〈不可算名詞(数えられない名詞)〉を区別する。日本語の発想で区別できることもあるが、同じ名詞が可算・不可算の両方に使われることも多いので、まずは「常に不可算名詞として使う名詞」を覚えておこう。

**覚えよう 常に不可算名詞として使う主な名詞**

- □ advice 「忠告／助言」
- □ baggage / luggage 「(旅行用)手荷物」
- □ damage 「損害」
- □ equipment 「装置」
- □ evidence 「証拠」
- □ fun 「楽しみ」
- □ furniture 「家具」
- □ harm 「害」
- □ homework 「宿題」
- □ housework 「家事」
- □ information 「情報」
- □ knowledge 「知識」
- □ news 「知らせ」
- □ progress 「進歩」
- □ scenery 「景色」
- □ traffic 「交通(量)」
- □ wealth 「富」
- □ weather 「天気」
- □ work 「仕事」

## 発想 英文の組み立て方

「好天に恵まれた」は「とてもよい天気だった」ということ。「天気」は weather で表すが、weather は常に不可算名詞として使う名詞なので、× <u>a</u> weather や× weather<u>s</u> という形はない。したがって、a sunny weather の a を削除する。

## 表現 英作文に役立つ表現

**□ とても〔非常に、大変〕～ので…する ▶ such＋形容詞＋名詞＋that SV** 　機能

〈形容詞＋名詞〉の部分は、名詞によって次の3パターンになる。

- ①〈a＋形容詞＋可算名詞の単数形〉　例 such <u>a</u> difficult problem
- ②〈形容詞＋可算名詞の複数形〉　例 such difficult problem<u>s</u>
- ③〈形容詞＋不可算名詞〉　例 such sunny weather

**□ ピクニックをする ▶ have a picnic**

この表現のように、日本語の「する」がいつも do で表せるとは限らないことに注意。

**001** **It was such sunny weather** that we decided to spend most of the day having a picnic beside the river.

**002** 努力し続ける限り成功するチャンスは必ずあるから、あきらめないで。

As long as you keep making an effort, there is always the chance to succeed, so don't give up. 【下線部訂正】

## 確認 【名詞の急所②】 名詞の特定・不特定を区別する

英語の名詞は、特定のものをさす場合と不特定のものをさす場合で使い方が異なる。

| 特定のものをさす場合 | 〈the＋名詞〉 |
|---|---|
| 不特定のものをさす場合 | 〈a〔an〕＋名詞〉 |

「(ある場所) に S (人・もの) が存在している」という状況は、〈**There＋be** 動詞＋**S**(＋場所)〉で表す。抽象的な概念の存在を表す時にも使える。この表現は、新情報を導入する時に使われるので、**S には不特定の名詞を用いるのが原則** (→ **003** 確認)。

## 発想 英文の組み立て方

「チャンスがある」は「チャンスが存在する」ということ。〈There＋be 動詞＋S〉で表す。この表現では、S には不特定の名詞を用いるので、the chance を a chance にする。

## 表現 英作文に役立つ表現

□ **(条件を表して) ～する限り、～しさえすれば** ▶ as long as SV　機能

□ **(途中でやめないで) ～し続ける、くり返し～する** ▶ keep *doing*

□ **(～するように) 努力する** ▶ make an effort (to *do*)

an effort と an を付けることに注意。「～しないように注意する」は make an effort not to *do* で表す。not の位置に注意。

□ **～するチャンス〔機会〕** ▶ a chance to *do*

「～する (という) 名詞」という意味で、名詞の具体的な内容を説明する同格表現には、**〈名詞＋that 節〉〈名詞＋to *do*〉〈名詞＋of *doing*〉**の 3 種類があり、名詞によってどの表現を用いるかは決まっている (→ **068** **085**)。chance に使える同格表現は 2 種類あるが、次のように意味の違いで使い分けることに注意。

> ①「～するチャンス〔機会〕(= opportunity)」▶ a chance **to *do***
> ②「～する可能性〔見込み〕(= possibility)」▶ (a) chance **of *doing***

□ **あきらめる、断念する** ▶ give up

「A (考え・希望) をあきらめる、断念する」「A (習慣) をやめる」は give A up / give up A。「～するのをやめる」は give up *doing* (× give up to *do*)。

**002** As long as you keep making an effort, **there is always a chance to succeed**, so don't give up.

**003** 世の中にはさまざまな価値観が存在すると気づいて初めて寛容な態度がとれる。

It is not until you realize various values are in the world that you can have a tolerant attitude. 【下線部訂正】

### 確認 【名詞の急所③】 新情報と旧情報を区別する

英語では、情報は〈旧情報→新情報〉の順序で示すのが基本。旧情報と新情報では、名詞の使い方が次のように異なる。

旧情報：相手がすでに知っている情報。特定の名詞（the＋名詞）で表す。
新情報：相手がまだ知らない情報。不特定の名詞（a〔an〕＋名詞）で表す。

「〜にSがある〔いる〕」という存在を表す時は、Sが旧情報か新情報かで次のように表現を使い分けることに注意しよう。

| S（名詞） | 表現 |
|---|---|
| ① 新情報 | There be S（不特定の名詞）＋場所 |
| ② 旧情報 | S（特定の名詞）be＋場所 |

① 公園のそばに（ある）本屋がある。 ▸ There is **a** bookstore near the park.
② 公園のそばにその本屋はある。 ▸ **The** bookstore is near the park.

### 発想 英文の組み立て方

「さまざまな価値観」とは不特定の価値観のことで、何か特定の価値観をさすわけではない。したがって、相手がまだ知らない新情報と考え、〈There be S＋場所〉を用いて表現する。

### 表現 英作文に役立つ表現

□ **…して初めて〜する** ▸ It is not until ... that SV　**機能**

until は前置詞の場合と接続詞の場合がある。前置詞の場合は〈until＋名詞〉、接続詞の場合は〈until SV〉という形をとる。

□ **価値観** ▸ values

行動に影響を与える価値判断の基準の集合体を表す。この意味では複数形が一般的。

□ **（Aに対して）〜の態度をとる** ▸ have a 〜 attitude (toward A)

have a positive〔negative〕attitude「積極的な〔消極的な〕態度をとる」のように、〜の部分に形容詞を加えることで、態度の違いを表現できる。

**003** It is not until you realize **there are various values in the world** that you can have a tolerant attitude.

**004** 全体的に見て、アジア経済は 40 ～ 50 年前と比べて大きく改善していることがその調査でわかった。

[ by / found / study / that / the ], on the whole, the Asian economy has improved significantly compared to 40 to 50 years ago. 【並べ替え・1語不要】

## 確認 【名詞の急所④】〈無生物〉を主語にした文をつくる

日本語では、「もの〔こと〕が…に～する」のように**〈無生物〉を主語にした文**はあまり使われないが、英語ではよく使われる。無生物を主語にすると、人を主語にするよりも簡潔で自然な文になるので、よく使われるパターンを覚えて使えるようにしよう。

**覚えよう 〈無生物〉を主語にした文**

□ S prevent A from *doing* 「S のせいで A は～できなくなる」(→例)
□ S remind A of B 「S を見る〔聞く〕と A は B を思い出す」(→例)
□ S enable A to *do* 「S のおかげで A は～できるようになる」(→ 011)
□ S make A C〔*do*〕 「S が原因で A は C〔～すること〕になる」(→ 019)
□ S show that 節 「S を見る〔聞く〕と～とわかる」(→ 006)
□ S find that 節 「S によって～が明らかになる」

例 私は病気のため仕事を続けられなかった。

▶ My illness **prevented** me **from** continuing my work.

その状況を見ると子供の頃を思い出す。

▶ The situation **reminds** me **of** my childhood days.

## 発想 英文の組み立て方

「～がその調査でわかった」は、「その調査によって～が明らかになった」という無生物を主語にした表現に言い換えて考え、〈S find that 節〉を用いて The study found that とする。by が不要。

## 表現 英作文に役立つ表現

□ (例外もあるが) 全体的に～、概して～ ▶ On the whole, SV ～ .

□ A と比べて ▶ compared to〔with〕A 機能

× comparing to〔with〕A としてしまう間違いが多いので注意。

**004** **The study found that**, on the whole, the Asian economy has improved significantly compared to 40 to 50 years ago.

**005** そのすばらしい風景は<u>ヨーロッパの田園風景</u>とよく似ていたが、まったく同じというわけではなかった。

The great scenery was very similar to, but not exactly the same as, <u>one of the European countryside</u>. 【下線部訂正】

### 確認 【代名詞の急所①】 one / it / that を使い分ける

同じ名詞が続けて出てくる場合、名詞をくり返すよりも代名詞を用いるほうが自然。その場合、もとの名詞の特定・不特定に合わせて代名詞を選ぶ必要がある。特に、③の場合に it ではなく that で受けて that of A と表現することに注意。

| | |
|---|---|
| ①〈a＋名詞（単数形）〉（不特定） | one |
| ②〈the＋名詞（単数形）〉（特定） | it |
| ③〈the＋名詞（単数形）＋of A〉 | that of A |

例 <u>沖縄の気候</u>は<u>札幌</u>よりも温暖だ。

▶ <u>The climate of Okinawa</u> is milder than <u>that (= the climate) of Sapporo</u>.

「沖縄の気候」と「札幌の気候」を比較していることに注目。日本語につられて × The climate of Okinawa is milder than <u>Sapporo</u>. とする間違いが多い。

### 発想 英文の組み立て方

この文では「そのすばらしい風景」と「ヨーロッパの田園風景」を比較していることに注目。「風景」にあたる scenery のくり返しを避けるために、the scenery of the European countryside の the scenery を that で代用する（→ 表の③）。the scenery という特定の名詞を受けているので、one で代用することはできない。

### 表現 英作文に役立つ表現

□ **風景、景色** ▶ scenery

「風景、景色」はさまざまな語で表せるが、次のような目安で使い分けよう。

scenery ▶（山・森・湖などの美しい）景色、風景（の全体）【不可算】
scene ▶ 場面、現場、（ある特定地点の）景色、風景 【可算】
view ▶（ある場所から見える）見晴らし、眺め 【可算】
landscape ▶（広い陸地を見渡した時の）景色、風景 【可算・単数形が一般的】

□ **A と似ている** ▶ be similar to A 機能

be similar <u>in</u> A「A の点で似ている、A が似ている」との違いに注意。

例 その 2 つの時計はデザインが似ている。 ▶ The two clocks **are similar <u>in</u>** design.

**005** The great scenery was very similar to, but not exactly the same as, **that of the European countryside**.

**006** 新しい統計から、65 歳以上の成人の 3 人に 1 人が輸入品よりも国産品を購入していることがわかる。

New statistics show that one in three adults aged 65 and older buy domestic products rather than imported one. 【下線部訂正】

### 確認 【代名詞の急所②】 one の単数・複数／特定・不特定を区別する

名詞の代わりに用いる代名詞 one は、一般的な代名詞とは異なり、前に形容詞を置くことができる。ただし、**可算名詞の単数形と同様に、冠詞や所有格などが必要なことに注意。**不特定の場合は a を、特定の場合は the / one's などを付けるのが原則。

例 この製品は高すぎる。もっと安いのはありませんか。

▶ This product is too expensive. Do you have **a** cheaper one?

a cheaper product の product を one で代用している。

代名詞 one の複数形は ones で、〈(**the / one's**) 形容詞 + **ones**〉という形で用いる。不特定の場合は無冠詞で用い、特定の場合は the / one's などを付けるのが原則。

例 これらの製品は高すぎる。もっと安いのはありませんか。

▶ These products are too expensive. Do you have cheaper one**s**?

cheaper products の products を ones で代用している。

### 発想 英文の組み立て方

「国産品」domestic products と「輸入品」imported products が対比関係にあることに注目して、imported products（不特定＋複数）の products を ones で代用する。an imported one（不特定＋単数）では対比関係として不適切。the imported one(s)（その特定の輸入品）は日本語の内容からずれる。

### 表現 英作文に役立つ表現

□ **～人〔～つ〕の〈名詞〉に 1 人〔1 つ〕** ▶ one in＋数詞＋名詞（複数形） **機能**

□ **～歳の〈名詞〉** ▶ 名詞＋aged＋数詞

年齢を表す次の表現を整理しておこう。

| | | |
|---|---|---|
| ①「～歳の」 | ▶ aged＋数詞 | 例 women aged 50 |
| ②「～歳以上の」 | ▶ aged＋数詞＋and older〔over〕 | 例 women aged 50 and older |
| ③「～歳以下の」 | ▶ aged＋数詞＋or younger〔under〕 | 例 women aged 50 or younger |
| ④「～歳未満の」 | ▶ under＋数詞 | 例 women under 50 |

□ **A よりも（むしろ）B、A ではなく B** ▶ B rather than A

**006** New statistics show that one in three adults aged 65 and older buy **domestic products rather than imported ones**.

**007** 相手の気持ちを傷つけないよう、できるだけていねいに話すのが一番よい。

It would be best to speak as politely as you can in order not to hurt other's feelings. 【下線部訂正】

**確認** 【代名詞の急所③】 another と others を使い分ける

「他の〔別の〕～」という意味で、**不特定の名詞を代用する時は、代名詞の another や others を用いる**。名詞の単数・複数に合わせて次のように使い分ける。

| もとの名詞 | 代名詞 | 形容詞＋名詞 |
| --- | --- | --- |
| 単数名詞 | another | another＋単数名詞 |
| 複数名詞 | others | other＋複数名詞 |

例 あるシステムから別のシステムへの変更 ▶ change from one system to **another**

不特定の単数名詞 another system（別の１つのシステム）を代名詞 another で代用している。

例 よい本もあれば、悪い本もある。 ▶ Some books are good while **others** are bad.

不特定の複数名詞 other books（他の何冊かの本）を代名詞 others で代用している。

**発想** 英文の組み立て方

「相手の気持ち」は、特定の個人をさしているわけではないので、「(一般に) 他の人たちの気持ち」と言い換えて考える。「他の人たち」は other people なので、other people's feelings（所有格＋名詞）で表す。other people は代名詞 others で代用でき、others の所有格は others' なので、others' feelings とすることもできる。× other's という形はない。

**表現** 英作文に役立つ表現

□ **～するのが一番よい** ▶ **it is best to *do***

is を would be にすることで、「一番よいでしょう」という控えめなニュアンスになる。

□ **できるだけ～** ▶ **as ～ as S can / as ～ as possible**

□ **～するように、～するために** ▶ **in order to *do*** 機能

to *do* だけでも〈目的〉の意味を表せるが、不定詞の他の意味とはっきりと区別する必要がある場合は in order to *do* を用いるとよい。「～しないために、～しないように」は in order not to *do* や so as not to *do* で表す。not の位置に注意。

**007** It would be best to speak as politely as you can **in order not to hurt others' feelings**.

**008** その双子は、外見は似ているが、一方は自分にかなり自信を持っているのに対して、もう一方はとても恥ずかしがりでおとなしい。

The twins look alike, but one is pretty confident about herself, while the others are really shy and quiet. 【下線部訂正】

## 確認 【代名詞の急所④】 the other と the others を使い分ける

「他の〔別の〕～」という意味で、特定の名詞を代用する場合は、名詞の単数・複数に合わせて次のように使い分ける。

| もとの名詞 | 代名詞 | 形容詞＋名詞 |
|---|---|---|
| 単数名詞（2つのうちの「もう一方」） | the other | the other＋単数名詞 |
| 複数名詞（3つ以上の中の「残り全部」） | the others | the other＋複数名詞 |

例 1人の少年がベッドから落ち、もう1人の少年は笑った。

▶ One boy fell off his bed and **the other** laughed.

少年は2人。the other boy（もう1人の少年）を the other で代用している。

例 1人の少年がベッドから落ち、他の少年たちは笑った。

▶ One boy fell off his bed and **the others** laughed.

少年は3人以上。the other boys（その他の少年たち）を the others で代用している。

## 発想 英文の組み立て方

「その双子」とあるので、登場するのは2人とわかる。したがって、「もう一方」は「もう1人のほうの双子＝特定の単数名詞」になるので、the other を用いる。

## 表現 英作文に役立つ表現

□ **似ている** ▶ alike

A (and B) are alike という使い方をする。主語は〈A and B〉か複数名詞。× A is alike to B や× A is alike B という使い方はできない。similar との違いに注意（→ **005** 表現）。

例 あなたと私の時計はデザインが似ている。 ▶ Your watch and my watch are **alike** in design.

□ **A に自信を持っている** ▶ be confident about〔in/of〕A

□ **～に対して…／～である一方…** ▶ SV ～ , while SV ... 機能

接続詞 while は「～している間、～の間ずっと」という〈期間〉の意味でも用いられる。

**008** The twins look alike, but one is pretty confident about herself, while **the other is really shy and quiet**.

**009** G7サミットは、地球規模の問題に対する意識を高めるのにきわめて重要な役割を担っていると主張する人もいる。

Some people claim that the G7 summit plays a crucial role in rising awareness of global issues. 【下線部訂正】

## 確認 【文型の急所①】 自動詞と他動詞を区別する

英語の動詞には〈自動詞〉と〈他動詞〉があり、英作文の際には使い分けが必要。次の4つのパターンがあるので、辞書で確認する習慣をつけよう。

① 自動詞だけに用いる動詞
② 他動詞だけに用いる動詞
③ 自動詞と他動詞の両方に用いる動詞（意味は大きく変わらない）
④ 自動詞と他動詞の両方に用いる動詞（意味が大きく変わる）

同じような意味を表す自動詞と他動詞のつづりが似ていると混同しやすい。例として、rise と raise の違いについて確認しておこう。rise は①の〈自動詞だけに用いる動詞〉、raise は②の〈他動詞だけに用いる動詞〉である。

| 日本語 | 原形 | 過去形 | 過去分詞 | 現在分詞 |
|---|---|---|---|---|
| 「上がる」（自動詞） | **rise** | rose | risen | rising |
| 「〜を上げる」（他動詞） | **raise** | raised | raised | raising |

他動詞は〈他動詞＋目的語〉のフレーズで覚えると、自動詞との混同が防げる。raise なら、raise one's hand「手をあげる」、raise the price「価格を上げる」、raise money「お金を集める」、raise cats「猫を育てる」などのフレーズを覚えておこう。

## 発想 英文の組み立て方

「意識を高める」は、他動詞 raise を用いて表す。raise awareness というフレーズで覚えておこう。自動詞の rise と混同しないよう注意。

## 表現 英作文に役立つ表現

□ **〜だと主張する、〜は事実だと言い張る** ▶ claim that SV 機能

日本語の「クレームをつける、苦情を言う」は complain で表す。

□ **（A において）役割を担う〔果たす〕** ▶ play a role (in A)

an important role（重要な役割）、a leading role（指導的な役割）のように、role の前に形容詞を加えることで、役割の違いを表現できる。

**009** Some people claim that the G7 summit plays a crucial role in **raising awareness of global issues**.

**010** その男の子は自分に起こったことについてうそをついたが、残念ながら、小さな子供が家庭での虐待についてうそをつくのは珍しくない。

The boy lay about what happened to him, but unfortunately it is not rare for small children to lie about abuse at home. 【下線部訂正】

### 確認 【文型の急所②】 似た意味・かたちの動詞を区別する

自動詞の lie と他動詞の lay は混同しやすい。次の表で意味とかたちを確認しておこう。

| 日本語 | 原形 | 過去形 | 過去分詞 | 現在分詞 |
|---|---|---|---|---|
| 自動詞「うそをつく」 | **lie** | lied | lied | lying |
| 自動詞「横になる」 | **lie** | lay | lain | lying |
| 他動詞「～を横たえる」 | **lay** | laid | laid | laying |

「うそをつく」の lie は、後に前置詞句を伴うことが多いので、次のような〈自動詞＋前置詞句〉のフレーズで覚えておくと、間違いを防げる。

□ lie about A 「A についてうそをつく」

□ lie to A 「A に対してうそをつく」

例 彼女は年齢を偽った。 ▶ She **lied about** her age.

あなたは私にうそをついているの？ ▶ Are you **lying to** me?

「うそをつく」は tell a lie で表すこともできる。この lie は可算名詞。

例 彼は決してうそをつかなかった。 ▶ He never **told a lie**.

### 発想 英文の組み立て方

「A についてうそをつく」は lie about A で表す。「うそをつく」の lie の過去形は lied。「横になる」の lie の過去形 lay と混同しないように注意。

### 表現 英作文に役立つ表現

□ **残念ながら～** ▶ **Unfortunately, SV**

文修飾の副詞。「運悪く、あいにく、不幸なことに」という意味でも使われる。

□ おかげさまで〔幸い、ありがたいことに〕～ ▶ Fortunately, SV

□ **A が～することは珍しくない** ▶ **It is not rare for A to *do*** 機能

× It is not rare that SV とは言えないことに注意。

□ A が～することは珍しい ▶ It is rare for A to *do*

**010** **The boy lied about what happened to him**, but unfortunately it is not rare for small children to lie about abuse at home.

**011** 若いうちに海外を旅することで、他国の文化を知り視野を広げることができる。

Traveling to abroad while you are young enables you to learn about the culture of other countries and broaden your horizons. 【下線部訂正】

## 確認 【文型の急所③】〈自動詞＋副詞〉のフレーズを意識する

英語の自動詞は、〈自動詞＋副詞〉か〈自動詞＋前置詞句〉のかたちで使うのが一般的だが、〈自動詞＋副詞〉の副詞を名詞と混同して、副詞の前に前置詞を入れてしまう間違いが多い。〈自動詞＋副詞〉のフレーズで覚えると、間違いを防げる。

次の副詞は、名詞と混同して余計な前置詞を入れてしまいがちなので、動詞とのフレーズで覚えるようにしよう。

**覚えよう 名詞と混同しやすい副詞**

- □ home 「家へ」
- □ abroad / overseas 「海外へ」
- □ upstairs 「上の階〔２階〕へ」
- □ outside 「外に」
- □ downtown 「中心街へ」
- □ downstairs 「下の階〔１階〕へ」

例 帰宅する ▶ come〔get〕home　家にいる ▶ stay home

## 発想 英文の組み立て方

「海外を旅する」は、自動詞のtravel（旅する）を使ってtravel abroadという〈自動詞＋副詞〉の形で表す。abroadを名詞と混同して、前にtoなどの前置詞を入れてしまわないよう注意。

## 表現 英作文に役立つ表現

**□ 旅行する ▶ travel**

例 私は海外旅行をしたい。 ▶ I want to travel abroad. 〈自動詞＋副詞〉
私は去年、中国に旅行に行った。 ▶ I traveled to China last year. 〈自動詞＋前置詞句〉

**□ Sによって〔Sのおかげで〕A（人）は～できる ▶ S enable A to *do*** 機能

「SはAが～することを可能にする」が直訳。

**□ Aについて知る〔知識を得る〕 ▶ learn about A**

このlearnは自動詞。他動詞のlearnは「〈知識・技術など〉を学ぶ、習得する、身につける」という意味を表す。

**□ 視野を広げる ▶ broaden one's horizons**

horizonsと複数形にすることに注意。

**011** **Traveling abroad while you are young** enables you to learn about the culture of other countries and broaden your horizons.

**012** だれもが平和を願っているかもしれないが、問題は、将来への楽観的な展望が戦争につながる可能性があるということだ。

Everyone may hope peace, but the problem is that an optimistic view of the future can lead to war. 【下線部訂正】

## 確認 【文型の急所④】 動詞の後に続く形を意識する

自動詞と他動詞の両方に用いる動詞でも、自動詞とともに使える前置詞や、他動詞の目的語に使える要素（不定詞・動名詞・that 節など）はそれぞれ異なる。したがって、それぞれフレーズで覚えるのが最も効果的な英作文の学習法といえる。

「～を望む、願う」は hope で表す。次の表で意味とフレーズを確認しておこう。

| 日本語 | 自動詞か他動詞か | フレーズ |
|---|---|---|
| ① A を望む | 自動詞 | hope for A |
| ② ～ということを望む | 他動詞 | hope that SV |
| ③ ～することを望む | 他動詞 | hope to *do* |

② 彼が生きていることを願うしかない。 ▶ We can only **hope** that he is alive.
③ 彼女とはぜひともまたすぐに会いたい。 ▶ We really **hope** to meet her soon again.

## 発想 英文の組み立て方

「平和を願う」は①の〈hope for A〉を用いて hope for peace で表す。hope は②の〈hope that SV〉と③の〈hope to *do*〉のように、that 節や不定詞を目的語にとるが、名詞を目的語にとらないので、× hope peace とはいえない。

## 表現 英作文に役立つ表現

□ **～かもしれないが…** ▶ **may *do* ～ , but ...**

ある内容を認めつつも、それより重要な内容を伝えたい時に用いる。〈譲歩→逆接→主張〉の展開の一種。

□ **問題は～ということだ、困ったことに～** ▶ **The problem is that SV.**

□ **S は A につながる、S は A という結果になる** ▶ **S lead to A** 機能

「S は A を引き起こす」という意味でも使われる。to は前置詞。不定詞と誤解して× S lead to *do* としてしまう間違いが多い。

**012** **Everyone may hope for peace**, but the problem is that an optimistic view of the future can lead to war.

**013** 19世紀の間、欧米諸国では出生率と死亡率の差はほぼ横ばい状態だった。

In the 19th century, in Western countries, [ almost unchanged / and death rates / between birth rates / remained / the difference ]. 【並べ替え】

### 確認 【文型の急所⑤】 SVとSVCを使い分ける

複数の意味を持つ動詞は、意味によって使える文型が異なることがある。よく使う動詞については、どの文型で使えばよいかわかるように、後に続く要素とセットにしたフレーズで覚えておくようにしよう。

remainには2つの異なる意味があり、意味の違いによって、次のように文型を使い分ける必要がある。

| 日本語 | 文型 | フレーズ |
|---|---|---|
| ①〈ある状態〉のままである | SVC | remain＋形容詞・名詞 |
| ②〈ある場所〉に残る、とどまる | SV | remain＋場所の副詞（句） |

①のremainは、Cに具体的な形容詞や名詞を入れた、次のようなフレーズで覚えよう。

- □ remain silent 「黙ったままである」
- □ remain open 「開いたままである」
- □ remain the same 「同じままである」
- □ remain unknown 「不明のままである」
- □ remain unclear 「はっきりしないままである」
- □ remain a mystery 「謎のままである」

### 発想 英文の組み立て方

「差はほぼ横ばい状態だった」は「差はほぼ変化しないままだった」と言い換えて考える。〈状態〉がほぼ変わらないということなので、①の〈remain C〉を使ってremained almost unchangedとすればよい。

### 表現 英作文に役立つ表現

**□ 19世紀の間、19世紀に** ▶ in the 19th century

数字には〈序数詞〉を用いる。 例 21世紀に ▶ in the 21st century

**□ AとB（の間）の差〔違い〕** ▶ difference between A and B 機能

A and Bの代わりに複数名詞を用いることもできる。

例 その2つの計画の違い ▶ the difference between the two plans

□ Aの違い、Aという点における違い ▶ difference in A

**013** In the 19th century, in Western countries, **the difference between birth rates and death rates remained almost unchanged**.

**014** 語学の授業は時間の無駄だと思っている大学生が多いのは驚くにあたらない。

It is not surprising that a lot of college students are thinking language classes are a waste of time. 【下線部訂正】

## 確認 【文型の急所⑥】 SV と SVO を使い分ける

「思う」「考える」は think を用いて表すが、表す内容によって文型が異なる。まずは次の表で意味と文型の関係を確認して、フレーズで覚えておこう。

| 日本語 | 文型 | フレーズ |
|---|---|---|
| ① A について考える | SV | think about A |
| ② (意見として) ～と思う〔思っている〕 | SVO | think (that) SV |

✎ ①の think は〈動作動詞〉なので進行形にできるが、②の think は〈状態動詞〉なので進行形にできない (→ **021** )。

例 彼はその申し出について真剣に考えているところだと私は思います。

▶ I **think** that he **is thinking** seriously about the offer.

✎「A を B と思う」は〈think of A as B / think A (to be) B〉で表すことができるが、かたちを混同しやすいので、②のフレーズを用いるのが無難。

例 私は彼女はいい人だと思う。

▶ I **think that** she is a nice person.

= I **think of** her **as** a nice person. / I **think** her **(to be)** a nice person.

## 発想 英文の組み立て方

「時間の無駄だと思っている」は〈意見〉なので、②の〈think (that) SV〉を使って表す。この think は〈状態動詞〉なので進行形にはできない。

## 表現 英作文に役立つ表現

□ **～ということは驚くにあたらない** ▶ It is not surprising that SV 機能

surprising「(人を) 驚かすような、(人にとって) 驚くべき」と surprised「(人が) 驚いて、びっくりして」を混同しないよう注意。

例 その知らせは (私にとって) 驚きだった。 ▶ The news was **surprising.**

その知らせに私は驚いた。 ▶ I was **surprised** at the news.

□ **A の無駄 (遣い)** ▶ a waste of A

例 お金〔エネルギー〕の無駄 ▶ a waste of money〔energy〕

**014** It is not surprising that **a lot of college students think language classes are a waste of time.**

**015** 最初は面白半分にTikTokに投稿していたが、気がつけば動画制作に本気を出していた。

At first I was just posting on TikTok for fun, but [ myself / found / video creation / I / taking ] more seriously. 【並べ替え】

## 確認 【文型の急所⑦】 SVOOとSVOCを使い分ける

「見つける」「わかる」は**find**を用いて表すが、意味によって文型が異なる。ここでは、次の2つの意味を表す時に使う文型を確認して、フレーズで覚えておこう。

| 日本語 | 文型 | フレーズ |
|---|---|---|
| ①〈人〉に〈もの〉を見つける〔見つけてあげる〕 | SVOO | find＋人＋もの |
| | SVO | find＋もの＋for 人 |
| ② Aが〜だとわかる | SVOC | find＋A＋形容詞 |

②「(体験して) Aが〈形容詞〉だとわかる」は〈**find＋A＋形容詞**〉で表す。

例 ベッドの寝心地がとてもよかった。(→ ベッドが寝心地がよいとわかった)

▶ I **found** the bed very comfortable.

✎「気づくと(無意識に)自分が〜しているのがわかる」は〈**find oneself *doing***〉で表す。

例 私はいつの間にか彼の言うことにすべて同意していた。

▶ I **found** myself agreeing with everything he said.

✎これらの例文のように、〈find＋A＋形容詞〉と〈find oneself *doing*〉は「わかる」と明示的に訳さないことが多い。英作文の際は、「実際にやってみて」「気がつけば」というニュアンスを手がかりにして、これらの表現を用いるかどうかを判断することになる。

## 発想 英文の組み立て方

「気がつけば動画制作に本気を出していた」は、「気がつけば」というニュアンスを手がかりにして、〈find oneself *doing*〉を用いて表す。

## 表現 英作文に役立つ表現

☐ **最初は、初めのうちは** ▶ at first 機能

後で状況が変化する文脈で、butと相関的に用いる。

☐ **面白半分に、遊びで、ふざけて** ▶ for fun

funは不可算名詞なので、aを付けないよう注意。

**015** At first I was just posting on TikTok for fun, but **I found myself taking video creation** more seriously.

## 016 あさっての数学の試験対策について助言してあげよう。

[ you / will / advice / give / I / some ] on how to prepare for the math test the day after tomorrow. 【並べ替え】

### 確認 【文型の急所⑧】 2つの目的語の語順を意識する①

「人にものを与える」は **give** を用いて表すが、次の2つのフレーズで表すことができる。〈人〉と〈もの〉の順番が逆になるので、英作文の際には注意が必要。

| 日本語 | 文型 | フレーズ |
|---|---|---|
| 〈人〉に〈もの〉を与える | SVOO | ① give＋人＋もの |
| | SVO | ② give＋もの＋to 人 |

例 私は彼にお金をあげた。

▶ ① I gave him some money. ② I gave some money to him.

このかたちで用いる動詞には、次のようなものがある。いずれも「何かが〈移動〉して相手に〈到達〉すること」という意味を含むことに注目しよう。

- □ hand 「人にものを手渡す」
- □ tell 「人に情報を伝える」
- □ teach 「人に学科を教える」
- □ lend 「人にものを貸す」
- □ show 「人にものを見せる、示す」
- □ send 「人にものを送る」

### 発想 英文の組み立て方

「助言してあげる」は「あなたに助言をする」と言い換えて、〈give＋人＋もの〉か〈give＋もの＋to 人〉で表す。ここでは to がないので、①の give you some advice の語順にする。

### 表現 英作文に役立つ表現

**□ (B について) A (人) に助言する** ▶ give A advice (on〔about〕B) 機能

advice は不可算名詞なので、an を付けたり～s にしたりしないよう注意。また、動詞の advise とつづりを混同しないよう注意（→ 042 表現）。

**□ A に備えて準備する** ▶ prepare for A

「試験対策をする」は、「試験に備えて準備する」と言い換えて prepare for the test で表す。prepare the test は「(先生が) テストを準備する」という意味になる。

**□ あさって、明後日** ▶ the day after tomorrow

□ おととい、一昨日 ▶ the day before yesterday

**016** **I will give you some advice** on how to prepare for the math test the day after tomorrow.

**017** ケンは少し休みが取れたので、妻に手伝ってくれたお礼のプレゼントを買いに行った。

Ken was able to take some time off, so he went to [ wife / a / buy / gift / his / to ] thank her for helping him. 【並び替え】

## 確認 【文型の急所⑨】 2つの目的語の語順を意識する②

「人にものを買う〔買ってあげる〕」は、**buy** を使って次の2つのフレーズで表すことができる。**016**と異なり、SVOでは前置詞にtoではなくforを使うことに注意。

| 日本語 | 文型 | フレーズ |
|---|---|---|
| 〈人〉に〈もの〉を買う〔買ってあげる〕 | SVOO | ① buy＋人＋もの |
| | SVO | ② buy＋もの＋for 人 |

例 私は彼女に指輪を買った。

▶ ① I bought her a ring. ② I bought a ring for her.

このかたちで用いる動詞には、次のようなものがある。いずれも「誰かのためにしてあげる」という意味を含むことに注目しよう。

□ cook「人にものを料理する」 □ make「人にものを作る」
□ find「人にものを見つける」 □ get「人にものを手に入れる」

## 発想 英文の組み立て方

「妻にプレゼントを買う」は〈buy＋人＋もの〉か〈buy＋もの＋for 人〉で表す。ここではforがないので、①の〈buy＋人＋もの〉を使ってbuy his wife a giftとする。

## 表現 英作文に役立つ表現

□ **～することができた** ▶ was〔were〕able to *do* 機能

「過去に実際にした、その時限りの行為」を表す時に用いる。couldを用いてKen could take some time offとすると、「(取ろうと思えば) 休みが取れるだろう」という意味になる。

□ **〈ある期間〉休みを取る〔仕事を休む〕** ▶ take＋〈期間〉＋off

□ **A (人) に～してくれたことを感謝する** ▶ thank A for *doing*

「彼女に手伝ってくれたお礼をする」は、「彼女に手伝ってくれたことを感謝する」と言い換えて、thank her for helping himで表す。

**017** Ken was able to take some time off, so he went to **buy his wife a gift to** thank her for helping him.

**018** 公共の場で個人的なことを大声で話して、他人の迷惑になっている人を時々見かける。

I sometimes see people irritated others when they are speaking loudly about private matters in public places. 【下線部訂正】

### 確認 【文型の急所⑩】 see OC の C に入れる要素に注意する

「O が〜する〔〜される〕のを見る」は〈see OC〉で表す。C には表したい状況に応じて動詞の原形や分詞が入るので、次の表で違いを整理して、フレーズで覚えておこう。

| 日本語 | フレーズ | 状況 |
|---|---|---|
| ① O が〜するのを見る | see O *do* | 完了するまで見届ける |
| ② O が〜しているのを見る | see O *doing* | 進行中なのを見る |
| ③ O が〜されるのを見る | see O *done* | されるのを（最後まで）見届ける |
| ④ O が〜されているのを見る | see O being *done* | されている最中なのを見る |

例 彼が建物の中に入るのを見た。 ▶ I saw him enter〔entering〕 the building.

enter だと「姿が見えなくなるまで見届ける」という状況を、entering だと「入りかけるところを見かける」という状況を表す。

例 彼がいじめられるのを見た。 ▶ I saw him bullied〔being bullied〕.

bullied だと「いじめが終わるまで見届ける」という状況を、being bullied だと「いじめられている最中なのを見かける」という状況を表す。

### 発想 英文の組み立て方

「他人の迷惑になっている人を見かける」は、「人が他の人をいらいらさせ（てい）るのを見る」と言い換えて、①の〈see O *do*〉か②の〈see O *doing*〉で表す。「他の人をいらいらさせる」は他動詞の irritate を使い、irritate others とする。これを①と組み合わせると see people irritate others となり、②と組み合わせると see people irritating others となる。

### 表現 英作文に役立つ表現

□ **S は A（人）をいらいらさせる、A の気に障る** ▶ S irritate A 機能

irritate から派生した irritating「（人を）いらいらさせるような、（人にとって）気に障る」と irritated「（人が）いらいらして」の2つの形容詞の違いも覚えておこう。

**018** **I sometimes see people irritating others** when they are speaking loudly about private matters in public places.

**019** 彼女は電話をよくかけるが出るのが嫌いで、<u>友人はそのことを快く思っていない。</u>

She often makes phone calls, but she doesn't like to answer the phone, [ friends / her / makes / uncomfortable / which ]. 【並べ替え】

---

## 確認 【文型の急所⑪】 使役動詞 make の使い方に注意する

「O に〜させる」「O を〜にする」という〈使役〉の意味は、〈**make OC**〉で表す。〈無生物を主語にした文〉（→ **004** ）でこのフレーズを使うと、より自然な英文になることが多いので、次の表で日本語から英語にする発想を整理しておこう。

| 日本語の発想 | 英語の発想 | フレーズ |
|---|---|---|
| ① S（無生物）が原因で O は〜する〔してしまう〕 | S は O に〜させる | S make O *do* |
| ② S（無生物）が原因で O は C（の状態）になる | S は O を C にする | S make O＋形容詞 |

① この映画を見ると私はいつも泣いてしまう。 ▶ This movie always <u>**makes me cry**</u>.

✎「映画が原因で私は泣く」→「映画は私を泣かせる」と言い換えて〈S make O *do*〉で表す。

② そのニュースを耳にして私は怒りを覚えた。 ▶ The news made me angry.

✎「ニュースが原因で私は怒った状態になる」→「ニュースは私を怒らせる」と言い換えて〈S make O＋形容詞〉で表す。

## 発想 英文の組み立て方

「友人はそのことを快く思っていない」は、「そのことが原因で友人は不快になる」→「そのことが友人を不快にする」と言い換えて、②の〈S make O＋形容詞〉で表す。

## 表現 英作文に役立つ表現

□ **(A に) 電話をかける** ▶ **make a phone call (to A)**

call A / give A a call で表すこともできる。

例「彼に電話する」make a (phone) call to him = call him = give him a call

□ **電話に出る** ▶ **answer the phone**

□ **〜だが、それは…** ▶ **〜, which SV** 機能

非制限用法の関係代名詞 which は、前文の内容（の一部）を先行詞にすることができる（非制限用法の関係代名詞については → **088** ）。ここでは、which の先行詞は前文の内容（＝彼女はよく電話をかけるが出るのが嫌いだということ）。

**019** She often makes phone calls, but she doesn't like to answer the phone, **which makes her friends uncomfortable**.

**020** お隣の家はもう築 50 年なので、取り壊すか改築する予定だ。

The neighbor is going to [ or renovated / house / his / have / demolished ] because it is already 50 years old. 【並べ替え】

## 確認 【文型の急所⑫】 使役動詞 have の使い方に注意する

「(仕事として) ～させる〔してもらう〕」という〈使役〉の意味は、〈**have O *do***〉や〈**have O *done***〉で表す。

| 日本語 | フレーズ | 意味関係 |
| --- | --- | --- |
| ① 人に～させる〔してもらう〕 | have O *do* | 人が～する〈能動〉 |
| ② ものを～させる〔してもらう〕 | have O *done* | ものが～される〈受動〉 |

例 私は昨日、歯を抜いた。

① I **had** a dentist pull out my tooth yesterday.

「歯医者が歯を抜く」という**〈能動〉**の意味。pull out は原形。

② I **had** my tooth pulled out yesterday.

「歯が (歯医者に) 抜かれる」という**〈受動〉**の意味。pulled out は過去分詞。

I pulled out my tooth. は「私が自分で歯を抜いた」という意味になる。

## 発想 英文の組み立て方

「取り壊すか改築する」のは、ふつう業者に仕事としてやってもらうこと。家 (＝もの) を取り壊すか改築してもらうので、〈have O *done*〉で表す。have demolished or renovated his house という現在完了にすると、「(隣人が自分で) 取り壊すか改築した」という意味になるが、直前に is going to という未来を表す表現があるので、ここでは不可。

## 表現 英作文に役立つ表現

□ **～する予定だ、～するつもりだ** ▶ be going to *do* 　機能

「未来の意図・計画・予定」を表す。

□ **A (建物) を取り壊す** ▶ demolish A

pull A down / pull down A でも表せる。この意味で break / destroy は使えない。

□ **A (建物など) を改装〔改築〕する、リフォームする** ▶ renovate〔remodel〕A

reform は「〈制度・法律・組織など〉を改正する、改革する」という意味を表すので、ここでは使えない。

**020** The neighbor is going to **have his house demolished or renovated** because it is already 50 years old.

**021** その飲み物が<u>かなりの量のカフェインを含んでいる</u>ことを知り、少しショックみたいですね。

You seem to be a little shocked to learn that the drink <u>is containing a considerable amount of caffeine</u>. 【下線部訂正】

## 確認 【時制の急所①】「〜している」の表し方に注意する①

「〜している」という日本語を英語にする場合、機械的に現在進行形にしてしまいがちだが、表す内容によっては進行形にしないこともある。表す内容と使う動詞の組み合わせを整理しておこう。

| 表す内容 | 使う動詞 | 動詞のかたち |
|---|---|---|
| ① 今だけしている動作 | 動作動詞 | 現在進行形 |
| ② 現在の状態 | 状態動詞 | 現在形 |

① 私は今、<u>散歩している</u>。 ▶ I **am taking** a walk now. 【今だけしている動作】
② 私はテニス部に<u>所属している</u>。 ▶ I **belong** to the tennis club. 【所属している状態】

**覚えよう 代表的な状態動詞**

【存在・所有】 □ exist「存在している」 □ resemble「〜に似ている」
□ contain「〜を含んでいる」 □ belong to A「A に属している」
□ consist of A「A から成り立っている」
【知覚】 □ see「〜が見える」 □ hear「〜が聞こえる」 □ feel「〜の感じがする」
【思考・認識】 □ think「〜と思っている」 □ believe「〜と信じている」
□ know「〜を知っている」
【好悪】 □ like「〜が好きである」 □ hate「〜が大嫌いである」

## 発想 英文の組み立て方

「〜を含んでいる」は contain で表す。contain は状態動詞なので、進行形にしない。

## 表現 英作文に役立つ表現

□ **S は〜であるようだ ▶ S seem to *do*** 機能

It seems that SV と混同した× S seem that SV という間違いが多い。

□ **〜してショックだ ▶ be shocked to *do***

□ 〜ということにショックを受ける ▶ be shocked that SV (→ 066 表現)

**021** You seem to be a little shocked to learn that the drink **contains a considerable amount of caffeine**.

**022** 私のおじは、外での仕事の責任に加え、家事のほとんどを負担している。

My uncle is carrying the burden of most household chores in addition to his job responsibilities outside his home. 【下線部訂正】

## 確認 【時制の急所②】「～している」の表し方に注意する②

動作動詞を使って「～している」を表す時に〈現在進行形〉を使うことは **021** で確認したが、〈現在形〉を使って表すこともある。英作文の際には、日本語がどのような内容を表しているかをしっかり確認してから、使う動詞やかたちを選ぶようにしよう。

| 表す内容 | 使う動詞 | 動詞のかたち |
| --- | --- | --- |
| ① 今だけしている動作 | 動作動詞 | 現在進行形 |
| ② 日常的にくり返す習慣的な動作 | 動作動詞 | 現在形 |
| ③ 科学的な事実、職業・習性 | 動作動詞 | 現在形 |

例 私は今、散歩している。 ▶ I **am taking** a walk now. 【現在進行形】
今、歩いているところ → ① 今だけしている動作
私は毎朝散歩している。 ▶ I **take** a walk every morning. 【現在形】
毎朝している動作 → ② 習慣的な動作

例 現在、その宇宙船は太陽の周りを回っている。
▶ The space ship **is going** around the sun now. 【現在進行形】
今、回っている最中 → ① 今だけしている動作
地球は太陽の周りを回っている。 ▶ The earth **goes** around the sun. 【現在形】
常に変わらない事実 → ③ 科学的な事実

## 発想 英文の組み立て方

「家事を負担している」は、「今、負担している最中」ではなく「日常的に負担している」ということ。②の日常的にくり返す習慣的な動作なので、現在進行形ではなく現在形で表す。

## 表現 英作文に役立つ表現

☐ **A を負担する、A の重荷を負う** ▶ carry〔bear〕the burden of A

☐ **家事** ▶ household chores〔duties〕

複数形で用いるのが一般的。

☐ **A に加えて、A の他にも** ▶ in addition to A 機能

〈SV in addition to A〉や〈In addition to A, SV〉というかたちで用いる。

**022** My uncle **carries the burden of most household chores** in addition to his job responsibilities outside his home.

**023** 日本人にはユーモアのセンスが欠けている。実際、政治家や実業家が公式の場で冗談を言うことはめったにない。

Japanese people are lacking a sense of humor. In fact, politicians and businesspeople rarely tell jokes on official occasions. 【下線部訂正】

## 確認 【時制の急所③】「〜している」の表し方に注意する③

「〜している」という日本語は〈be 動詞＋形容詞〉を使って表すこともある。

例 私は歴史に興味を持っている。

▶ I **have** an interest in history. 【他動詞】

▶ I **am interested** in history. 【be 動詞＋形容詞】

「A に興味を持っている」は〈have an interest in A〉か〈be interested in A〉で表す。

例 彼には合理的に考える能力が欠けている。

▶ He **lacks** the ability to think rationally. 【他動詞】

▶ He **is lacking** in the ability to think rationally. 【be 動詞＋形容詞】

「A が欠けている、不足している」は〈lack A〉または〈be lacking in A〉で表す。〈lack A〉の lack は状態動詞なので、× be lacking A と進行形にはできない。〈be lacking in A〉の lacking は形容詞。両者を混同して、× lack in A としないよう注意。

## 発想 英文の組み立て方

「ユーモアのセンスが欠けている」は、他動詞の lack を使って lack a sense of humor で表すか、形容詞の lacking を使って be lacking in a sense of humor で表す。

## 表現 英作文に役立つ表現

□ **実際に〔実のところ〕…** ▶ SV 〜 . In fact, SV .... 機能

in fact は前文の内容に対して、より詳細な事実を補足する時に用いる。

□ **実業家** ▶ a businessperson

複数形は businesspeople。 □ 会社員、サラリーマン ▶ an office worker

□ **冗談を言う** ▶ tell a joke

自動詞の joke でも表せる。 例 冗談を言っているだけだ。 ▶ I'm only joking.

□ **…の場〔機会〕で** ▶ on a ... occasion / in a ... situation

前置詞が異なることに注意。

**023** **Japanese people lack a sense of humor**. In fact, politicians and businesspeople rarely tell jokes on official occasions.

**024** 新しい住宅が建設中で、コミュニティも順調に成長しつつあるので、人と人との関わり方もすぐに変わっていくだろう。

New houses are built and the community is growing steadily, so the way people interact with each other will change soon. 【下線部訂正】

### 確認 【時制の急所④】「～されている」の表し方に注意する

「～されている（最中だ）」は、〈be 動詞＋being *done*〉という〈現在進行形＋受動態〉のかたちで表す。特に、「～中」という日本語を英語にする時は、次の表の②と④のどちらの意味で使われているかを判断し、適切なかたちで表すようにしよう。

| 表す内容 | 能動・受動 | 時制 | 動詞のかたち |
|---|---|---|---|
| ① A を建設する | 能動態 | 現在形 | build A |
| ② A を建設している（最中だ） | | 現在進行形 | be building A |
| ③ A が建設される | 受動態 | 現在形 | A be built |
| ④ A が建設されている（最中だ） | | 現在進行形 | A be being built |

例 彼らは今、家を建設中だ。 ▶ They **are building** houses now.
家を建設している最中だ → ② 能動態の現在進行形
今、家が建設中だ。 ▶ Houses **are being built** now.
家が建設されている最中だ → ④ 受動態の現在進行形

例 その問題はまだ議論中だ。 ▶ The issue **is** still **being discussed**.
議論がされている最中だ → ④ 受動態の現在進行形

### 発想 英文の組み立て方

「新しい住宅が建設中」は「新しい住宅が建設されている最中だ」ということ。④の〈受動態の現在進行形〉を用いて New houses are being built で表す。

### 表現 英作文に役立つ表現

□ **S が V するやり方、S が V である様子** ▶ the way SV / how SV **機能**

× the way how SV としてしまう間違いが多い。

□ **A（人）と交流する、関わる** ▶ interact with A

interact は自動詞。× interact A としてしまう間違いが多い。

**024** **New houses are being built** and the community is growing steadily, so the way people interact with each other will change soon.

**025** 応募するかどうか決める前に、彼女はその奨学金についてもっと知る必要があるかもしれない。

She may need to know more about the scholarship before she will decide whether to apply for it or not. 【下線部訂正】

## 確認 【時制の急所⑤】 未来の表し方に注意する

未来のことは〈will *do*〉や〈be going to *do*〉で表すのが原則だが、例外もある。when を例にとって見てみよう。

| 表す内容 | when の品詞 | 節の種類 | 動詞のかたち |
|---|---|---|---|
| ① ～する時は | 時を表す接続詞 | 副詞節 | 現在形 |
| ② いつ～するか | 疑問副詞 | 名詞節 | will＋動詞の原形 |

① 〈時〉を表す接続詞 (when、before、after、until、by the time、as soon as など) や〈条件〉を表す接続詞 (if、as long as など) で始まる副詞節では、未来のことを現在形で表す。

例 訪問する時は電話します。 ▶ I'll call you **when I visit** you.

when 節は〈時〉を表す副詞節なので、「これから訪問する」という未来のことを現在形の visit で表すのがポイント。

② 疑問副詞 when で始まる when 節は「**いつ…するか (ということ)**」という意味の名詞節になる。副詞節ではないので、未来のことは通常どおり〈will *do*〉などで表す。

例 いつ訪問するかわからない。 ▶ I don't know **when I will visit** you.

when 節は他動詞 know の目的語となる名詞節なので、「これから訪問する」という未来のことを will visit で表す。

## 発想 英文の組み立て方

「(彼女が) 応募するかどうか決める前に」は、時を表す接続詞 before を用いて表す。時を表す副詞節では、未来のことを現在形で表すので、before she decides とする。

## 表現 英作文に役立つ表現

□ **～する必要がある** ▶ need to *do* 機能

この need は動詞。助動詞の need は肯定文では使えないので、× need *do* は不可。

□ **A を申し込む、申請する** ▶ apply for A

□ A (会社・大学・組織など) に申し込む ▶ apply to A

**025** She may need to know more about the scholarship **before she decides whether to apply for it or not.**

**026** インターネットで日常生活はかなり変わった。たとえば、数年前よりもずっと多くの人がオンラインで買い物をしている。

The Internet changed our daily lives considerably. For example, many more people are shopping online than several years ago. 【下線部訂正】

## 確認 【時制の急所⑥】 現在完了（完了・結果）の使い方に注意する

〈have＋過去分詞〉で表す〈現在完了〉は、日本語にはない時制なので、意味は知っていても、英作文の際にうまく使えないことが多い。次の表で表す意味を整理しておこう。

| 意味 | 表す内容 | 動作動詞 | 状態動詞 |
|---|---|---|---|
| ① 完了・結果 | 過去から変化した結果、現在は～の状態にある | ○ | × |
| ② 継続 | 過去から現在まで変わっていない | ○ | ○ |
| ③ 経験 | 過去から現在までに～したことがある | ○ | ○ |

①の〈完了・結果〉を表す現在完了は、「過去から現在にかけて変化した→その結果、現在は（過去とは異なる）～という状態にある」ということを表す。変化の結果が現在に影響を及ぼしていることがポイント。この意味では、状態動詞は使えない。

例 変わったね。昔とは別人のようだ。（→ 変わった結果、現在は別人に見える）
▶ You **have changed**. You look different from what you were.

例 ちょうど風邪が治ったところだ。（→ 風邪が治った結果、現在は風邪ではない）
▶ I **have** just **recovered** from the cold.

## 発想 英文の組み立て方

「日常生活は変わった」は、「変わった結果、現在の日常生活は（より多くの人がオンラインで買い物をするという）以前とは違う状態にある」ということなので、①の〈完了・結果〉の意味の現在完了を用いて has changed で表す。

## 表現 英作文に役立つ表現

□ **たとえば～** ▶ For example, SV ～ . **機能**

前の文の具体例を示す時に用いる。 □ たとえばBなどのA ▶ A such as B（→ **083** ）。

□ **ずっと多くの（数の）～** ▶ many more＋可算名詞

比較級の差の強調には〈much＋比較級〉を用いるが（→ **030** ）、〈more＋可算名詞〉の強調は×〈much more＋可算名詞〉ではなく〈many more＋可算名詞〉となる。

**026** **The Internet has changed our daily lives considerably**. For example, many more people are shopping online than several years ago.

**027** 先月から自然の中で時間を過ごしていますが、美しい自然を初めて体験しました。

I am spending time in nature since last month; this is the first time I have experienced the beauty of nature. 【下線部訂正】

## 確認 【時制の急所⑦】 現在完了（継続）の使い方に注意する

ここでは、〈継続〉を表す現在完了の使い方を確認しよう。〈完了・結果〉を表す現在完了と違い、動作動詞も状態動詞も使うことができるが、使うかたちが異なるので、英作文の際に間違えないよう意味とかたちを整理しておこう。

| 意味 | 表す内容 | 動作動詞 | 状態動詞 |
|---|---|---|---|
| ① 完了・結果 | 過去から変化した結果、現在は〜の状態にある | ○ | × |
| ② 継続 | 過去から現在まで変わっていない | ○ | ○ |
| ③ 経験 | 過去から現在までに〜したことがある | ○ | ○ |

②の〈継続〉を表す現在完了は、「過去から現在まである状態が続いている」ということを表す。この意味では動作動詞も状態動詞も使えるが、動作動詞の場合はふつう**〈現在完了進行形〉**の**〈have been *doing*〉**を用いる。

例 私たちは子供時代からの知り合いだ。（→ 子供時代から現在までずっと知っている）

▶ We **have known** each other since childhood. 【know は状態動詞】

know は状態動詞なので進行形に使えない（→ **021**）。したがって、現在完了進行形を用いて× We have been knowing とすることはできない。

例 私はバスを1時間待っている。（→ 1時間前から現在までずっと待っている）

▶ I **have been waiting** for the bus for an hour. 【wait は動作動詞】

現在進行形を用いて I am waiting for the bus now. とすると、「今、私はバスを待っているところです」という現在の時点において進行中の動作を表す。

## 発想 英文の組み立て方

「時間を過ごす」は動作動詞の spend を使って表す。「先月から」ずっと時間を過ごしているという〈継続〉の意味を表すので、現在完了進行形の〈have been *doing*〉を用いて表す。

## 表現 英作文に役立つ表現

□ **〜するのはこれが初めてだ** ▶ **This is the first time (that) S have *done*.** 機能

that 節内は原則として現在完了。

□ **美しい自然、自然の美しさ** ▶ **the beauty of nature**

「自然」の意味の nature は常に無冠詞。

**027** **I have been spending time in nature since last month**; this is the first time I have experienced the beauty of nature.

**028** 妹が暗闇を怖がらないように、彼女の部屋の明かりをつけたままにしておいた。

I left a light on in my sister's room so that she will not be scared of the dark.

【下線部訂正】

---

### 確認 【時制の急所⑧】 時制の一致を意識する①

英語では、主節の動詞を過去形にしたら、従属節中の動詞も過去形にする〈**時制の一致**〉というルールがある。日本語にはこのルールがないので、時制の一致を忘れる間違いが非常に多い。主節で過去形を用いたら、従属節の動詞の形に注意するようにしよう。

① 彼がひまだと私は知っている。【現在】→ 彼がひまだと私は知っていた。【過去】

▶ I **know** that he **is** free.【現在】→ I **knew** that he **was** free.【過去】

主節の動詞が know → knew に変わったのにあわせて、従属節の動詞も is → was にするのを忘れないようにしよう。

② 彼が来ると知っている。【現在】→ 彼が来ると知っていた。【過去】

▶ I **know** that he **will come**.【現在】→ I **knew** that he **would come**.【過去】

主節の動詞が know → knew に変わったのにあわせて、従属節の動詞も will come → would come にするのを忘れないようにしよう。

### 発想 英文の組み立て方

「暗闇を怖がらないように」したのは過去のことなので、過去形を用いて she would not be scared of the dark で表す。②の時制の一致と同じパターンであることを確認しておこう。

妹が暗闇を怖がらないように、部屋の明かりをつけたままにしている。

▶ I leave a light on in my sister's room so that she will not be scared of the dark.

↓

妹が暗闇を怖がらないように、部屋の明かりをつけたままにしておいた。

▶ I left a light on in my sister's room so that she would not be scared of the dark.

### 表現 英作文に役立つ表現

□ **A を C（の状態）のままにしておく** ▶ leave A C

例 ドアを開けたままにする ▶ leave the door open（この open は形容詞）

□ **S が～するために** ▶ so that S will〔can〕*do* 機能

□ **（人が）A を怖がる** ▶ be scared of A

□ ～を怖がらせる ▶ scare（動詞） □（人にとって）怖い、恐ろしい ▶ scary（形容詞）

**028** I left a light on in my sister's room **so that she would not be scared of the dark**.

**029** 彼女はレジでお金を払おうとしたら、さいふを盗まれたことに気づいた。

She was going to pay at the cash register when she realized that her purse was stolen. 【下線部訂正】

---

**確認** 【時制の急所⑨】 時制の一致を意識する②

**028** では、that 節の述語動詞を〈現在形 → 過去形〉にする時制の一致について確認したが、〈過去形・現在完了形 → 過去完了形〉にするパターンもある。

例 彼はひまだったと私は知っている。 → 彼はひまだったと私は知っていた。

▶ I **know** that he **was〔has been〕** free. → I **knew** that he **had been** free.

時制の一致は、that 節以外の名詞節（when 節、if 節など）でも起こる。

例 いつ訪問するかわからない。 → いつ訪問するかわからなかった。

▶ I **don't know** when I **will visit** you. → I **didn't know** when I **would visit** you.

時制の一致で when 節の述語動詞は would visit に変わる。

例 雨がやむかどうかわからない。 → 雨がやむかどうかわからなかった。

▶ I **don't know** if it **will stop** raining. → I **didn't know** if it **would stop** raining.

時制の一致で if 節の述語動詞は would stop に変わる。

**発想** 英文の組み立て方

「さいふを盗まれた」のは「お金を払おうとした」時よりも前のことなので、that 節の述語動詞は過去完了形の her purse had been stolen とする。時制の一致の流れを確認しておこう。

彼女はさいふを盗まれたことに気づいている。

▶ She realizes that her purse was〔has been〕stolen.

↓

彼女はさいふを盗まれたことに気づいた。

▶ She realized that her purse had been stolen.

**表現** 英作文に役立つ表現

□ **～していたら（その時）…した** ▶ S was *doing* ～ when SV　**機能**

〈過去進行形〉で出来事が発生した場面を導入し、〈when 節〉で出来事の発生を表す。

□ **レジで支払う** ▶ pay at the cash register / pay at the checkout

□ **A を（こっそり）盗む** ▶ steal A

「A が盗まれる」は受動態の A be stolen で表す。

□ A（人・銀行など）を襲って B（お金・財産など）を奪う ▶ rob A of B

**029** She was going to pay at the cash register when she realized that **her purse had been stolen.**

**030** ここ数十年の IT の発展により、生活ははるかに便利になりました。

Life has been much more convenient because of the development of information technology over the past few decades. 【下線部訂正】

## 確認 【動詞の語法の急所①】「～になる」の表し方に注意する

「S は C である」という〈状態〉は〈**S be C**〉で表す。その**状態が変化**して「S は C になる」という場合は〈**S become C**〉で表す。be は状態動詞、become は動作動詞。

| 意味 | 表す表現 | 表現 |
|---|---|---|
| ① ～（の状態）である | ある時点での状態 | S be C |
| ② ～（の状態）になる | 状態の変化 | S become C |

例 空は暗かった。（＝過去のある時点での状態） ▶ The sky **was** dark.
空は暗くなった。（＝過去の時点での状態の変化） ▶ The sky **became** dark.

現在完了にすると、〈**S have been C**〉は〈継続〉の意味を、〈**S have become C**〉は〈完了・結果〉の意味を表す（→ 026 027）。

例 空は（ずっと）暗い。 ▶ The sky **has been** dark.
「さっきからずっと空は暗い」という〈継続〉を表す。
空は暗くなった。 ▶ The sky **has become** dark.
「晴れていたが、様子が変化した結果、今は空が暗い」という〈完了・結果〉を表す。

## 発想 英文の組み立て方

「生活は便利になりました」は、「かつては便利ではなかったが、状況が変化して、今は便利になった」という〈完了・結果〉を表しているので、〈S have become C〉を用いて Life has become convenient とする。Life has been convenient だと「（過去から現在までずっと）生活は便利である」という〈継続〉の意味になる。

## 表現 英作文に役立つ表現

□ **はるかに、ずっと、断然～** ▶ much＋比較級

比較級の差を強調する表現。

□ **A が原因で、A によって** ▶ because of A 　機能

□ ～したことが原因で ▶ because SV（接続詞＋文）

□ **ここ～の（期間の）間** ▶ over the past〔last〕～

例 この 1 年〔2 年〕 ▶ over the past year〔two years〕

**030** **Life has become much more convenient** because of the development of information technology over the past few decades.

**031** 現代社会では、私たちは仕事が忙しすぎて、以前よりもさらに迅速な成果を期待するようになっている。

In modern society, we are too busy working and have become to expect even quicker results than before. 【下線部訂正】

---

**確認** 【動詞の語法の急所②】「～するようになる」の表し方に注意する

「(自然に) ～するようになる」は〈**come to *do***〉で表す。「～になる」を表す〈become C〉と混同して× become to *do* とする間違いが多いので注意。

✎ come to *do* の *do* に使えるのは、原則として〈**感情・思考・認識などを表す状態動詞**〉に限られる。動作動詞を使うと、「～するために来る」という意味になる。

例 この家を手狭に感じるようになった。

▶ I **have come to feel** that this house is too small.

✎〈have come to *do*〉は〈完了・結果〉を表す。「以前は手狭に感じなかったが、気持ちが変化して今は手狭に感じている」という状況を表す。

**覚えよう** come to *do*（～するようになる）の *do* に用いる主な状態動詞

| | | |
|---|---|---|
| □ like「～が好きである」 | □ respect「～を尊敬する」 | □ feel「～と感じる」 |
| □ think「～と思う」 | □ believe「～と信じる」 | □ know「～を知る」 |
| □ realize「～がわかる」 | □ understand「～を理解する」 | □ expect「～を期待する」 |

**発想** 英文の組み立て方

「期待するようになっている」は、「考え方が変化して、今は期待している」という〈完了・結果〉を表しているので、〈have come to *do*〉を用いて have come to expect とする。

**表現** 英作文に役立つ表現

□ **現代社会では** ▶ **in modern society**

modern society はふつう無冠詞で用いる。

□ **～するのに忙しい** ▶ **be busy *doing***

□ A で忙しい ▶ be busy with A（名詞）（→ **094**）

□ **さらに、(より) いっそう～** ▶ **even＋比較級** 機能

「すでにあることに輪をかけて」という意味を表す。

**031** In modern society, we are too busy working and **have come to expect even quicker results** than before.

**032** インタビューはわずか 10 分だったが、その時は気分が悪かったので、何時間にも感じた。

The interview only took ten minutes, but I felt it was hours because I was feeling sick at that time. 【下線部訂正】

## 確認 【動詞の語法の急所③】「感じる」の表し方に注意する

「感じる」は **feel** で表すが、主語や後に続く要素によって表す意味が変わることに注意。

| 主語 | 後に続く要素 | 意味 |
|---|---|---|
| 人 | feel＋形容詞 | ① S が（心・体で）〈形容詞〉と感じる、の気分がする |
| | feel＋名詞 | ② S が（心・体で）〈名詞〉を感じる、体感する |
| もの | feel＋形容詞 | ③ S が（感触・体感として）〈形容詞〉の感じがする |
| | feel like＋名詞 | ④ S が（感触・体感として）〈名詞〉のような感じがする |
| もの・こと・状況 | feel＋形容詞 | ⑤ S が（印象・感想として）〈形容詞〉の感じがする |
| | feel like＋名詞 | ⑥ S が（印象・感想として）〈名詞〉のような感じがする |

① 私は空腹を感じた。 ▶ I **felt** hungry.
② 肩に痛みを感じた。 ▶ I **felt** a pain in my shoulder.
③ その水は温かく感じる。 ▶ The water **feels** warm.
④ 腕が痛くて鉛のような感覚だった。 ▶ My arms were hurting and **felt like** lead.
⑤ ステージで話すのは気持ちよかった。 ▶ It **felt** good to speak on stage.
⑥ 最後の 3 マイルは 50 マイルに感じた。 ▶ Those last 3 miles **felt like** 50.

## 発想 英文の組み立て方

「（それは）何時間にも感じた」は、「インタビュー」という〈こと〉が主語で、「何時間」という名詞が後に続くので、⑥の〈feel like＋名詞〉を用いて it felt like hours とすると、「インタビューは何時間もかかったように感じた」という〈印象・感想〉を表すことができる。

## 表現 英作文に役立つ表現

□ **S は〈時間〉がかかる ▶ S take＋時間**

□ A が～するのに〈時間〉がかかる ▶ It takes（＋A）＋時間＋to *do* （→ **082**）

□ **気分が悪くなる、吐き気がする ▶ feel sick** 機能

□ 病気である ▶ be sick　□ 病気になる ▶ get sick / become ill

**032** The interview only took ten minutes, but **it felt like hours** because I was feeling sick at that time.

**033** ひどい風邪をひいてせきやくしゃみがひどい時は、みんなマスクをすることをお勧めします。

It is recommended that everyone wears a mask when they have a bad cold and are coughing or sneezing heavily. 【下線部訂正】

## 確認 【動詞の語法の急所④】「勧める」の表し方に注意する

「～するよう勧める」は〈**recommend that S (should) *do***〉で表す。that 節の動詞が〈動詞の原形〉か〈should *do*〉になることに注意。「～すべき」という命令に近い意味なので、命令文のように動詞の原形を用いると理解しておこう。

例 彼が早く家を出ることをお勧めします。

▶ I **recommend** **that** he **leave**〔**should leave**〕home early.

leave は動詞の原形。× he leaves / × he will leave とする間違いが多い。

彼が早く家を出ることを勧めた。

▶ I **recommended** **that** he **leave**〔**should leave**〕home early.

時制の一致はしない。× he left / × he would leave とする間違いが多い。

**覚えよう** **that 節内で〈動詞の原形 /should *do*〉を用いる主な動詞**

| | | |
|---|---|---|
| □ advise 「忠告する」 | □ recommend 「勧める」 | □ suggest 「提案する」 |
| □ order 「命令する」 | □ demand 「要求する」 | □ insist 「強く求める」 |
| □ request 「要請する」 | □ require 「義務づける」 | |

## 発想 英文の組み立て方

「みんなマスクをすることをお勧めします」は〈recommend that S(should) *do*〉を用いて表す。ここでは受動態の〈It is recommended that SV〉を用いている。動詞は原形の wear か should wear にする。everyone はふつう they で受けることも覚えておこう。

## 表現 英作文に役立つ表現

□ **～するよう勧める** ▶ **recommend that S (should) *do*** **機能**

□ **A を着用している** ▶ **wear A** (状態動詞)

□ A を着用する ▶ put A on / put on A (動作動詞)

□ **風邪をひいている** ▶ **have a cold** (状態動詞)

□ 風邪をひく ▶ catch (a) cold (動作動詞)

**033** **It is recommended that everyone wear a mask** when they have a bad cold and are coughing or sneezing heavily.

**034** 私の考えでは、パソコンやスマホなどの電子機器は健康に悪い影響を与えていると思う。

In my opinion, electronic devices such as computers and smartphones give a negative influence to our health. 【下線部訂正】

## 確認 【動詞の語法の急所⑤】「影響を与える」の表し方に注意する

「影響を与える」は **influence** で表す。influenceには動詞の用法と名詞の用法があるので、それぞれの使い方について確認しておこう。

| 用法 | 表現 | 修飾のしかた |
|---|---|---|
| ① 動詞 | influence A | influenceの前や後に副詞を加える |
| ② 名詞 | have (an) influence on A | influenceの前に形容詞を加える |

「～の影響を与える」と言う時は、形容詞のほうが副詞よりも種類が多いので、②の〈**have (a / an) ＋形容詞＋influence on A**〉を用いるようにしよう。

例 好影響を及ぼす ▶ have a good influence
かなりの影響がある ▶ have a considerable influence

注 influenceには可算・不可算の両方の用法があるが、形容詞で修飾される場合は可算名詞として使われるほうが多いので、英作文ではa / anを付けるのが無難。

## 発想 英文の組み立て方

「健康に悪い影響を与えている」は、〈have (a / an) ＋形容詞＋influence on A〉を用いてhave a negative influence on our healthとする。「Aに影響を与える」という日本語に引きずられて× give (an) influence to Aとしてしまう間違いが多い。

## 表現 英作文に役立つ表現

□ **私の考えでは、私見では** ▶ **in my opinion** 機能

× according to my opinionとは言えない（→ **077**）。

□ **電子機器** ▶ **an electronic device**

electronic（電子式の、コンピューターネットワークを利用した）とelectric（電気で動く、電動の）を混同しやすいので注意。

□ 電子マネー ▶ electronic money
□ ネット通販 ▶ electronic commerce
□ 電気自動車 ▶ electric vehicle〔car〕
□ 電動自転車 ▶ electric bike〔bicycle〕

**034** In my opinion, electronic devices such as computers and smartphones **have a negative influence on our health.**

**035** なまけ者のその少年が、私に悩み相談をしないうちに学校をやめるのは確実だ。

It is certain that the lazy boy will quit school before he talks me his problems. 【下線部訂正】

## ✓確認 【動詞の語法の急所⑥】「話す」を表す語を使い分ける ①

「話す」は talk や speak で表すことができるが、まったく同じ意味を表すわけではないので、まずは次の表でそれぞれのイメージを確認しておこう。

| | 焦点 | イメージ |
|---|---|---|
| talk | 対話・会話 | ２人以上で話す、話し合う、相談する、議論する |
| speak | 個人の発話（行為） | 誰かに向かって話す、話しかける、しゃべる |

**talk** は〈対話・会話〉に焦点を当てた語。日本語の「トーク番組」を思い浮かべると、イメージがしやすい。自動詞なので、後に続く要素とセットにしたフレーズで覚えておこう。

① talk to〔with〕A ▶ A（相手）と話す、話し合う
② talk about A ▶ A（話題）について話す、話し合う

① 私はあなたと話をする必要がある。 ▶ I need to **talk to** you.
誰と話しているのですか。 ▶ Who are you **talking to**?
② 私たちはあなたの話をしていた。 ▶ We have been **talking about** you.
何の話をしているのですか。 ▶ What are you **talking about**?
文末の about を書き忘れる間違いが多い。

## 発想 英文の組み立て方

「私に悩み相談をしないうちに」は、「彼が彼の問題について私と話し合う前に」と言い換えて考える。人と話すことは①の〈talk to〔with〕A〉、問題について話すことは②の〈talk about A〉で表すので、①と②を組み合わせて he talks to me about his problems とする。

## 表現 英作文に役立つ表現

□ **〜ということは確か〔確実〕である** ▶ **It is certain that SV** 機能

□ S（人）は〜ということを確信している ▶ S be certain that SV

□ **退学する、学校をやめる** ▶ **quit school**

□ 仕事をやめる ▶ quit one's job　□ 禁煙する ▶ quit smoking

□ **〜しないうちに** ▶ **before SV**

日本語の「しない」に引きずられて、SV の部分を否定文にしてしまわないよう注意。
例 暗くならないうちに（＝暗くなる前に） ▶ before it gets dark

**035** It is certain that the lazy boy will quit school **before he talks to me about his problems**.

**036** その留学生は、日本に来たばかりだったが、日本語を流ちょうに話し、日本人学生と同じようにふるまった。

That international student, who had just arrived in Japan, talked Japanese fluently and behaved like Japanese students. 【下線部訂正】

## 確認 【動詞の語法の急所⑦】「話す」を表す語を使い分ける ②

**speak** は〈話す行為〉に焦点を当てた語で、「誰かに向かって話す、話しかける、しゃべる」ことを表す（→ **035** ）。後に続く要素とセットにしたフレーズで覚えておこう。

① speak＋副詞 【自動詞】
② speak to〔with〕A ▶ A（相手）と話す 【自動詞】
③ speak about A ▶ A（話題）について話す 【自動詞】
④ speak A ▶ A（言語）を話す 【他動詞】

① 大声で話す ▶ speak loudly
静かに話す ▶ speak quietly
ゆっくり話す ▶ speak slowly
やさしく話す ▶ speak softly
率直に話す ▶ speak frankly
自由に話す ▶ speak freely
② 医者と話す ▶ speak to the doctor
③ 病気について話す ▶ speak about the illness
④ 英語〔中国語〕を話す ▶ speak English〔Chinese〕

✎ ②と③の表現を組み合わせて「A と B について話す」と言う時は、ふつう speak to A about B の語順にする。

例 医者と病気について話す ▶ speak to the doctor about the illness

## 発想 英文の組み立て方

「日本語を流ちょうに話した」は、④の他動詞の speak を用いて、spoke Japanese fluently とする。

## 表現 英作文に役立つ表現

□ **留学生** ▶ an international student / a foreign student

□ **A に到着する** ▶ arrive in〔at〕A

A が地名、国名、town、city、country などの「広がりのあるエリア」の場合は in を、hotel、airport、hospital、station などの「場所・地点」の場合は at を用いる。

□ **A と同じように** ▶ like A 機能

前置詞の like は〈類似・比喩・同様〉の意味を表す。

**036** That international student, who had just arrived in Japan, **spoke Japanese fluently** and behaved like Japanese students.

**037** 国際化のためには、さまざまな文化的背景を持つ人々とコミュニケーションを取ることが重要だとよく言われている。

[ told / said / is / that / often / it ] communicating with people from different cultural backgrounds is important for internationalization. 【並べ替え・1語不要】

## 確認 【動詞の語法の急所⑧】「話す」を表す語を使い分ける ③

「話す」は say や tell で表すことができる。それぞれのイメージを確認しておこう。

| | 焦点 | イメージ |
|---|---|---|
| say | 発言内容 | ある内容を声に出して話す、言う |
| tell | 情報伝達 | 人に情報を話す、知らせる、伝える、教える |

**say** は、実際に声に出す単語や台詞などの〈発言内容〉に焦点を当てた語。他動詞だが、〈人〉を目的語にとることはできないことに気をつけよう。

① say (to A), "SV" ▶ (A に)『～』と言う
② say (to A) that SV ▶ (A に)～と言う
③ say B (to A) ▶ (A に) B (言葉)を言う

①「私は犬好きだ」と彼は言った。 ▶ He said, "I like dogs."
② 彼は犬好きだと私に言った。 ▶ He said to me that he liked dogs.
③ そのことについて、彼は私には何も言わなかった。 ▶ He said nothing to me about it.

「(世間で) ～と言われている、～だそうだ」は〈**It is said that SV**〉で表す。この表現は②の受動態。

例 この香りには癒やしの効果があると言われている。
▶ **It is said that** this smell has healing properties.

## 発想 英文の組み立て方

「～とよく言われている」は、〈It is said that SV〉を用いて It is often said that とする。told が不要。頻度を表す副詞 often は〈否定文での not の位置〉に入れる (→ **059** )。

## 表現 英作文に役立つ表現

□ **～と言われている、～だそうだ** ▶ It is said that SV / S be said to *do* 機能

□ **A (人)と意思疎通をする、コミュニケーションを取る** ▶ communicate with A

□ A (情報・意図) を B (人) に伝える ▶ communicate A to B

**037** **It is often said that** communicating with people from different cultural backgrounds is important for internationalization.

**038** トムはアプリを削除するように言われたが、おそらくアプリのせいで気が散りすぎて勉強に集中できなかったからだろう。

[ Tom / said / to / told / was ] delete the app probably because it was distracting him too much from focusing on his studies. 【並べ替え・1語不要】

## ✔ 確認 【動詞の語法の急所⑨】「話す」を表す語を使い分ける ④

**tell** は、〈情報伝達〉に焦点を当てた語。〈情報伝達〉を表すので、「知らせる、伝える、教える」という意味になる場合もある。どのようなかたちで使うかを確認しておこう。

① tell A B ▶ A（人）に B（情報）を話す
② tell A about B ▶ A（人）に B について（の情報を）話す
③ tell A that SV ▶ A（人）に〜ということを話す
④ tell A to *do* ▶ A に〜するように話す〔命令する、指示する〕

① 彼は私に好きな本の名前を教えてくれた。
▶ He **told** me the names of the books he liked.
② 彼は私に好きな本について教えてくれた。
▶ He **told** me **about** the books he liked.
③ 私はトムにアプリを削除するほうがよいと言った。
▶ I **told** Tom **that** he should delete the app.
④ 私はトムにアプリを削除するように言った。
▶ I **told** Tom **to** delete the app.

## 発想 英文の組み立て方

「トムはアプリを削除するように言われた」は、「トムにアプリを削除するように言う」の受動態。〈tell A to *do*〉の受動態を用いて Tom was told to delete the app とする。said が不要。S be said to *do* は「（世間で）S は〜と言われている」という意味（→ 037 表現）。

## 表現 英作文に役立つ表現

□ **アプリを削除する** ▶ delete an app
□ アプリをダウンロード〔インストール〕する ▶ download〔install〕an app
□ **B から A（人）の注意をそらす、気を散らせる** ▶ distract A from B
□ **〜しすぎる** ▶ 動詞＋too much 機能
□ **A に集中する** ▶ focus on A
□ A（注意）を B に集中させる ▶ focus A on B

**038** **Tom was told to** delete the app probably because it was distracting him too much from focusing on his studies.

**039** 彼が居眠りをして大切な書類を電車に置き忘れた可能性もあると警察は考えている。

The police believe that he might fall asleep and leave his important papers on the train. 【下線部訂正】

## 確認 【助動詞の急所①】「〜かもしれない」の表し方に注意する

「〜（する）かもしれない」という〈可能性に対する推量〉は **may** や **might** を用いて表す。might は may の過去形だが、意味は may とほぼ同じであることに注意。次の表で may / might の後に続く動詞のかたちと表す意味を整理しておこう。

| 日本語 | 表す内容 | 表現 |
|---|---|---|
| ①（今は）〜かもしれない | 現在の推量 | may〔might〕*do*（状態動詞） |
| ②（これから）〜かもしれない | 未来の推量 | may〔might〕*do*（動作動詞） |
| ③（あの時は）〜だったかもしれない | 過去の推量 | may〔might〕have *done* |

① 彼はそれを知っているかもしれない。 ▶ He **may**〔**might**〕know it.

② 彼は試験に受かるかもしれない。 ▶ He **may**〔**might**〕pass the exam.

③ 彼はそれを知っていたのかもしれない。

▶ He **may**〔**might**〕have known it. （× He might know it.）

彼は試験に受かったのかもしれない。

▶ He **may**〔**might**〕have passed the exam. （× He might pass the exam.）

## 発想 英文の組み立て方

「居眠りして置き忘れた可能性もある」は「居眠りして置き忘れたかもしれない」と言い換えて考える。過去の可能性について推量しているので、③の〈may〔might〕have *done*〉を用いて表す。過去の可能性の推量に〈might *do*〉を用いてしまう間違いが多いので注意。

## 表現 英作文に役立つ表現

□ **〜と思う、考える** ▶ **believe (that) SV** **機能**

「確信はないがたぶん〜と思う」という意味で、think that SV に近い。

□ **眠りに落ちる、居眠りする** ▶ **fall asleep** （動作動詞）

□ ぐっすり眠っている ▶ be fast〔sound〕asleep （状態動詞）

□ **〈場所〉に A を置き忘れる** ▶ **leave A＋場所**

□ A を持って行く〔来る〕のを忘れる ▶ forget A × 〈forget A＋場所〉は不可。

**039** The police believe that **he may have fallen asleep and left his important papers on the train**.

**040** スタッフ全員が、残業を減らし仕事の効率を上げる計画にきっと賛成してくれるだろう。

All my staff must agree to the plan to reduce overtime and improve work efficiency. 【下線部訂正】

**確認** 【助動詞の急所②】「〜にちがいない」の表し方に注意する

「〜（する）にちがいない」は **must** を用いて表す。must は原則として〈現在の事柄に関する確信〉を表すので、〈未来の事柄に関する確信〉を表す時はふつう〈**I am sure that SV**〉や〈**S will surely〔certainly〕*do***〉を用いることに注意。

例 君は長旅で疲れているにちがいない。【現在の事柄に関する確信】

▶ You **must** be tired after your long journey.

君は明日、きっと疲れるにちがいない。【未来の事柄に関する確信】

▶ **I am sure that** you will be tired tomorrow.

≒ You **will surely**〔**certainly**〕**be** tired tomorrow.

「〜のはずがない、〜はありえない」は cannot で表す。must not を用いると「〜してはならない」という〈禁止〉の意味になる。

例 物理的な証拠が間違っているはずがない。▶ Physical evidence **cannot** be wrong.

**発想** 英文の組み立て方

「きっと賛成してくれるだろう」は「賛成するにちがいない」と言い換えて考える。「〜だろう」とあり、計画はまだスタッフに提示されていない状況なので、〈未来の事柄に関する確信〉を表す〈I am sure that SV〉か〈S will surely〔certainly〕*do*〉を用いて表す。〈I am sure that SV〉を用いる場合は、that 節に未来のことを表す助動詞 will を忘れないよう注意。

**表現** 英作文に役立つ表現

□ **S（人）は〜ということを確信している** ▶ S be sure that SV **機能**

× it is sure that SV とはいえない。

□ **スタッフ** ▶ staff

職員や社員全体を集合的にさす。× a staff / staffs とは言えない。

□ **A（提案・要求など）に同意〔賛成〕する、応じる** ▶ agree to A

□ A（人・意見・考えなど）に賛成する ▶ agree with A（→ **085**）

□ **〜する（という）計画** ▶ plan to *do*

× plan of *doing* とはいえない。

**040** **I am sure that all my staff will agree to the plan** to reduce overtime and improve work efficiency.

**041** 彼は病気が恥ずかしすぎて、すぐには医師に相談できなかったにちがいないといううわさが立っている。

Rumor has it that he must be too embarrassed about his illness to consult his doctor right away. 【下線部訂正】

## 確認 【助動詞の急所③】「～したにちがいない」の表し方に注意する

「～したにちがいない」という〈過去の事柄に関する確信〉は、〈**must have *done***〉で表す。must には過去形がないので、must の後を完了形にすることに注意。**040** で学んだこととあわせて、「～にちがいない」の表し方を次の表で整理しておこう。

| 日本語 | 表す内容 | 表現 |
|---|---|---|
| ① (今) ～にちがいない | 現在の確信 | must *do* |
| ② (これから) ～にちがいない | 未来の確信 | I am sure that SV<br>S will surely〔certainly〕*do* |
| ③ (過去に) ～だったにちがいない | 過去の確信 | must have *done* |

例 昨日、君は疲れていたにちがいない。【過去の事柄に関する確信】

▶ You **must** have been tired yesterday.

「(過去に) ～だったはずがない」は〈**cannot have *done***〉で表す。

例 昨日、君は疲れていたはずがない。

▶ You **cannot have been** tired yesterday.

## 発想 英文の組み立て方

「彼は恥ずかしすぎて～できなかったにちがいない」は〈過去の事柄に関する確信〉なので、〈must have *done*〉を用いて he must have been too embarrassed で表す。

## 表現 英作文に役立つ表現

□ **～といううわさが立っている** ▶ Rumor has it that SV

rumor は無冠詞で使う。it は形式目的語、that 節が真目的語という不思議なかたちをしているが、よく使われる定型表現なのでこのまま覚えよう。

□ **～すぎて…できない** ▶ too＋形容詞・副詞＋to *do* 機能

日本語の「…できない」に引きずられて not to *do* としてしまわないよう注意。

□ **A (医師・弁護士など) に相談する、意見を聞く** ▶ consult A

□ **すぐに、ただちに** ▶ right away / at once

**041** Rumor has it that **he must have been too embarrassed about his illness to consult** his doctor right away.

**042** その時点で、医師は患者に対して手洗いによる自衛を強く勧めるべきだった。

At that point, the doctor should strongly advise the patient to protect himself by washing his hands. 【下線部訂正】

## 確認 【助動詞の急所④】〈助動詞＋have *done*〉の使い方に注意する

助動詞を使って過去の事柄に関する確信や推量を表す時は、〈助動詞＋**have *done***〉で表す。ここまでに学んだ表現とあわせて、次の表で整理しておこう。

| 日本語 | 表す内容 | 表現 |
|---|---|---|
| 〜だったかもしれない | 過去の推量 | may〔might〕have *done* |
| 〜だったにちがいない | 過去の確信 | must have *done* |
| 〜だったはずがない | 過去の確信 | cannot have *done* |
| 〜すべきだった | 過去の後悔など | should have *done* |
| 〜する必要はなかった | 過去の後悔など | need not have *done* |

「(過去の時点で) 〜すべきだった」は〈**should have *done***〉で表す。この表現は「〜すべきだったのに実際はしなかった」という〈反省・後悔・非難・残念・遺憾〉などの気持ちを含んでいる。

例 君は昨日彼に謝るべきだった。

▶ You **should have apologized** to him yesterday.

「(過去の時点で) 〜すべきではなかった」は〈**shouldn't have *done***〉で表す。

例 吐きそうだ。食べ過ぎるべきではなかった。

▶ I'm going to throw up. I **shouldn't have eaten** too much.

## 発想 英文の組み立て方

「勧めるべきだった」は〈should have *done*〉を用いてshould have advisedで表すと、「実際には勧めなかった(ことが残念だ)」という気持ちを表すことができる。

## 表現 英作文に役立つ表現

□ **その時点で、その時** ▶ **at that point**

□ 現時点で(は) ▶ at this point　□ ある時点で ▶ at some point

□ **A (人)に〜するよう忠告する** ▶ **advise A to *do*** 　機能

□ A に〜しないように忠告する ▶ advise A not to *do*

□ **〜することによって** ▶ **by *doing***

**042** At that point, **the doctor should have strongly advised the patient** to protect himself by washing his hands.

**043** 部活に参加する時は、いやがおうでも他の部員と力を合わせることになっている。

When you participate in club activities, you are supposed to cooperate with other member whether you like it or not. 【下線部訂正】

## 確認 【形容詞の急所①】「他の〈名詞〉」の表し方に注意する

「他の〈名詞〉」は形容詞の other を用いて表す。組み合わせる名詞によって、4通りの使い分けをするので、次の表で整理しておこう（代名詞については→ **007** **008**）。

| 組み合わせる名詞 | 形容詞＋名詞 | 代名詞 |
|---|---|---|
| ① 不特定の単数名詞 | another＋単数名詞 | another |
| ② 不特定の複数名詞 | other＋複数名詞 | others |
| ③ 特定の単数名詞（2つのうちの「もう一方」） | the other＋単数名詞 | the other |
| ④ 特定の複数名詞（3つ以上の中の「残り全部」） | the other＋複数名詞 | the others |

## 発想 英文の組み立て方

自分以外の「他の部員」は1人しかいない可能性もあるが、ここでは特定の部活ではなく一般論として述べているので、複数人いると考える。「残りの部員全員」と考えれば④の〈the other＋複数名詞〉で表すが、一般論として述べる時は不特定の複数名詞と組み合わせた②の〈other＋複数名詞〉を用いるのが自然。したがって other members とする。

## 表現 英作文に役立つ表現

□ **A に参加する** ▶ participate in A

A には activity、event、project、discussion、study などが来る。

□ A の一員になる ▶ join A

注 A には group、team、club、company などが来る。

□ **～することになっている** ▶ be supposed〔expected〕to *do* 機能

規則・慣習などによって何かをすることになっていることを表す。

□ **A と力を合わせる、協力〔連携〕する** ▶ cooperate with A

□ **いやがおうでも、好むと好まざるとにかかわらず** ▶ whether you like it or not

変えようのない不快な状況に遭遇した時に用いる。目的語の it を忘れないよう注意。この it は主節の内容を受けている。ここでは「他の部員と力を合わせることを好むと好まざるとにかかわらず」ということ。

**043** When you participate in club activities, you are supposed to **cooperate with other members** whether you like it or not.

**044** 今年の夏は去年の夏と同じアルバイトができないのが残念だ。

It is a pity that this summer I cannot do [ I did / as / last summer / part-time job / the same ]. 【並べ替え】

## 確認 【形容詞の急所②】「同じ〈名詞〉」の表し方に注意する

「同じ〈名詞〉」は〈**the same**＋名詞〉で表す。何と同じ名詞なのかは、名詞の後に〈as A〉か〈as SV〉を続けて表す。as の後のかたちに注意しながら、次の表で整理しておこう。

| 意味 | 表現 | 備考 |
|---|---|---|
| ① 同じ〈名詞〉 | the same＋名詞 | |
| ② A と同じ〈名詞〉 | the same＋名詞＋as A | as は前置詞 |
| ③ ～するのと同じ〈名詞〉 | the same＋名詞＋as SV | as は関係代名詞 |

① 私たちは同じ学校に通っていた。

▶ We went to **the same** school.

② 彼の意見は私（の意見）とまったく同じだ。

▶ His opinion is exactly **the same as** mine.

ここでは my opinion を所有代名詞 mine で代用している。

③ 彼は私と同じような服装をしている。

▶ He wears **the same kind of clothes as I** wear.

このasは目的格の関係代名詞なので、wear の後に目的語がないことに注目。as を省略することもできる。また、as の代わりに that を用いてもよい。

## 発想 英文の組み立て方

「去年の夏と同じアルバイト」は「去年の夏に私がしたアルバイトと同じアルバイト」と言い換えて考える。「同じアルバイト」を文のかたちで説明しているので、③の〈the same＋名詞＋as SV〉を用いて the same part-time job as I did last summer とする。

## 表現 英作文に役立つ表現

□ **～ということは残念〔遺憾〕だ** ▶ it is a pity〔shame〕that SV 機能

pity〔shame〕に a を付け忘れる間違いが多い。

□ **今年〔去年〕の夏** ▶ this〔last〕summer

副詞句なので、余計な前置詞を付けないよう注意。

□ **アルバイトをする** ▶ do a part-time job / work part-time

**044** It is a pity that this summer I cannot do **the same part-time job as I did last summer**.

**045** この町は美しいビーチだけでなく、温かいもてなしと珍しい郷土料理でも知られている。

This town is [ beautiful beaches / for / as / its / known / not only ] but also for its warm hospitality and unique local dishes. 【並べ替え・1語不要】

## 確認 【形容詞の急所③】「知られている」の表し方に注意する

「知られている」は be known で表す。意味によって後に続く前置詞が異なるので、次の表で確認し、フレーズで覚えておこう。

| 日本語 | フレーズ | A に来るもの |
|---|---|---|
| ① A で知られている、有名である | be known for A | 主語の持つ特徴や業績など |
| ② A として知られている | be known as A | 主語の名称 |
| ③ A に知られている | be known to A | 知られている相手 |

① 彼の小説は独特の文体で知られている。

▶ His novels **are known** **for** its unique style.

② ロンドンの地下鉄は「チューブ」として知られている〔と呼ばれている〕。

▶ The subway in London **is known** **as** "the Tube."

③ 彼の小説は多くの人に知られている。

▶ His novels **are known** **to** many people.

## 発想 英文の組み立て方

「この町は美しいビーチで知られている」は、主語の「この町」が「美しいビーチ」という特徴で知られているということなので、①の〈be known for A〉を用いて表す。不要なのは as。

## 表現 英作文に役立つ表現

□ **A だけではなく B もまた** ▶ not only A but (also) B **機能**

A と B には原則として文法的に同じはたらきをする要素を用いる。ここでは、A と B に for its beautiful beaches と for its warm hospitality and unique local dishes という副詞句 (=前置詞+名詞) を用いている。

□ **もてなし** ▶ hospitality

例 親切なおもてなしに感謝します。 ▶ Thank you for your kind hospitality.

□ **郷土料理** ▶ a local dish

例 伝統的な郷土料理 ▶ traditional local dishes

**045** This town is **known not only for its beautiful beaches** but also for its warm hospitality and unique local dishes.

**046** 言語発達は自制心、つまり誘惑に負けず良識ある行動をする能力と密接に関係している。

Language development is closely relating to self-control, or the ability to resist temptation and behave in a sensible way. 【下線部訂正】

## 確認 【形容詞の急所④】「関係がある」の表し方に注意する

「関係がある」は、形容詞の **related** や名詞の **relationship** を用いて表す。表現によってセットになる動詞や前置詞が異なるので、フレーズで覚えておこう。

| 日本語 | フレーズ |
|---|---|
| ① A と関係がある | be related to A |
| ② A と関係がある | have a relationship with A |
| ③ A と B は関係がある | There is a relationship between A and B |

① 地球温暖化は二酸化炭素の排出と直接関係がある。
▶ Global warming **is** directly **related to** carbon dioxide emissions.
② 言語の発達は自制心と密接な関係がある。
▶ Language development **has a** close **relationship with** self-control.
③ その先生と生徒たちは親しい関係にある。
▶ **There is a** close **relationship between** the teacher and his students.

関係の程度を表す時は〈have ～ to do with A〉「A と～の関係がある」で表す。「～」の部分には関係の程度に応じて something / nothing / much / a lot などが入る。

例 この習慣は宗教とは無関係だ。 ▶ This practice **has nothing to do with** religion.

## 発想 英文の組み立て方

「A と関係している」を①の〈be related to A〉で表す時は、日本語の「～している」に引きずられて relating とする間違いが多い。

## 表現 英作文に役立つ表現

□ **A すなわち B** ▶ **A, or B** 機能

この意味では or の前にコンマを打つ。

□ **(～したいという) 誘惑に負けない、耐える** ▶ **resist temptation (to *do*)**

□ 誘惑に打ち勝つ〔負ける〕 ▶ overcome〔yield to, give in to〕temptation

**046** **Language development is closely related to** self-control, or the ability to resist temptation and behave in a sensible way.

**047** 世界中の何百万人もの人々が最新のテレビゲームに熱中しすぎているのではないかと専門家は心配している。

Experts are worried about that millions of people all over the world might be too absorbed in playing the latest video game. 【下線部訂正】

## 確認 【形容詞の急所⑤】「心配する」の表し方に注意する

「心配している」は **be worried** を用いて表す。心配している内容を〈名詞〉で表すか〈文〉で表すかで worried の後に続く要素が違うので、次のフレーズで覚えておこう。

| 日本語 | フレーズ |
|---|---|
| ① A を心配している | be worried about A |
| ② ～ということを心配している | be worried that SV |

① 自分の将来のことがとても心配です。

▶ I **am** very **worried about** my future.

② 自分の身に何か起こるのではないかとちょっと心配です。

▶ I **am** a little **worried that** something might happen to me.

## 発想 英文の組み立て方

心配している内容は「世界中の何百万人もの人々が最新のテレビゲームに熱中しすぎているのではないか」という文で表されているので、②の〈be worried that SV〉を用いて表す。①の〈be worried about A〉と混同して that の前に about を入れる間違いが多い。

## 表現 英作文に役立つ表現

□ **何百万もの A ▶ millions of A**

数の多さを強調する時に用いる。millions の代わりに他の数字の単位を用いた hundreds of A（何百もの A）、thousands of A（何千もの A）なども覚えておこう。

□ **A に熱中〔没頭〕している、夢中である ▶ be absorbed in A**

□ **～すぎる、あまりに～ ▶ too＋形容詞** 機能

×〈too much＋形容詞〉や×〈形容詞＋too much〉としてしまう間違いが多い。

例 あなたは心配しすぎだ。 ▶ You are too worried. × You are too much worried.

□ **最新の A ▶ the〔one's〕latest A**

**047** **Experts are worried that** millions of people all over the world might be too absorbed in playing the latest video game.

**048** 昨日見つけた仕事はとてもおもしろそうだが、給料が安すぎる。

The job I found yesterday sounds very interesting, but the salary is too cheap. 【下線部訂正】

### 確認 【形容詞の急所⑥】「高い／安い」の表し方に注意する

「高い／安い」を表す表現は、名詞によって異なる。

| 名詞 | 高い／安い |
|---|---|
| ① 給料・値段 | high / low |
| ② 商品 | expensive / cheap |

① 給料・値段の「高い／安い」は **high / low** で表す。給料や値段は数値で示され、数字の高低でその額の大小を表すと理解するとよい。温度計の目盛りと同じ発想。high / low は次のような名詞とともに用いる。

**覚えよう** **high / low を用いて「高い／安い」を表す主な名詞**

- ☐ price 「値段」 ☐ cost 「費用」 ☐ charge 「(サービスに対する) 料金」
- ☐ fee 「報酬」 ☐ fare 「運賃」 ☐ rent 「家賃」
- ☐ salary 「給料」 ☐ wage 「賃金」 ☐ pay 「給料」

② 商品の「高い／安い」は **expensive / cheap** で表す。expensive は「値段が高い」、cheap は「値段が安い」という意味で、形容詞の中に「値段」の意味が含まれている。

例 この食べ物は高い〔安い〕。

▸ The price of this food is high〔low〕. 【値段が高い／安い】

▸ This food is expensive〔cheap〕. 【商品が高い／安い】

### 発想 英文の組み立て方

「給料が高い／安い」は high / low を使って表す。「～すぎる」は〈too＋形容詞〉で表すので、the salary is too low とすればよい。「安すぎる」を× too much low や× low too much などとしないよう注意 (→ 047 表現)。

### 表現 英作文に役立つ表現

☐ **仕事を見つける** ▸ find〔get〕a job

☐ 失業する、職を失う ▸ lose a job

☐ **S は～のようだ〔～のように思われる〕** ▸ S sound＋形容詞 **機能**

印象を表す表現。「S は〈名詞〉のように思われる」は〈S sound like＋名詞〉で表す。

**048** The job I found yesterday sounds very interesting, but **the salary is too low.**

**049** 10代の若者のほとんどはスマホを適切に使用するだけの分別があるとみなすべきだ。

Most of teens should be regarded as mature enough to use their smartphones in an appropriate way. 【下線部訂正】

## 確認 【形容詞の急所⑦】「ほとんどの～」の表し方に注意する

「ほとんどの～」は **most** を用いて表すが、母集団が特定か不特定かによって、使うかたちが異なる。次の表と解説でしっかりと整理しておこう。

| 母集団 | 表現 | most の品詞 |
|---|---|---|
| ① 不特定の人〔もの〕 | most＋名詞 | 形容詞 |
| ② 特定の人〔もの〕 | most of the〔one's〕＋名詞 | 代名詞 |

① 母集団が不特定の人〔もの〕で、一般論として「ほとんどの～、大部分の～、たいていの～」という時は、〈**most＋名詞**〉で表す。この most は数量形容詞。不特定の人〔もの〕なので、名詞に the / one's / these / those などは付けない。

② 母集団が特定の人〔もの〕で、その集団全体の中で「～のほとんど、～の大部分、～の大半」という時は、〈**most of the〔one's〕＋名詞**〉で表す。この most は代名詞。特定の人〔もの〕なので、名詞に the / one's / these / those などを付ける。

✎〈most of A〉のように〈**部分＋of＋全体**〉のかたちで用いる代名詞には、次のようなものがある。

- □ many of A「A（可算名詞）の多く」
- □ much of A「A（不可算名詞）の多く」
- □ either of A「A のどちらか一方」
- □ any of A「A のどれでも」
- □ some of A「A の一部」
- □ none of A「A のどれも～ない」

## 発想 英文の組み立て方

この文は、特定の10代の若者ではなく、一般論として10代の若者について述べているので、不特定の人をさす①の〈most＋名詞〉を用いて表す。

## 表現 英作文に役立つ表現

□ **A を～とみなす** ▶ regard A as ～

～の部分には形容詞・名詞が来る。ここでは受動態で用いられている。

□ **…するほど〔だけ、くらい〕（十分に）～** ▶ 形容詞・副詞＋enough to *do* 　機能

enough は形容詞・副詞の後に置く。

**049** **Most teens should be regarded** as mature enough to use their smartphones in an appropriate way.

**050** デパートに買い物に行けなかった。停電で電車が全面運休になったからだ。

I couldn't go shopping at the department store. That's because the all trains were canceled due to a power outage. 【下線部訂正】

## 確認 【形容詞の急所⑧】「すべての～」の表し方に注意する

「すべての～」は **all** を用いて表すが、most（→ **049**）と同じく、母集団が特定か不特定かによって、使うかたちが異なる。次の表と解説でしっかりと整理しておこう。

| 母集団 | 表現 | all の品詞 |
|---|---|---|
| ① 不特定の人〔もの〕 | all＋名詞 | 形容詞 |
| ② 特定の人〔もの〕 | all (of) the〔one's〕＋名詞 | 代名詞 |

① 母集団が不特定の人〔もの〕で、一般論として「すべての～、全部の～、全員の～」という時は、〈**all＋名詞**〉で表す。不特定の人〔もの〕なので、名詞に the / one's / these / those などは付けない。

② 母集団が特定の人〔もの〕で、その集団全体の中で「～のすべて、～の全部、～の全員」という時は、〈**all (of) the〔one's〕＋名詞**〉で表す。特定の人〔もの〕なので、名詞に the / one's / these / those などを付ける。特に、the〔one's〕を all の前に置いてしまう間違いが多い。

「両方の～」は **both** を用いて表す。使い方は all と同じで、不特定の人〔もの〕の時は〈**both＋名詞**〉、特定の人〔もの〕の時は〈**both (of) the〔one's〕＋名詞**〉で表す。

## 発想 英文の組み立て方

「電車が全面運休になった」は、「(デパートに行くための特定の路線の) 電車がすべて運休になった」と考え、②の〈all (of) the＋名詞〉を用いて all (of) the trains とする。

## 表現 英作文に役立つ表現

□ **A に買い物に行く ▶ go shopping in〔at〕A**

go につられて× go shopping to A とする間違いが多い。

□ A に泳ぎ〔釣り、観光〕に行く ▶ go swimming〔fishing, sightseeing〕in〔at〕A

□ **～。なぜなら… ▶ SV ～ . This is〔That's〕because SV ....** **機能**

〈SV ～ because SV....〉でも表せる。 × SV ～. Because SV .... のように because 節を単独で用いないよう注意。

**050** I couldn't go shopping at the department store. That's because **all the trains were canceled** due to a power outage.

**051** 本校の先生の3分の2は、グーグル検索で無料の教材を探していると考えられている。

It is believed that two-thirds of the teachers of this school do a Google search for free teaching materials. 【下線部訂正】

## 確認 【形容詞の急所⑨】「A の B」の表し方に注意する

「A の B」という日本語は、次の 3 つのかたちで表すことができる。

| かたち | 表現 | 備考 |
|---|---|---|
| ① A's B | 名詞の所有格＋名詞 | A は「人」や「人の集まり（組織・会社・国など）」 |
| ② B of A | 名詞 of 名詞 | 前置詞はいつも of とは限らない |
| ③ A B | 名詞＋名詞 | A は名詞の形容詞用法と考えてもよい |

例 世界の人口 ✎ ①～③のいずれでも表せるが、③が最も自然

▶ ① the world's population ② the population of the world

③ the world population

✎ 日本語の「～の」は②のように前置詞の of で表しがちだが、of 以外の前置詞で表すものも多い。次のように何らかの理屈をつけてから覚えると印象に残りやすい。

例 モーツァルトの作品 ▶ works by Mozart

✎「モーツァルトによって作られた」→ 動作主を表す by を用いる

例 大学時代の友人 ▶ a friend from college

✎「大学時代からの知り合い」→ 時の起点を表す from を用いる

## 発想 英文の組み立て方

「本校の先生」は、「学校という場所で教えている先生」と言い換えて考え、of ではなく in〔at〕を用いて the teachers in〔at〕this school で表す。

## 表現 英作文に役立つ表現

**□ A の…分の～ ▶ 分子 - 分母 of A** 機能

分数は〈分子 - 分母〉で表す。分子には one、two、three などの基数を、分母には third、fourth、fifth などの序数を使う。分子が2以上の場合は、分母の序数を複数形にする。

□ 3 分の 1 ▶ one-third □ 3 分の 2 ▶ two-thirds

**□ A を（探して）グーグルで検索する ▶ do a Google search for A**

**051** It is believed that **two-thirds of the teachers in this school** do a Google search for free teaching materials.

**052** 近年、高齢者は増加しており、今では人口の30%を占めるまでになっている。

In recent years, older people have been increasing, and they now account for 30% of the population. 【下線部訂正】

## 確認 【形容詞の急所⑩】「Aの数」の表し方に注意する

「Aの数」は〈**the number of A**〉で表す。このフレーズの中心はthe numberなので、三人称単数扱いになる。

「Aの数が増える〔減る〕」は〈**The number of A（可算名詞の複数形）increases〔decreases〕**〉で表す。主語は三人称単数のthe numberなので、述語動詞はincreases〔decreases〕と三単現の-sを付けたかたちになる。

例 1人暮らしの高齢者が増えている。

▶ **The number of** elderly people living alone **is increasing**.

例 最近は留学をする日本人が減っている。

▶ **The number of** Japanese people studying abroad **is decreasing** these days.

同じ内容を、比較級を用いて〈**more (and more)＋可算名詞の複数形**〉〈**fewer (and fewer)＋可算名詞の複数形**〉で表すこともできる。

例 1人暮らしの高齢者が増えている。

▶ **More (and more)** elderly people **are** living alone.

例 最近は留学をする日本人が減っている。

▶ **Fewer (and fewer)** Japanese people **are** studying abroad these days.

## 発想 英文の組み立て方

「高齢者は増加しており」は人数の増加を表しているので、〈The number of A（可算名詞の複数形）increases〉を用いて表す。The number ofを付け忘れる間違いが多いので注意。

## 表現 英作文に役立つ表現

☐ **近年、ここ数年の間に** ▶ **in recent years**

原則として現在完了とともに用いる。

☐ **高齢者** ▶ **older〔elderly〕people / the elderly**

× elder peopleとする間違いが多い。elderは「（兄弟姉妹で）年上の」という意味。

☐ **SはAの割合を占める** ▶ **S account for A** 機能

この意味でoccupyを使うことはできない。

**052** In recent years, **the number of older people has been increasing**, and they now account for 30% of the population.

**053** 1990年代以降、医療に数々の大きな変化が起きていることは、そのデータから明らかだ。

It is clear from the data that the number of significant changes has taken place in medicine since the 1990s. 【下線部訂正】

---

## 確認 【形容詞の急所⑪】「いくつかの〔多くの〕A」の表し方に注意する

「いくつかのA」「多くのA」は〈**a number of A**〉で表す。〈the number of A〉(Aの数)(→**052**)と混同しやすいので、2つの表現の違いを整理しておこう。

| 表現 | 意味 | 中心になる語 |
|---|---|---|
| ① the number of A | Aの数 | the number → 単数扱い |
| ② a number of A | いくつかのA、多くのA | A(可算名詞の複数形)→ 複数扱い |

✎ a lot ofと同じく、a number ofもまとめて1つの数量形容詞だと理解すればよい。

① このあたりはお店(の数)が減ってきている。

▶ **The number of** shops is decreasing around here.

✎ The number of shopsの中心はThe number(単数)なので、動詞はisにする。

② このあたりはまだ営業しているお店が多い。

▶ **A large number of** shops are still open around here.

✎ A large number of shopsの中心はshops(複数)なので、動詞はareにする。

✎ 具体的な数の大小を示す時は、a large〔great/small〕number of Aのように、〈数の大小などを表す形容詞〉をnumberの前に入れる。

## 発想 英文の組み立て方

「数々の大きな変化」は②の〈a number of A〉を用いてa number of significant changesで表す。この表現の中心はsignificant changesという複数形の名詞なので、動詞はhasではなくhaveにすることに注意。

## 表現 英作文に役立つ表現

□ **Sが起こる** ▶ S take place / S happen

take placeには「(予定された行事などが)行われる」という意味もある。

例 オリンピックは4年に1度開催される。 ▶ The Olympics take place every four years.

□ **〜年代** ▶ in the 〜s ⚙機能

ここでは「1990年代以降」なので、since the 1990sとなっている。

例 90年代初頭〔半ば/終盤〕 ▶ in the early〔mid- / late〕1990s

**053** It is clear from the data that **a number of significant changes have taken place** in medicine since the 1990s.

**054** 日本の先生は生徒に対して、アメリカ人くらい自信を持って自分の意見を述べるように勧めてこなかったと思う。

I don't think that Japanese teachers have encouraged their students to express [ as / as / confident / confidently / their opinions ] Americans. 【並べ替え・1語不要】

## 確認 【比較の急所①】「～と同じくらい」の表し方に注意する

2つの要素を比べて「A は B（と同じ）くらい～、A は B と同じように～」という時は〈**A as＋形容詞・副詞＋as B**〉で表す。形容詞と副詞のどちらを使うかは、どういう点で A と B を比較しているか（＝比較の基準）で判断することになる。

例 この問題はあの問題と同じくらいやさしい。 【→ 基準は easy（形容詞）】
▶ This question is **as** easy **as** that one.
私の姉は私と同じくらい速く走る。 【→ 基準は fast（副詞）】
▶ My sister runs **as** fast **as** me.

✎〈～〉の部分に〈many / much＋名詞〉を用いることもできる。この時、〈**A as＋many / much＋名詞＋as B**〉という形になることに注意。

例 私は君と同じ数の本を持っている。 【→ 基準は many books（可算名詞）】
▶ I have **as** many books **as** you.

例 私は君と同じくらい(の量)のお金を持っている。 【→ 基準は much money（不可算名詞）】
▶ I have **as** much money **as** you.

## 発想 英文の組み立て方

「アメリカ人くらい自信を持って自分の意見を述べる」は、比較しているのが「自信を持って」という点なので、副詞の confidently を用いて express their opinions as confidently as Americans とする。confident は形容詞なので、ここでは不可。

## 表現 英作文に役立つ表現

☐ **～ないと思う ▶ I don't think (that) SV** 機能

英語は否定か肯定かをなるべく早い段階で明確にしたい言語なので、否定の not がくり上がったと理解しよう。

☐ **A（人）に～するよう奨励する〔勧める〕 ▶ encourage A to *do***

☐ **自分の意見を述べる〔言葉にする〕 ▶ express one's opinion(s)**

「述べる」という日本語に引きずられて× say〔tell〕one's opinion とする間違いが多い。

**054** I don't think that Japanese teachers have encouraged their students to express **their opinions as confidently as Americans**.

**055** 一般的に、インターンシップの経験がある人は、ない人に比べて卒業後の就職率が高い。

In general, those with internship experience [ to / likely / that / more / get / are ] a job after graduation than those without such experience. 【並べ替え・1語不要】

### 確認 【比較の急所②】「…より～する可能性が高い〔低い〕」の表し方に注意する

2つの要素を比べて「AはBより～する可能性が高い〔低い〕」は、〈**be likely to *do***〉（～する可能性が高い、～しそうである）と〈**A 比較級 than B**〉を組み合わせて表す。語順を間違えないよう、次の表で意味とかたちを確認しておこう。

| 意味 | かたち |
|---|---|
| ① ～する可能性が高い、～しやすい | A is more likely to *do* than B |
| ② ～する可能性が低い、～しにくい | A is less likely to *do* than B |

① 喫煙者は非喫煙者に比べ肺がんを発症しやすい。

▶Smokers **are more likely to** develop lung cancer **than** non-smokers.

比較対象を likely の直後に置いて Smokers **are more likely than** non-smokers **to** develop lung cancer. とすることもできる。

② 非喫煙者は喫煙者に比べ肺がんを発症しにくい。

▶Non-smokers **are less likely to** develop lung cancer **than** smokers.

= Non-smokers **are less likely than** smokers **to** develop lung cancer.

### 発想 英文の組み立て方

「～に比べて就職率が高い」は「～よりも就職する可能性が高い〔就職しやすい〕」と言い換えて考え、①の〈A is more likely to *do* than B〉のかたちを用いて are more likely to get a job で表す。that が不要。

### 表現 英作文に役立つ表現

□ **一般的に、おおむね** ▶ in general　機能

文修飾の副詞句。後に文が続くときは直後にコンマを打つ。

□ **Aを持った〔Aが付いている〕〈名詞〉** ▶ 名詞＋with A

この with は〈所有・付属〉の意味を表す。

例 髪の毛の長い男性 ▶ a man with long hair

温泉プール付きのホテル ▶ a hotel with heated pool

**055** In general, those with internship experience **are more likely to get** a job after graduation than those without such experience.

**056** コミュニティに多様なメンバーがいればいるほど、他人の考えを尊重する可能性が高まる。

[ diverse / have / members / more / the / we ] in the community, the more likely we are to respect what others think. 【並べ替え】

## 確認 【比較の急所③】「…すればするほど～」の表し方に注意する

「…すればするほど（ますます）～」という〈比例・相関関係〉は〈**The＋比較級 ..., the＋比較級 ～.**〉で表す。問題文の後半部分で作り方を確認しておこう。

考え方 〈The＋比較級 …, the＋比較級 ～.〉の作り方

① We are **likely** to respect what others think 【もとになる文】

↓ 形容詞 likely を比較級にする

② We are **more likely** to respect what others think

↓ 比較級の形容詞を文頭に移動し、前に the を付ける

③ **the more likely** we are to respect what others think ×The more we are likely ...

## 発想 英文の組み立て方

「多様なメンバーがいればいるほど～」は〈The＋比較級 ..., the＋比較級 ～.〉で表す。〈the＋比較級〉にあたる部分が〈形容詞＋名詞〉の場合は、〈**the＋比較級の形容詞＋名詞**〉という語順になる。× the more we have diverse members とする間違いが多い。考え方 に沿って作り方を確認しておこう。

① we have diverse members

↓ 形容詞 diverse を比較級にする

② we have more diverse members

↓〈比較級の形容詞＋名詞〉を文頭に移動し、前に the を付ける

③ the more diverse members we have

## 表現 英作文に役立つ表現

□ **…すればするほど（ますます）～** ▶ The＋比較級 ..., the＋比較級 ～. **機能**

比較級が〈形容詞＋名詞〉の時に語順の間違いが多い。

□ **多様な、多様性に富んだ、さまざまな** ▶ diverse / varied

ともに形容詞。比較級は more diverse / more varied。

□ **A の考え** ▶ what A think

A's ideas で表すこともできる。

**056** **The more diverse members we have** in the community, the more likely we are to respect what others think.

**057** この映画は、昨夜見に行ったが、今まで見たことがないほど最悪の映画だ。

This movie, which I went to see last night, is the worst one that I have never seen.　【下線部訂正】

## 確認 【比較の急所④】「今まで〜した中で最も…」の表し方に注意する

「今まで〜した中で最も…の〈名詞〉」は、〈**the＋最上級の形容詞＋名詞＋(that) S have ever *done***〉で表す。「過去から現在まで」の経験について述べるかたちなので、that 節に現在完了を用いる。

例 これは私が今まで読んだ中で最高の小説だ。

▶ This is **the best** novel I have ever read.

同じような内容を〈**have never *done* such a＋形容詞＋名詞＋as A**〉(A ほど…な名詞を今まで〜したことがない) で表すこともできる。同じく現在完了を用いるが、ever ではなく never を用いることに注意。

例 こんなに寒い冬は初めてだ。

① 今年は今まで体験した中で最も寒い冬だ。

▶ This is the coldest winter we have **ever** had.

② こんなに寒い冬は今まで一度も経験したことがない。

▶ We have **never** had such a cold winter (as this).

## 発想 英文の組み立て方

「今まで見たことがないほど最悪の映画」は、「今まで見た中で最悪の映画」と言い換えて考え、〈the＋最上級の形容詞＋名詞＋(that) S have ever *done*〉を用いて the worst one that I have ever seen とする。日本語の「今まで見たことがない」に引きずられて、ever を never としてしまわないよう注意。

## 表現 英作文に役立つ表現

☐ **映画を見に行く** ▶ go to (see) a movie / go to the movies

映画館以外のテレビやスマホの画面で映画を見る場合は watch a movie を用いる。

☐ **昨夜、昨日の夜** ▶ last night

× yesterday's night とはいえない。

☐ **今まで〜したことがないほど…の〈名詞〉、今まで〜した中で最も…の〈名詞〉**
▶ the＋最上級の形容詞＋名詞＋(that) S have ever *done*　**機能**

**057** This movie, which I went to see last night, is **the worst one that I have ever seen**.

**058** アメリカの高校生にとって休み時間のおしゃべりほど楽しいものはないそうだ。

I have heard [ enjoyable / is / more / most / nothing ] for American high school students than talking to each other at break. 【並べ替え・1語不要】

## 確認 【比較の急所⑤】「A ほど〜な…はない」の表し方に注意する

「ある母集団の中で最も〜」はふつう最上級で表すが、母集団を示さずに**「A ほど〜な…はない」という意味を表す時は、比較級や原級を用いて表すのが一般的。**

| 「…」に来るもの | 比較級を用いた表現 | 原級を用いた表現 |
|---|---|---|
| ① 名詞 | No other 名詞（単数形）〜 比較級 than A | No other 名詞（単数形）〜 as 原級 as A |
| ② 人 | No one/Nobody 〜 比較級 than A | No one/Nobody 〜 as 原級 as A |
| ③ もの、こと | Nothing 〜 比較級 than A | Nothing 〜 as 原級 as A |

① ブラジルほどオレンジ生産量が多い国はない。
▶ **No other country** produces more oranges than Brazil.
② その結果に彼以上に驚いた人はいなかった。
▶ **No one** was more surprised by the results than he was.
③ 仲間との勝利に勝るものはない。
▶ **Nothing** is better than winning with your friends.

A を主語にして表すこともできる。その場合は、than〔as〕以下をそれぞれ〈any other 名詞〉〈anyone else〉〈anything else〉にする。
① Brazil produces more oranges than **any other country**.
② He was more surprised by the results than **anyone else**.
③ Winning with your friends is better than **anything else**.

## 発想 英文の組み立て方

「〜ほど楽しいものはない」は、「もの」について述べているので、③のかたちを用いて nothing is more enjoyable ... than talking とする。most が不要。

## 表現 英作文に役立つ表現

□ **〜だそうだ、〜と聞いている** ▶ I hear (that) SV
□ **A ほど〜なもの〔こと〕はない** ▶ Nothing ... 比較級＋than〔as＋原級＋as〕A 機能
□ **（授業の間の）休み時間に** ▶ at break / at recess

**058** I have heard **nothing is more enjoyable** for American high school students than talking to each other at break.

**059** 姉はたいてい家でダラダラしてストレスを発散する。一方、兄は買い物で発散している。

My sister often relieves stress by idling away at home. On the other hand, my brother does so by shopping. 【下線部訂正】

## 確認 【副詞の急所①】 頻度を表す副詞を使い分ける

頻度を表す副詞には、次のようなものがある。英作文の際に日本語で表したい意味に合った語を選べるよう、まずは意味とおおよその頻度を次の表で確認しておこう。

| 副詞 | 意味 | おおよその頻度 |
|---|---|---|
| always | いつも、常に、必ず | 100% |
| usually | たいてい、ふつうは、普段は | 90 ～ 80% |
| often | しばしば、よく、多くの場合 | 70 ～ 60% |
| sometimes | 時々、時には、時として | 30 ～ 50% |
| rarely | めったに～ない | 10 ～ 20% |
| never | 決して～ない | 0% |

頻度を表す副詞を置く位置は、〈否定文での not の位置〉と覚えておこう。

例 彼女は常に元気だった。 ▶ She was **always** cheerful.【be 動詞の後】
彼は常に前向きだ。 ▶ He **always** has a positive attitude.【一般動詞の前】
常に私に頼ってくれていいですよ。 ▶ You can **always** count on me.【助動詞の後】

## 発想 英文の組み立て方

日本語の「たいてい」は usually で表す。usually と often は頻度を取り違えやすいので、often より usually のほうが頻度が高いことを上の表で確認しておこう。

## 表現 英作文に役立つ表現

☐ **ストレスを発散する〔和らげる〕** ▶ relieve〔reduce〕stress

☐ ストレスを引き起こす ▶ cause stress

☐ **ダラダラ過ごす、ゴロゴロする** ▶ idle away

☐ **～。その一方で…** ▶ SV ～ . On the other hand, SV .... 機能

1文にする場合は接続詞 while を使って〈SV ～ , while SV ....〉とする（→ **008**）。

**059** **My sister usually relieves stress** by idling away at home. On the other hand, my brother does so by shopping.

**060** その男性が久しぶりに母親と会った時、彼女は息子のことがわからなくなっていた。



When the man met his mother [ ages / first / for / at / in / the / time ], she could no longer recognize him. 【並べ替え・1語不要】

## 確認 【副詞の急所②】「初めて」を表す表現を使い分ける

「初めて(〜する)」は **first** や **for the first time** で表す。for the first time は時を表す表現とセットで用いることもあるので、次の表で意味と表現を確認しておこう。

| 日本語 | 発想 | 表現 |
|---|---|---|
| ① 初めて(する) | まったく初めて | first / for the first time |
| ② A以来初めて(する) | ある時点以降では初めて | for the first time since A |
| ③ Aぶりに(する) | ある期間の中で初めて | for the first time in A |

① first は〈否定文での not の位置〉に置き、for the first time はふつう文末や文頭に置く。

例 彼と初めて会ってから10年経つ。

▶ Ten years have passed since I **first** met him.
Ten years have passed since I met him **for the first time**.

②「A(起点)以来初めて」は for the first time since A で表す。

例 彼女は事故以来初めて笑顔を見せた。

▶ **For the first time since** the accident, she smiled.

③「A(期間)ぶりに」は「A(期間)の中で初めて」と考えて、for the first time in A で表す。

例 彼女は数週間ぶりに笑顔を見せた。 ▶ She smiled **for the first time in** weeks.

## 発想 英文の組み立て方

「久しぶりに」は「長い期間の中で初めて」と言い換えて、for the first time in ages で表す。定型表現として覚えておこう。ages は「長い期間」という意味。不要なのは at。

## 表現 英作文に役立つ表現

☐ **もはや〜ない、〜しなくなる** ▶ **no longer** 機能

〈否定文での not の位置〉に置く。反意語は still(まだ〜している)(→ **063**)。

☐ **Aが(以前見聞きしたことがあると)わかる、Aを(同一だと)認識する** ▶ **recognize A**

recognize の名詞形 recognition を使った次の表現も覚えておこう。

☐ 顔〔音声〕認証 ▶ facial〔speech〕recognition

**060** When the man met his mother **for the first time in ages**, she could no longer recognize him.

**061** 確かに何度も挫折したが、彼はついに弁護士になる夢を叶えたのだ。

It is true that he failed so many times, but after all he realized his dream of becoming a lawyer. 【下線部訂正】

## 確認 【副詞の急所③】「ついに」を表す表現を使い分ける

「ついに」は **finally** や **at last** で表す。この意味で間違って使ってしまいがちな after all とあわせて意味と表現を確認しておこう。

| 日本語 | イメージ | 表現 |
|---|---|---|
| ① ついに、とうとう、ようやく | 長い時間を経て成就する | finally |
| ② ついに、とうとう、ようやく | 長い時間を経て成就する | at last |
| ③ 結局(は)、結果的に、やっぱり | 当初の期待・予想・計画に反した結果になる | after all |

① この意味の finally は〈否定文での not の位置〉に置くのが原則。

例 私はやっと仕事を見つけた。 ▶ I have **finally** found a job.

② at last は finally とほぼ同じ意味だが、やや強意的。ふつう文頭に用いる。

例 彼女はやっとのことで仕事を見つけた。 ▶ **At last** she has found a job.

③ after all は「結局(は)、結果的に、やっぱり」という当初の期待・予想・計画に反した結果が生じたことを表す。この意味ではふつう文尾で用いる。

例 結局、彼女の言うとおりだったのかもしれない。 ▶ Maybe she was right **after all**.

## 発想 英文の組み立て方

「ついに夢を叶えた」は「長い時間を経て夢が成就した」ということ。finally を用いて he finally realized his dream で表すか、at last を用いて at last he realized his dream で表す。

## 表現 英作文に役立つ表現

□ **確かに～だが… ▶ It is true that SV ～, but SV ....** 機能

〈譲歩→逆接→主張〉の展開の一種。but の代わりに however を用いて〈It is true that SV ～. However, SV ....〉としても同じ意味を表せる。

□ **何度〔何回〕も ▶ (so) many times**

「一度、一回」は once で、「二度、二回」は twice で表し、「三度〔三回〕以上」は three times のように〈～ times〉で表す。前に余計な前置詞を付けてしまわないよう注意。

□ **～する夢を叶える、実現する ▶ realize〔fulfill〕a dream of *doing***

**061** It is true that he failed so many times, but **he finally realized his dream** of becoming a lawyer.

**062** チケットは余裕を持って予約する必要がある。<u>座席をぜひ確保したい場合は特にそうだ</u>。

You will have to book your ticket well in advance, <u>if especially you really want to reserve a seat</u>. 【下線部訂正】

## 確認 【副詞の急所④】「特に」を表す表現を使い分ける

「特に、とりわけ」は **especially** や **particularly** で表す。

| 日本語 | 表現 |
|---|---|
| ①…、特に A はそうだ | SV ..., especially〔particularly〕＋名詞 |
| ②…、特に～の〔～する〕場合はそうだ | SV ..., especially〔particularly〕＋副詞句〔節〕 |

① ある人〔もの〕について主節で全般的な説明をしてから、その中でも特徴的な人〔もの〕について述べる時に用いる。

例 若者は自意識過剰で、特に 10 代の若者はそうだ。

▶ <u>Young people</u> are too self-conscious, **especially** <u>teens</u>.

② ある内容について主節で全般的な説明をしてから、その中でも特徴的な時・場所・条件などについて述べる時に用いる。

例 京都はいつも観光客でいっぱいだが、春は特にそうだ。

▶ Kyoto is always full of tourists, **especially** <u>in spring</u>. 【前置詞＋名詞＝副詞句】

例 私は血圧が高いが、特に疲れている時に高い。

▶ My blood pressure is high, **particularly** <u>when I am tired</u>. 【接続詞＋文＝副詞節】

## 発想 英文の組み立て方

「座席をぜひ確保したい場合は特にそうだ」は、②の「特徴的な時・場所・条件などについて述べる」パターンにあてはまるので、〈especially〔particularly〕＋副詞節〉のかたちを用いて表す。especially〔particularly〕は接続詞の前に置く。

## 表現 英作文に役立つ表現

☐ **A を予約する** ▶ book〔reserve〕A

☐ **前もって、事前に** ▶ in advance

「余裕をもって」は「十分に前もって」と考え、well in advance で表す。

☐ **（もし）～すれば** ▶ if SV 機能

〈条件〉を表す表現。if 節では未来の内容でも現在形を用いることに注意（→ **091** ）。

**062** You will have to book your ticket well in advance, **especially if you really want to reserve a seat**.

**063** 私の地元には、英語では「moderate」という意味の「てげてげ」という方言をまだ使っている人がいて驚いた。

I was surprised that some people in my hometown yet use the dialect word "tege-tege," which means "moderate" in English. 【下線部訂正】

## 確認 【副詞の急所⑤】「まだ」を表す表現を使い分ける

「まだ」は **still** か **yet** で表すが、still と yet では使う状況が異なるので、注意が必要。英作文の際に間違えないよう、使い方をしっかり確認しておこう。

| 日本語 | 表す意味 | 使う語 | 使う位置 |
| --- | --- | --- | --- |
| ① まだ～している | 継続 | still | 否定文での not の位置 |
| ② まだ～していない | 未完了 | (not ...) yet | ふつう文末(否定語句の後) |

①「まだ〔今でも、依然として〕～している」という〈継続〉の意味は **still** で表す。still は〈否定文での not の位置〉に置く。反対の「もう〔もはや〕～しない」という意味は no longer で表す。

例 彼はまだ親と同居している。 ▸ He **still** lives with his parents.
彼はもう親と同居していない。 ▸ He **no longer** lives with his parents.

②「まだ～していない」という〈未完了〉の意味は **yet** で表す。yet はふつう文末や否定語句の後に置く。反対の「もう〔すでに〕～した」という意味は already で表す。

例 彼はまだ食事を終えていない。 ▸ He hasn't finished his meal **yet**.
彼はもう食事を終えた。 ▸ He has **already** finished his meal.

## 発想 英文の組み立て方

「まだ使っている」という〈継続〉の意味の文なので、still を用いて表す。「驚いた」のは過去だが「(習慣的に) 使っている」のは現在なので、現在形の use を用いるのがふつうだが、主節の I was surprised と時制を一致させて過去形の used にしてもよい。

## 表現 英作文に役立つ表現

□ **～ということに驚く** ▸ be surprised that SV

□ ～して驚く ▸ be surprised to *do* ✎ この to *do* は驚いた理由を表す。

□ **英語では「B」という意味の「A」** ▸ "A," which means "B" in English 機能

「日本語の A という言葉は英語では B という意味」ということ。先行詞の A は固有性が高いので、非制限用法を用いている(非制限用法の関係代名詞については → **088**)。

**063** I was surprised that **some people in my hometown still use the dialect word** "tege-tege," which means "moderate" in English.

**064** 最近、欧米人の間で動物性脂肪の摂り過ぎの危険性に対する認識がますます高まっていることは周知の事実である。

It is well known that Westerners are increasingly aware of the dangers of eating too much animal fat recently. 【下線部訂正】

## 確認 【副詞の急所⑥】「最近」を表す表現を使い分ける

「最近」は **these days** か **recently** で表すが、状況に応じて次のように使い分ける。

| 日本語 | 時制 | 使う表現 |
|---|---|---|
| ①（過去と比べて）最近は、近頃は、このごろは | 現在 | these days |
| ②（近い過去を指して）最近、この間、先頃 | 過去 | recently |
| ③（近い過去から現在までを指して）（ここ）最近は、このところ | 現在完了 | |

① 過去と比べて「最近」という時は **these days** で表し、動詞は現在形にする。

例 最近は少しずつルールが変わってきている。

▶ The rules are slowly changing **these days**.

② 近い過去を指して「最近」という時は **recently** で表し、動詞は過去形にする。

例 つい最近彼と会った。 ▶ I saw him only **recently**.

③ 近い過去から現在までを指して「最近」という時は **recently** で表し、動詞は現在完了にする。

例 最近は彼と会っていない。 ▶ I have not seen him **recently**.

## 発想 英文の組み立て方

「ますます高まっている」は、現在の変化を表していると考え、現在進行形を使って are increasingly aware で表せる。その場合の「最近」には①の these days を用いる。または、近い過去から現在までの変化を表していると考え、現在完了進行形を使って have been increasingly aware でも表せる。その場合の「最近」には③の recently を用いる。

## 表現 英作文に役立つ表現

□ **〜ということは周知の事実である** ▶ It is well known that SV

□ **A を認識〔意識、自覚〕している** ▶ be aware of A

□ 〜ということを認識〔意識、自覚〕している ▶ be aware that SV

□ **（量が）多すぎる〜、あまりにも多くの〜** ▶ too much＋不可算名詞 **機能**

「（数が）多すぎる〜」は〈too many＋複数名詞〉で表す。

**064** It is well known that Westerners **are increasingly aware** of the dangers of eating too much animal fat **these days**.

**065** 彼は授業中にまったくノートを取らないけれど、テストでいい成績が取れるのだろうか。

I wonder if he can get good grades on his tests though [ all / at / he / no / notes / takes ] in class. 【並べ替え】

## 確認 【否定の急所①】「〈名詞〉がない」の表し方に注意する

「〈名詞〉がない」という否定の意味は、〈**no**＋名詞〉を用いて表すことができる。〈not ... any＋名詞〉でも表せるが、〈no＋名詞〉を用いるとすっきりとした印象になる。

例 私には友だちがいない。

▶ I have **no** friends. ≒ I do**n't** have **any** friends.

お金は残っていない。

▶ I have **no** money left. ≒ I do**n't** have **any** money left.

「〈名詞〉がまったく〔少しも〕ない」と否定の意味を強調する時は、〈**no＋名詞＋at all**〉を用いて表すことができる。〈not ... any＋名詞＋at all〉でも表せる。

例 私にはまったく友だちがいない。

▶ I have **no** friends **at all**. ≒ I do**n't** have **any** friends **at all**.

お金はまったく残っていない。

▶ I have **no** money left **at all**. ≒ I do**n't** have **any** money left **at all**.

## 発想 英文の組み立て方

「まったくノートを取らない」は、〈no＋名詞＋at all〉を用いて he takes no notes at all とする。〈not ... any＋名詞＋at all〉を用いて he doesn't take any notes at all ということもできる。

## 表現 英作文に役立つ表現

**□ ～か（それとも～でないか）どうか（と思う） ▶ I wonder if SV** **機能**

SVの内容について判断に迷い、自問していることを表す。×〈think＋if SV〉とはいわない。

□～かなあ（と思う） ▶ wonder＋疑問詞節（→ **097**）

**□ テストでよい成績を取る ▶ get a good grade on〔in〕a test**

**□（A（授業・講義の内容など）の）ノートを取る ▶ take notes (of A)**

□（忘れないように走り書きで）Aをメモする ▶ make a note of A

**□ 授業中 ▶ in class**

無冠詞のclassを用いることに注意。 □ 授業後 ▶ after class

**065** I wonder if he can get good grades on his tests though **he takes no notes at all** in class.

**066** ショックなことに、夜遅く帰宅した私の顔色が悪いことに家族はほとんど気づかなかった。

I was shocked that [ that / rarely / noticed / my family / hardly ] I looked pale when I got home late at night. 【並べ替え・1語不要】

### 確認 【否定の急所②】「ほとんど〜ない」の表し方に注意する

「(程度が) ほとんど〜ない (ほどだ)」という〈準否定〉の意味は副詞の **hardly** を用いて表す。hardly は「否定文での not の位置に置く」と覚えておこう。

例 私は息ができないほど興奮した。 (→ 興奮してほとんど息ができなかった)

▶ I was so excited that I could **hardly** breathe.

注 I couldn't breathe とすると、本当に息ができなかったことになってしまう。

「(数量が) ほとんどない」という意味は〈**hardly any**＋名詞〉で表すことができる。ただし、〈few＋可算名詞〉〈little＋不可算名詞〉のほうが簡潔な表現。

例 ほとんど友人がいない ▶ hardly any friends ≒ few friends

ほとんどお金がない ▶ hardly any money ≒ little money

「(頻度・回数が) ほとんど〜ない」という意味は〈**hardly ever**〉で表すことができる。ただし、副詞の rarely (めったに〜ない) のほうが簡潔な表現。

例 私はもうほとんど手紙は書かなくなった。

▶ I **hardly ever** write letters any more. ≒ I **rarely** write letters any more.

### 発想 英文の組み立て方

「家族はほとんど気づかなかった」は〈程度〉の準否定なので、hardly を用いて my family hardly noticed that とする。〈頻度・回数〉の準否定を表す rarely が不要。

### 表現 英作文に役立つ表現

□ **〜ということにショックを受ける** ▶ be shocked that SV 機能

shocked と shocking ((人に) ショックを与える、衝撃的な) を混同しないよう注意。

□ 〜してショックだ ▶ be shocked to *do* (→ 021 表現)

□ **〜ということに気づく** ▶ notice that SV

見たり聞いたりして気づくことを表す。realize that SV との違いに注意。

□ **顔色が悪い** ▶ look pale

〈S look C〉(S は (外見が) C (形容詞) に見える) というフレーズを覚えておこう。

**066** I was shocked that **my family hardly noticed that** I looked pale when I got home late at night.

**067** ある特定のやり方で常にやってきたからといって、それが必ずしもベストだとは限らない。

You might have always done something in a particular way, but [ doesn't / it / mean / necessary / necessarily ] it is the best way. 【並べ替え・1語不要】

---

### 確認 【否定の急所③】「必ずしも～というわけではない」の表し方に注意する

「必ずしも～というわけではない」という〈部分否定〉の意味は〈**not necessarily**〉を用いて表す。形容詞の necessary と混同しないよう注意。また、副詞の necessarily はつづりを間違えやすいので気をつけよう。

例 塩分が体に悪いというのは、必ずしも真実ではない。

▶ It is **not necessarily** true that salt is bad for you.

歳を取るということは、必ずしも自立心を失うということにはならない。

▶ Getting older does **not necessarily** mean losing independence.

「すべての〈名詞〉が～というわけではない」という〈部分否定〉の意味は〈**not all** +名詞〉を用いて表す。この all は形容詞または代名詞（→ **050**）。

例 すべての小説が読む価値があるわけではない。

▶ **Not all** novels are worth reading. (all は形容詞)

上記の小説がすべて読む価値があるわけではない。

▶ **Not all** the novels mentioned above are worth reading. (all は代名詞)

### 発想 英文の組み立て方

「それが必ずしもベストだとは限らない」は〈not necessarily〉を用いて it doesn't necessarily mean it is the best way とする。necessary が不要。

### 表現 英作文に役立つ表現

□ **～のやり方で** ▶ in a ～ way

例 似た〔異なった〕やり方で ▶ in a similar〔different〕way

□ **…だからといって必ずしも～というわけではない**

▶ SV ..., but it doesn't necessarily mean (that) SV ～ . 機能

it は前の文を受けている。mean は「～を意味する」という意味の他動詞。

**067** You might have always done something in a particular way, but **it doesn't necessarily mean** it is the best way.

**068** 親しい友人関係を維持する最善の方法は、友人の視点から物事を見ることである。

[ to see things / to maintain / is / a close friendship / the best way ] from the friend's point of view.　【並べ替え】

## 確認 【準動詞の急所①】「～する〈名詞〉」の表し方に注意する

「～する〈名詞〉」という意味で、名詞の具体的な内容を表す〈同格〉の表現は、名詞によって表し方が異なる（→ **002** **085** ）。ここでは、〈名詞＋to *do*〉のかたちで〈同格〉を表す名詞を確認しておこう。

**覚えよう** 〈名詞＋ to *do*〉のかたちで用いる代表的な名詞

| | | |
|---|---|---|
| □ time 「時間」 | □ place 「場所」 | □ reason 「理由」 |
| □ way 「方法」 | □ chance 「機会」 | □ effort 「努力」 |
| □ right 「権利」 | □ need 「必要（性）」 | □ desire 「願望」 |
| □ attempt 「試み」 | □ promise 「約束」 | □ decision 「決定」 |
| □ tendency 「傾向」 | □ ability 「能力」 | □ freedom 「自由」 |

例 神を信じる理由 ▶ **reasons** to believe in God
　鉢を所有する権利 ▶ the **right** to own guns

「…する（ための）方法は～することだ」は〈**The way to *do* ... is to *do* ～.**〉で表す。is の前の to *do* が〈目的〉で、is の後の to *do* が〈手段〉にあたる。way の前に形容詞を付けて「…する（ための）～な方法」という表現で用いることが多い。

例 生き残るには助けを求めるしかない。（→ 生き残る唯一の方法は助けを求めることだ）
▶ **The only way to** survive **is to** ask for help.

## 発想 英文の組み立て方

「…する最善の方法は～することである」は〈The way to *do* ... is to *do* ～.〉を用いて表す。「最善の方法」は「最もよい方法」と言い換えて、the best way とする。

## 表現 英作文に役立つ表現

□ **友人関係、友情** ▶ a friendship

□ **物事を見る** ▶ see things

この things は「事態、事情、状況」という意味。

□ **～の視点〔立場〕から** ▶ from one's〔a ～〕point of view　機能

「～」には scientific、global、historical などの形容詞を用いる。

**068** **The best way to maintain a close friendship is to see things** from the friend's point of view.

## 069 日本の社会で高齢者が活躍できる雇用の機会をもっと創出することが必要だ。

We are necessary to create more job opportunities for older people to play an active role in Japanese society. 【下線部訂正】

### 確認 【準動詞の急所②】「〜するのは…である」の表し方に注意する

「〜するのは〈形容詞〉である」という〈行為や事柄に対する評価・判断〉は〈**It is＋形容詞＋to *do***〉か〈**It is＋形容詞＋that SV**〉で表す。どちらのかたちを使うかは形容詞によって決まっているので、次のリストで確認しておこう。

**覚えよう 「〜するのは…である」で用いる主な形容詞**

① 〈It is＋形容詞＋to *do*〉で用いる主な形容詞

| | | |
|---|---|---|
| □ easy「容易な」 | □ difficult/hard「難しい」 | □ common/usual「珍しくない」 |
| □ dangerous「危険な」 | □ safe「安全な」 | □ pleasant「楽しい」 |
| □ convenient「便利な」 | □ possible「可能な」 | □ impossible「不可能な」 |

② 〈It is＋形容詞＋that SV〉で用いる主な形容詞

| | | |
|---|---|---|
| □ clear「明らかな」 | □ certain「確かな」 | □ true「本当の」 |
| □ fortunate「幸いな」 | □ unfortunate「残念な」 | |

□ possible「ありえる、可能性はある」　□ impossible「ありえない、可能性はない」

- 上のリストにない形容詞は①と②の両方で使えるが、①のかたちを用いるほうがふつう。
- possible / impossible は①と②の両方で使えるが、意味が異なることに注意。

例 車で行くことも可能です。 ▶ It is **possible** to drive there.
車で行く可能性もあります。 ▶ It is **possible** that I will drive there.

### 発想 英文の組み立て方

necessary は①と②の両方で使えるが、①の〈It is＋形容詞＋to *do*〉で表すほうがふつう。〈人〉を主語にして× S（人）is necessary to *do* とする間違いが多い。

### 表現 英作文に役立つ表現

□ **〜することが必要だ** ▶ It is necessary to *do* 　機能

□ A が〜することが必要だ ▶ It is necessary for A to *do*（for A は to *do* の意味上の主語）

□ **機会をつくる** ▶ create an opportunity

**069** **It is necessary to create more job opportunities** for older people to play an active role in Japanese society.

**070** インスタグラムに画像を投稿する方法は、中高年の方でも簡単に習得できます。

It is easy that even middle-aged people learn how to post images on Instagram. 【下線部訂正】

---

## 確認 【準動詞の急所③】「A が〜するのは…である」の表し方に注意する

「A にとって〜することは〈形容詞〉である」は〈**it is**＋**形容詞**＋**for A to *do***〉で表す。これは **069**の〈It is＋形容詞＋to *do*〉の to *do* の前に意味上の主語として〈for A〉を置いたかたち。〈**It is**＋**形容詞**＋**of A to *do***〉と混同しやすいので、次の表で整理しておこう。

| 日本語 | 判断・評価の対象 | 表現 |
| --- | --- | --- |
| ① A にとって〜することは〈形容詞〉である | 行為・事柄 | It is＋形容詞＋for A to *do* |
| ② 〜するとは A は〈形容詞〉である | 人 | It is＋形容詞＋of A to *do* |

① 招待客がここに5時までに来るのは困難だった。【行為に対する判断】

▶ **It was** difficult **for** my guests **to get** here before five.

✎ × It is difficult that SV とは言えない（→ **069** 覚えよう）。

② そんなミスをするなんて私は不注意だった。【人に対する評価】

▶ **It was** careless **of** me **to make** such a mistake.

✎ ②では人の性質や性格を表す形容詞を用いる。

**覚えよう 人の性質や性格を表す主な形容詞**

- ☐ brave 「勇敢な」
- ☐ polite 「礼儀正しい」
- ☐ careless 「不注意な」
- ☐ honest 「正直な」
- ☐ generous 「寛大な」
- ☐ selfish 「利己的な」
- ☐ kind 「親切な」
- ☐ cruel 「残酷な」
- ☐ rude 「失礼な」

## 発想 英文の組み立て方

「中高年の方でも簡単に習得できます」は、「中高年にとっても習得するのは簡単だ」と言い換えて考える。「習得する」という行為に対して「簡単だ」という評価をしているので、①の〈It is＋形容詞＋for A to *do*〉を用いて表す。× It is easy that SV とは言えない。

## 表現 英作文に役立つ表現

☐ **中高年の、中年の** ▶ middle-aged

☐ **〜するやり方〔方法〕** ▶ how to *do* 　機能

☐ **A（画像など）を B（ウェブ上）に投稿する** ▶ post A on B

**070** **It is easy even for middle-aged people to learn** how to post images on Instagram.

**071** そのレシピ本が初心者に人気なのは、そのわかりやすさが大きな理由の1つです。

One of the main reasons the recipe book is popular with beginners is [ easy / is / it / that / to / understand ].　【並べ替え】

---

## 確認 【準動詞の急所④】「A は～しやすい」の表し方に注意する

「A を～するのは〈形容詞〉である」という〈行為・事柄に対する評価・判断〉は〈It is＋形容詞＋to *do* A〉で表すが（→ **069**）、easy、difficult、dangerous、impossible、interesting などの形容詞は A を主語にして〈**A is＋形容詞＋to *do***〉で表すこともできる。目的語の A が主語の it と入れ替わったかたちとして理解しよう。

例 そのレシピ本を理解するのは簡単だ。→そのレシピ本は理解しやすい。

- It **is easy to** understand the recipe book.
- The recipe book **is easy to** understand.

×The recipe book is easy to understand it.

前置詞の目的語 A が主語の it と入れ替わるパターンもある。

例 このペンで字を書くのは簡単だ。→ このペンは字が書きやすい。

- It **is easy to** write with this pen.
- This pen **is easy to** write with.

×This pen is easy to write with it. / ×This pen is easy to write.

## 発想 英文の組み立て方

「そのわかりやすさ」は、「それ（＝その本）はわかりやすい」→「それをわかるのは簡単だ」と考える。形容詞の easy は〈It is＋形容詞＋to *do* A〉か〈A is＋形容詞＋to *do*〉の両方で表せるが、選択肢に it が1つしかないので、〈A is＋形容詞＋to *do*〉を用いて that it is easy to understand とする。that は「～ということ」という意味の接続詞として使われているので、× it is easy to understand that や× that is easy to understand it とは言えない。

## 表現 英作文に役立つ表現

□ **A（特定・複数名詞）の1つ** ▶ one of A

A に用いる名詞は特定なので、the や one's などを付ける。

□ **～の理由は…ということである** ▶ The reason (why) SV ～ is that SV ...　機能

関係副詞 why は省略されるのが一般的。The reason SV ～ is because SV ... という表現もあるが、英作文では使わないほうがよい。

□ **A に〔A の間で〕人気がある** ▶ be popular with〔among〕A

**071** One of the main reasons the recipe book is popular with beginners is **that it is easy to understand**.

**072** <u>健康で若々しくあるために</u>、バランスのよい食習慣を身につける重要性を肝に銘じておきなさい。

You should keep in mind how important it is to develop well-balanced eating habits <u>for staying healthy and young</u>. 【下線部訂正】

## 確認 【準動詞の急所⑤】「～するために」の表し方に注意する

「～するために」という〈人がある行為をする目的〉は〈(in order) to *do*〉を用いるのが一般的（→ **007** ）。for *doing* はこの意味では使えない。〈for *doing*〉は〈ものの用途・目的〉を表し、〈**S is for *doing***〉「S は～するためのものだ、～用だ」や〈**名詞＋for *doing***〉「～するための〔～用の〕名詞」というかたちで用いるのが一般的。

| 日本語 | 表す内容 | 表現 |
|---|---|---|
| ① ～するために | 人がある行為をする目的 | SV (in order) to *do* |
| ② ～するための | ものの用途・目的 | S is for *doing* / 名詞＋for *doing* |

① 自習をするために図書館へ行った。
▶ I went to the library <u>**(in order) to** study by myself</u>.
× I went to the library for studying by myself.
② このナイフは肉切り用だ。 ▶ This knife is <u>**for** cutting meat</u>.
肉切り用のナイフをください。 ▶ Give me a knife <u>**for** cutting meat</u>.

## 発想 英文の組み立て方

「健康で若々しくあるために」は〈人がある行為をする目的〉を表しているので、〈(in order) to *do* 〉を用いて (in order) to stay healthy and young とする。

## 表現 英作文に役立つ表現

□ **A を覚えておく、心に留めておく** ▶ keep A in mind

A が長い時は A を後ろに回して keep in mind A という語順になることもある。

□ **～することの重要性** ▶ how important it is to *do* 　**機能**

the importance of *doing* で表すこともできる。

□ **(～する) 習慣を身に付ける、癖がつく** ▶ develop a habit (of *doing*)

□ **～ままでいる** ▶ stay＋形容詞

例 健康を維持する ▶ stay healthy　若さを保つ ▶ stay young

**072** You should keep in mind how important it is to develop well-balanced eating habits **in order to stay healthy and young**.

**073** 以前は友人がテスト結果を自慢するのを耳にするだけで、勉強する気が失せてしまったものだった。

Just [ a friend of mine / about / boasting / hearing / his test results ] used to make me lose interest in studying. 【並べ替え】

## 確認 【準動詞の急所⑥】「～すること」を主語にする

「～すること」を主語にする場合、動名詞を使うようにしよう。to *do* を主語として文頭に用いるのは一般的ではないので、英作文では避けるのが無難。動名詞を主語にする場合、三人称単数扱いになるので、述語動詞のかたちに注意。

例 外国に行くことはコミュニケーション能力の養成に役立つ。

▶ **Going** to foreign countries helps you develop your communication skills.

*Doing* ... helps A (to) *do*（…することはA（人）が～するのに役立つ）というフレーズで覚えよう。

## 発想 英文の組み立て方

「友人がテスト結果を自慢するのを耳にするだけで、勉強する気が失せてしまった」は、「友人がテスト結果を自慢するのを耳にすることは、私から勉強する気を失わせた」と言い換えて考える。「～すること」が主語になっているので、動名詞を用いて表す。ここでは hear A *doing*（Aが～しているところを耳にする）を用いて hearing a friend of mine boasting about his test results とすればよい。

## 表現 英作文に役立つ表現

□ **…するだけでA（人）は～する（結果になる）** ▶ **Just *doing* ... makes A *do* ～** 機能

Just *doing* ... が〈原因〉を、makes A *do* ～が〈結果〉を表す（→ **019**）。

例 魚のにおいを嗅ぐだけで気分が悪くなります。▶ Just smelling fish makes me feel sick.

「ただ魚のにおいを嗅ぐこと」が原因 →「私を気分悪くする」が結果。

□ **Aが～しているところを耳にする** ▶ **hear A *doing***

□ **Aを自慢する、自慢話をする** ▶ **boast about〔of〕A**

□ Aを誇りに思う ▶ be proud of A

□ **（現在とは異なり）以前はよく～した** ▶ **used to *do***

□ **Aに対する興味を失う** ▶ **lose interest in A**

□ Aに興味を示す ▶ show (an) interest in A

**073** Just **hearing a friend of mine boasting about his test results** used to make me lose interest in studying.

**074** 迷信深い人が、将来の出来事に影響を及ぼす疑いのある特定の数字を選ぶことを避けるのは間違いない。

There is no doubt that superstitious people avoid to choose specific numbers which they suspect will affect future events. 【下線部訂正】

## 確認 【準動詞の急所⑦】「～すること」を目的語にする

「～すること」を目的語にする場合、動詞によって不定詞と動名詞のどちらを使えるかが決まっている。動名詞を目的語にとる動詞についてはフレーズで覚えておこう。

**覚えよう 動名詞を目的語にとる主な動詞**

- □ stop〔quit〕*doing*「～することをやめる」
- □ give up *doing*「～するのをやめる」
- □ escape *doing*「～するのを免れる」
- □ admit *doing*「～したことを認める」
- □ suggest *doing*「～することを提案する」
- □ mind *doing*「～するのをいやに思う」
- □ consider *doing*「～しようかとよく考える」
- □ recommend *doing*「～することを勧める」
- □ practice *doing*「～することを練習する」
- □ postpone〔put off〕*doing*「～するのを延期する」
- □ finish *doing*「～するのを終える」
- □ avoid *doing*「～することを避ける」
- □ miss *doing*「～しそこなう」
- □ deny *doing*「～したことを否定する」
- □ imagine *doing*「～するのを想像する」
- □ enjoy *doing*「～して楽しむ」

## 発想 英文の組み立て方

「～を避ける」は avoid で表す。avoid は動名詞を目的語にとる動詞なので、avoid choosing specific numbers とする。

## 表現 英作文に役立つ表現

□ **～ということは疑いの余地はない〔間違いない〕** ▶ **There is no doubt that SV** **機能**

□ A については疑いの余地はない ▶ There is no doubt about A

□ **～ではないかと疑う、～だろうと思う** ▶ **suspect (that) SV**

ここでは連鎖関係代名詞節になっている（連鎖関係代名詞節については→ **089** ）。〈doubt (that) SV〉（～ということを疑う、～ではないと思う）との違いに注意。たとえば、I suspect he stole it. は「彼が盗んだ」と私は考えており（= I think he stole it.）、I doubt he stole it. は「彼は盗んでない」と私は考えている（= I don't think he stole it.）。

**074** There is no doubt that superstitious people **avoid choosing specific numbers** which they suspect will affect future events.

**075** 通勤時にイヤホンを使うと、周囲の雑音に邪魔されずに音楽を楽しめるという利点がある。

One advantage of using earphones while commuting is that you can enjoy music without [ being / by / disturbed / the background noise ]. 【並べ替え】

## 確認 【準動詞の急所⑧】「～されること」の表し方に注意する

「～されること」は受動態の動名詞〈**being *done***〉で表す。受動態の動名詞の作り方について、例文をもとに確認しておこう。

例 子供扱いされるのは好きではない。

▶ I do not like **being treated** like a small child.

「子供扱いされる」は「子供のように扱われる」と言い換えて考える。

→〈treat A like B〉（A を B のように扱う）の受動態は A be treated like B

→ be treated like B を動名詞にして、being treated like a small child で表す

動名詞の意味上の主語は、動名詞の前に所有格か目的格を置いて表す。

例 私はマンションでひとり暮らしをすることを親から反対された。

▶ My parents objected to **my**〔**me**〕living alone in an apartment.

## 発想 英文の組み立て方

「周囲の雑音に邪魔されずに」は「周囲の雑音に邪魔されることなく」と言い換えて考える。「A は B を邪魔する」は〈A disturb B〉で表すので、その受動態の B be disturbed by A を動名詞にして、being disturbed by the background noise で表す。この動名詞は前置詞 without の目的語として用いられている。

## 表現 英作文に役立つ表現

☐ **A の〔A という〕利点、長所** ▶ **advantage of A**

☐ ～する（という）利点、長所 ▶ advantage of *doing*

☐ **～しないで、～することなく** ▶ **without *doing*** 機能

instead of *doing*（～しないで，～する代わりに）と混同しやすいので注意（→ 091 表現）。

☐ **A（人）を邪魔する** ▶ **disturb A**

結果としてそれまでしていた活動が中断するという状況で用いる。

例 会議の途中で邪魔が入った。（→ 会議の途中で彼らが私を邪魔した）

▶ They **disturbed** me in the middle of the meeting.

**075** One advantage of using earphones while commuting is that you can enjoy music without **being disturbed by the background noise**.

**076** 清潔すぎる環境で育つ幼い子供のほうが、アレルギーを発症するリスクが高くなる傾向がある。

[ children / in / up / young / growing ] too clean an environment tend to be at higher risk of developing allergies. 【並べ替え】

### 確認 【準動詞の急所⑨】「～している〈名詞〉」の表し方に注意する

「～している〈名詞〉」は〈名詞＋現在分詞句〉で表すことができる。名詞と現在分詞の間には、「〈名詞〉が～している」という能動の関係がある。現在分詞で名詞を修飾する時は、1語の時は〈名詞の前〉、2語以上の時は〈名詞のうしろ〉に置く。

例 1列目に座っている男性は私の祖父だ。

▶ The man **sitting** in the first row is my grandfather.

現在分詞と後に続く要素を分けて、× The sitting man in the first row is my grandfather. とはできない。

### 発想 英文の組み立て方

「清潔すぎる環境で育つ幼い子供」は、子供が育っている最中だということを表しているので、「清潔すぎる環境で育っている幼い子供」と言い換えて考える。「～している〈名詞〉」は〈名詞＋現在分詞句〉で表すことができるので、young children growing up in too clean an environment とする。growing up と in 以下を分けて、× young growing up children in... や× growing up young children in... とはできない。

### 表現 英作文に役立つ表現

□ **(人が)育つ、成長する** ▶ grow up （自動詞）

□ A を育てる ▶ bring A up / bring up A （他動詞）

□ **～すぎる〈名詞〉** ▶ too＋形容詞＋a/an＋名詞 **機能**

×〈a / an＋too＋形容詞＋名詞〉としてしまう間違いが多い。

□ **～する傾向がある、～しがちである** ▶ tend to *do*

□ **～するリスクが高い** ▶ be at high risk of *doing*

□ **アレルギーを起こす〔発症する〕** ▶ develop an allergy〔allergies〕

allergy は可算名詞なので、an allergy または allergies というかたちで用いる。

□ A にアレルギーがある ▶ be allergic to A / have an allergy to A

**076** **Young children growing up in** too clean an environment tend to be at higher risk of developing allergies.

**077** 最近の調査によれば、1日のテレビ視聴時間は時代によってばらつきがある。

According to recent research, [ TV / a day / spent / the amount of time / watching ] has varied from period to period. 【並べ替え】

### 確認 【準動詞の急所⑩】「～される〈名詞〉」の表し方に注意する

「～される〈名詞〉」は〈**名詞＋過去分詞句**〉で表すことができる。名詞と過去分詞の間には、「〈名詞〉が～される〔された〕」という受動の関係がある。

例 そのリストに印刷されていた住所は間違っていた。

▶ The address **printed** on the list was wrong.

過去分詞と後に続く要素を分けて、× The printed address on the list was wrong. とはできない。

日本語では「～される〈名詞〉」で表していても、英語では能動の意味の〈名詞＋現在分詞句〉で表すことがあり、その逆のパターンもあるので、名詞と分詞の関係が能動か受動かを確認してから、現在分詞句と過去分詞句のどちらを使うかを判断しよう。

例 生徒たちに実施したテストは難しかった。

▶ The test **given** to the students was difficult.

「テスト」は「生徒たちに課されたもの」（受動の関係）

### 発想 英文の組み立て方

「テレビ視聴時間」は「テレビ視聴に費やされる時間」と言い換えて考える。「時間が費やされる」という受動の関係になっているので、spend A *doing*（A（時間）を～することに費やす）の受動態 A is spent *doing* をもとに、the amount of time spent watching TV という〈名詞＋過去分詞句〉にする。

### 表現 英作文に役立つ表現

□ **Aによれば** ▶ according to A 機能

□ **テレビを見る〔視聴する〕** ▶ watch TV

TV は無冠詞で用いることに注意。× look at TV や× see TV とは言えない。

□ **～あたり、～につき** ▶ a＋単位となる時間

前置詞なしで副詞句として用いられる。

例 1時間に1回 ▶ once an hour　週2回 ▶ twice a week

□ **Aによって変動する〔さまざまである〕** ▶ vary from A to A

A は無冠詞で用いることに注意。ここでは、「時代によってばらつきがある」を「時代によって変動している」と言い換えて、has varied from period to period とする。

**077** According to recent research, **the amount of time spent watching TV a day** has varied from period to period.

**078** パーティーに顔を出す頃には、食べ物がほとんど残っていないのではないかと心配になる。

I am afraid that [ will be / there / left / food / almost no ] by the time we get to the party. 【並べ替え】

---

**確認** 【準動詞の急所⑪】
「〜している〈名詞〉がいる〔ある〕」の表し方に注意する

「〜している〈名詞〉がいる〔ある〕」は〈**There be＋名詞＋*doing* 〜.**〉で表し、「〜される名詞がいる〔ある〕」は〈**There be＋名詞＋*done* 〜.**〉で表す。名詞と分詞の関係が能動か受動かを確認してから、現在分詞句と過去分詞句のどちらを使うかを判断しよう。

〈There＋be 動詞＋名詞〉は新情報を導入する時に使われるので、**名詞には不特定の名詞を用いるのが原則**（→ **003** ）。

例 プールで大勢の子供たちが泳いでいますよ。

▶ There are a lot of children **swimming** in the pool.

「子供たちが泳いでいる」という〈能動〉の関係なので、現在分詞を用いて表す。

例 ボトルにはまだ水が残っている。

▶ There is still some water **left** in the bottle.

「水が残されている」という〈受動〉の関係なので、過去分詞を用いて表す。

**発想** 英文の組み立て方

「食べ物がほとんど残っていない」は「食べ物はほとんど残されていない」という受動の関係になっている。受動の関係は過去分詞で表すので、〈There be＋名詞＋*done* 〜.〉を用いて there will be almost no food left とする。過去分詞を名詞の前に置いて× there will be almost no left food とはできない。

**表現** 英作文に役立つ表現

□ **〜ではないかと心配だ** ▶ I am afraid that SV

起きてほしくないことや悲観的な推測に用いる。

□ **〜するまでには（すでに）** ▶ by the time SV **機能**

動作や状態がある時点までに終わっていることを表す。

□ 〜するまで（ずっと） ▶ until SV　動作や状態がある時点まで続くことを表す。

□ **A に到着する** ▶ get to A

この意味の get は自動詞。

□ そこに到着する ▶ get there　□ 帰宅する ▶ get home　（there / home は副詞）

**078** I am afraid that **there will be almost no food left** by the time we get to the party.

**079** その町が嵐に見舞われると、5日連続で大雨が降り、<u>土砂崩れや川の氾濫が発生した</u>。

When a storm hit the city, heavy rain poured for five consecutive days, <u>caused landslides and river flooding</u>.　【下線部訂正】

## 確認 【準動詞の急所⑫】 分詞を使って文に情報を追加する

ある文に「そして～」「その結果～」などの情報を追加する時は、接続詞の and を用いて〈SV ... and SV ～.〉と表すこともできるが、〈and SV ～〉の代わりに現在分詞を使って〈**SV ..., *doing* ～.**〉と表すこともできる。このかたちを〈**分詞構文**〉という。

✎分詞構文とは、現在分詞が副詞のはたらきをして、〈時〉〈理由〉〈連続〉〈結果〉〈付帯状況〉などの意味を表す用法のことをいう。分詞構文を用いると、〈SV ... and SV ～.〉を用いるよりも簡潔に情報を追加することができる。

例 私たちはコストを下げて、売り上げを伸ばした。
(→ コストを下げた → その結果、売り上げが伸びた)
▶ We reduced the cost, and (we) increased sales.
▶ We reduced the cost, <u>**increasing** sales</u>.

✎分詞構文を用いると、文が簡潔になる一方、前の文との関係があいまいになることがある。そのような場合は、現在分詞の前に接続詞や副詞を補うと、前の文との関係が明確になる。上の例では、We reduced the cost, <u>**thus** increasing sales</u>. とすると、〈結果〉の意味であることが明確になる。thus は「そうすることで」という意味の副詞。

## 発想 英文の組み立て方

「大雨が降り、土砂崩れや川の氾濫が発生した」は、「大雨が降り、その結果、土砂崩れや川の氾濫が発生した」という因果関係があることに注目。〈SV ... and SV ～〉のかたちを用いて heavy rain poured for five consecutive days, and this〔that〕caused landslides and river flooding としてもよいが、分詞構文を用いて heavy rain poured for five consecutive days, causing landslides and river flooding とすると、文が簡潔になる。

## 表現 英作文に役立つ表現

□ **(災害などが) A (場所) を襲う** ▶ hit〔strike〕A

□ **～連続の〈名詞〉** ▶ 数字＋consecutive＋名詞

連続していることを表すので、名詞は複数形にすることに注意。

□ **…して、その結果～する** ▶ SV ..., (thus) *doing* ～.　⚙機能

**079** When a storm hit the city, heavy rain poured for five consecutive days, **causing landslides and river flooding**.

**080** 家族と連絡を取りながら、田舎で一人暮らしをしたほうがよいのではないでしょうか。

It would be better for you to live by yourself in the country, [ your family / with / touch / keeping / in ].　【並べ替え】

## 確認 【準動詞の急所⑬】 付帯状況の表し方に注意する

ある文に「〜しながら、〜したまま」という〈付帯状況〉の情報を追加する時は、分詞構文を用いて表す。ただし、分詞構文の主語が主節と同じか違うかでかたちが異なるので、次の表で確認しておこう。

| 分詞構文の主語 | 主節に加える内容 | 表現 |
|---|---|---|
| ① 主節と同じ | S が V する＋S が〜しながら | SV ..., *doing* 〜 |
| ② 主節と異なる | S が V する＋A が〜しながら | SV ... with A *doing* 〜 |

① 私は海の景色を楽しみながら海岸を散歩した。【主節の主語 (I) ＝分詞構文の主語 (I)】
▶ I walked along the beach, **enjoying** the sea view.

② 私は犬を連れて海岸を散歩した。【主節の主語 (I) ≠分詞構文の主語 (my dog)】
▶ I walked along the beach, **with** my dog **following** me.

①と②を混同して、× SV ... with *doing* 〜としてしまう間違いが多いので注意。

## 発想 英文の組み立て方

「田舎で一人暮らしする」に「家族と連絡を取りながら」という情報を追加しているので、分詞構文で表す。分詞構文の主語は、主節の主語の「あなた」と同じなので、①の〈SV ..., *doing* 〜〉を用いて keeping in touch with your family とする。②の〈SV ..., with A *doing* 〜〉と混同して× with keeping in touch your family としてしまわないよう注意。

## 表現 英作文に役立つ表現

**□ A は〜するほうがよい ▶ It is better for A to *do***　機能

控えめに意見を述べたり、提案をしたりする場合に用いる定型表現。is を would be にするとよりていねいな言い方になる。

**□ 田舎で ▶ in the country**

都会と対比して田舎を総称的に表す。この意味では× in a country / × in (the) countries とは言えない。「都会で」は in a〔the〕town〔city〕。

**□ A と連絡を取っている、連絡を絶やさないでいる ▶ keep〔stay〕in touch with A**

□ A と連絡を取る ▶ get in touch with A / contact A

**080** It would be better for you to live by yourself in the country, **keeping in touch with your family**.

**081** この本に対するその評論家の批評は、あまりに幼稚で失礼なものであり、<u>検討に値しない</u>。

The critic's comments on this book are so childish and offensive that <u>they are not worth being considered</u>. 【下線部訂正】

## 確認 【前置詞の急所①】「～する価値がある」の表し方に注意する

「～する価値がある」は、前置詞の worth を用いて〈**be worth *doing***〉で表す。主語を何にするかで次の2つの表現があるので、主語と *doing* の関係に注目して整理しておこう。

| 日本語 | 表現 | 主語と *doing* の関係 |
|---|---|---|
| ① A は～する価値がある | A is worth *doing* | 主語は *doing* の目的語 |
| ② A を～することは価値がある | It is worth *doing* A | it は形式主語、*doing* は真主語 |

① その本は読むだけの価値がある。 ▶ The book **is worth** <u>reading</u>.

read の目的語にあたる the book が文の主語になっている。

彼のスピーチは傾聴に値する。 ▶ His speech **is worth** <u>listening to.</u>

listen to の目的語にあたる his speech が文の主語になっている。listening to の to を抜かしてしまう間違いが多い。

② その本は読むだけの価値がある。 ▶ **It is worth** <u>reading the book</u>.

彼のスピーチは傾聴に値する。 ▶ **It is worth** <u>listening to his speech</u>.

worth は前置詞なので、worth a look（見る価値がある）、worth the effort（努力に値する）などのように名詞を続けることもできる。

例 その絵画は数億ドルの価値がある。

▶ The painting is **worth** <u>hundreds of millions of dollars</u>.

## 発想 英文の組み立て方

「検討に値しない」は、「検討する価値はない」と言い換えて考え、〈be worth *doing*〉の否定形を用いて they are not worth considering とする。they は the critic's comments をさしていて、consider の目的語にあたる。

## 表現 英作文に役立つ表現

☐ **とても…なので～する（ほどだ）** ▶ so＋形容詞・副詞＋that SV 機能

〈such＋形容詞＋名詞＋that SV〉と混同しないように注意（→ **001**）。

☐ **おとなげない、子供っぽい、幼稚な** ▶ childish

☐（ほめ言葉として）子供らしい、無邪気な、純真な ▶ childlike

**081** The critic's comments on this book are so childish and offensive that **they are not worth considering**.

**082** 最寄りの駅は約8キロ離れているので、車で行くと5分以上はかかります。

The nearest station is about eight kilometers away, so it takes at least five minutes to get there with car. 【下線部訂正】

## 確認 【前置詞の急所②】「～で」の表し方に注意する

「～で」という〈手段〉は〈前置詞＋名詞〉を使って表す。ただし、手段として使うものによって使う前置詞が異なるので、次の表と例文で主なものを確認しておこう。

| 手段 | 表現 | A に来る名詞のかたち |
|---|---|---|
| ① 抽象的・一般的な伝達・交通手段 | by A | 無冠詞＋単数形 |
| ② 具体的・個別の伝達・交通手段 | by 以外の前置詞＋A | 冠詞〔所有格〕＋名詞 |
| ③ 手で扱う道具 | with A | 冠詞〔所有格〕＋名詞 |

① 郵便で ▶ **by** post / メールで ▶ **by** email / 電話で ▶ **by** phone【抽象的な伝達手段】
電車で ▶ **by** train / バスで ▶ **by** bus / 車で ▶ **by** car 【一般的な交通手段】
絵を使って教えてあげよう。 ▶ I will teach you by using pictures.
「～することで」という〈動作による手段〉は by *doing*（動名詞）で表す（→ **042**）。
② 私のスマホで ▶ **on** my smartphone 【具体的な伝達手段】
彼の車で ▶ **in** his car 【具体的な交通手段】
by my smartphone〔his car〕は「私のスマホ〔彼の車〕のそばに」という意味になる。
③ ナイフでコードを切った。 ▶ I cut the cord **with** a knife.

## 発想 英文の組み立て方

「そこに車で行く」の「車」は、一般的な交通手段を表しているので、by を使って get there by car で表す。「彼の車で」のように具体的な個別の手段を述べる時は in his car で表す。

## 表現 英作文に役立つ表現

□ **S は（A から）～（の距離）離れている ▶ S be ～ away (from A)**

「～」に〈期間〉を表す表現を入れると、「（あることが始まるまで）あと～（の期間）ある、～先である」という意味を表す。

例 試験まで2週間しかない。 ▶ The exams are only two weeks away.

□ **（A が）～するのに〈時間〉がかかる ▶ It takes（＋A）＋時間＋to *do*** 機能

意図とは無関係にかかる時間を表す。意図的に「～することに〈時間〉をかける〔費やす〕」という時は〈spend＋時間＋*doing*〉を用いる。

**082** The nearest station is about eight kilometers away, so it takes at least five minutes to **get there by car**.

**083** 今回の調査は、どのようなタイプの人が高血圧などの慢性疾患に罹患するのかを調べるために実施した。

We conducted this survey to find out what kind of person suffers from chronic diseases as high blood pressure. 【下線部訂正】

---

## 確認 【前置詞の急所③】「〜のような」の表し方に注意する

「B のような〔などの〕A」と**〈具体例〉**を挙げる時は〈**A such as B**〉で表す。この such as は前置詞なので、後には名詞が続く。

例 パソコンなどの電子機器 ▶ electronic devices **such as** computers

✎「B のような〔などの〕A」は前置詞 like でも表せるが、**〈類似〉〈比喩〉〈同様〉**の意味とまぎらわしいので、英作文で具体例を挙げる時は such as を使うようにしよう。

例 パソコンに似た電子機器 ▶ electronic devices **like** computers
父は赤ん坊のように泣いていた。 ▶ My father was crying **like** a baby.

✎ as だけだと「A として（の）」という**〈役割〉〈機能〉**を表す。

例 彼は秘書として働いた。 ▶ He worked **as** a secretary.

## 発想 英文の組み立て方

「高血圧などの慢性疾患」は〈A such as B〉を使って chronic diseases such as high blood pressure で表す。like を使って chronic diseases like high blood pressure としてもよいが、「高血圧に似た慢性疾患」という意味にもとれるので、避けたほうが無難。

## 表現 英作文に役立つ表現

- □ **（質問形式の）調査を行う〔実施する〕** ▶ **conduct a survey**
  - □ 電話〔オンライン〕調査 ▶ telephone〔online〕survey
  - □ 世論〔全国〕調査 ▶ opinion〔national〕survey
- □ **〜かを調べる、探り出す** ▶ **find out＋疑問詞＋SV**
- □ **（長期間にわたり）A（病気）を患う、A に苦しむ** ▶ **suffer from A**
  - □（一時的に）A（症状）を経験する ▶ suffer A
    - 例 脳卒中〔心臓発作〕を起こす ▶ suffer a stroke〔heart attack〕
- □ **B のような〔などの〕A** ▶ **A such as B** 機能

**083** We conducted this survey to find out what kind of person suffers from **chronic diseases such as high blood pressure**.

**084** 当時の親は、娘が20歳になったらすぐに結婚して子供を産んでほしいと思っていた。

Parents in those days wanted their daughters to get married and [ turned 20 / soon / they / have a child / after ]. 【並べ替え】

---

## ✔ 確認 【節の急所①】「～する前〔後〕に」の表し方に注意する

「～する〔した〕後に」は接続詞のafterを用いて〈after SV〉で表すが、「どのくらい後か」という**〈時間差〉**を表す時は、afterの直前に時間差を表す表現を入れて**〈時間差＋after SV〉**で表す。

例 彼は息子が生まれた後に入院した。

▶ He was hospitalized **after** his son was born.

彼は息子が生まれてから3日後に入院した。

▶ He was hospitalized **three days after** his son was born.

× after three days とする間違いが多い。

「～する前に」は接続詞のbeforeを用いて〈before SV〉で表すが、「どのくらい前か」という**〈時間差〉**を表す時は**〈時間差＋before SV〉**で表す。

例 彼は息子が生まれる前に入院した。

▶ He was hospitalized **before** his son was born.

彼は息子が生まれる3日前に入院した。

▶ He was hospitalized **three days before** his son was born.

× before three days とする間違いが多い。

## 発想 英文の組み立て方

「娘が20歳になったらすぐに」は「娘が20歳になったすぐ後に」と言い換えて考え、〈after SV〉のafterの直前に「すぐに」の意味のsoonを置いて、soon after they turned 20で表す。

## 表現 英作文に役立つ表現

□ **(過去のある特定の時点を指して)当時は** ▶ in those days

□ **Aに～してほしい(と思う)** ▶ want A to *do* 機能

□ ～したいと思う ▶ want to *do*

□ **結婚する** ▶ get married

相手を示して「Aと結婚する」という時はmarry Aを用いる。

□ **〈年齢〉になる** ▶ turn＋数字

この意味ではbecomeは使えない。

**084** Parents in those days wanted their daughters to get married and **have a child soon after they turned 20**.

**085** 正直に言って、もっと多くの外国人が日本で働けるようにすべきだという考えには賛成できません。

To be honest, I don't agree with [ should be / the idea / more foreigners / allowed / that ] to work in Japan. 【並べ替え】

## 確認 【節の急所②】 that 節を使って名詞の具体的な内容を説明する

名詞の具体的な内容を文のかたちで説明する時は、〈名詞＋**that** 節〉で表す。この that 節は名詞と〈同格〉の関係にある（→ **002** **068**）。同格の that 節を用いる名詞を覚えておくと、英作文の際に便利なので整理しておこう。

**覚えよう** **同格の that 節を用いる主な名詞**

**① 命令・提案・忠告などを意味する名詞（→ 相手に向かう行為）**

☐ proposal / suggestion「提案」 ☐ order「命令」 ☐ advice「忠告」

**② 考え・気持ち・疑いなどを意味する名詞（→ 内面の思考・精神活動）**

☐ idea / thought「考え」 ☐ opinion「意見」 ☐ belief「信じること」
☐ conclusion「結論」 ☐ impression「印象」 ☐ doubt「疑い」

**③ 事実・可能性・情報などを意味する名詞**

☐ evidence / proof「証拠」 ☐ fact「事実」 ☐ hope「見込み」
☐ possibility / chance「可能性」 ☐ news「知らせ」 ☐ rumor「うわさ」

## 発想 英文の組み立て方

「考え」は idea で表す。idea は同格の that 節を用いる名詞なので、「もっと多くの外国人が日本で働けるようにすべきだという考え」は、idea の後に that 節を続け、the idea that more foreigners should be allowed ... とする。

## 表現 英作文に役立つ表現

**☐ 正直に言って、実は ▶ to be honest**

相手が聞きたくない本音を述べる時に用いる文修飾の副詞句。

**☐ A（人・意見・考えなど）に賛成する ▶ agree with A** **機能**

☐ A（提案・要求など）に同意する ▶ agree to A （→ **040**）

**☐ A が～するのを許可する ▶ allow A to *do***

ここでは受動態で用いられている。

**085** To be honest, I don't agree with **the idea that more foreigners should be allowed** to work in Japan.

**086** 食べ始めはわくわくするような食べ物でも、慣れてくると飽きてしまうものだ。

Even if some food excites us when we start eating, we will get bored [ we / it / to / used / get / as ]. 【並べ替え】

## 確認 【節の急所③】 接続詞 as の使い方に注意する

接続詞の as は、〈様態〉〈比例〉〈譲歩〉〈時〉〈理由〉などの意味を表すが、〈譲歩〉は though、〈時〉は when、〈理由〉は because などの接続詞で表すほうが無難。**英作文の際に接続詞の as を用いるのは、〈様態〉と〈比例〉の 2 つの意味の場合に限る**ようにしよう。

| はたらき | 意味 | よく使われる表現 |
|---|---|---|
| ① 様態 | 〜(する)ように、〜(するの)と同様に、〜通りに | just as SV |
| ② 比例 | 〜するにつれて、〜するに従って、〜するのに伴い | 変化を表す動詞、比較表現 |

① 臓器のはたらきが決して止まらないように、そのプロセスのはたらきも決して止まらない。

▶ Just **as** organs never stop working, the processes never stop working.

〈Just as SV ..., SV 〜.〉(ちょうど…と同じように〜)というかたちが多い。

② 時が経つにつれ、人々の気持ちは前向きになっていった。

▶ **As** time passed, people began to feel more positive.

この意味では変化を表す動詞や比較表現を用いることが多い。

## 発想 英文の組み立て方

「(食べ物に)慣れてくると」は「(食べ物に)に慣れるにつれて」と言い換えて考える。「〜するにつれて」という〈比例〉の意味なので、接続詞の as を用いて as we get used to it とする。

## 表現 英作文に役立つ表現

☐ **たとえ〜だとしても** ▶ even if SV **機能**

ふつう事実かどうかわからないことについて述べる時に用いる。事実だとわかっていることについて述べる時は〈even though SV〉(〜にもかかわらず)を用いる。

☐ **S に A (人)は興奮する、わくわくする** ▶ S excite A

「S は A (人)を興奮させる、わくわくさせる」が直訳。

☐ **(人が)退屈して、うんざりして** ▶ bored

boring ((人を)退屈させるような)と混同しないよう注意。

☐ **A〔〜すること〕に慣れる** ▶ get used to A〔*doing*〕(動作)

☐ A〔〜すること〕に慣れている ▶ be used to A〔*doing*〕(状態)

**086** Even if some food excites us when we start eating, we will get bored **as we get used to it**.

**087** 視力は歳を重ねるごとに悪化し、昔は簡単だと思っていた作業が難しくなることがある。

Eyesight can get worse with age, making it difficult to perform [ easy / found / once / tasks / we ]. 【並べ替え】

## 確認 【節の急所④】 関係詞を使って名詞を修飾する

「S が V する〈名詞〉」のように、**名詞を（SV を含んだ）文のかたちで修飾する時は、〈名詞＋関係詞節〉を用いて表す。**日本語は〈文＋名詞〉の語順だが、英語は〈名詞＋文〉という語順になることに注意。

例 字が上手な人を見つけるべきだ。

▶ You should find people **who** have good handwriting.

who は関係詞節の中で主語のはたらきをしている。

例 それはどの子も楽しめる本だ。

▶ It's a book **(that)** every child will enjoy.

that は関係詞節の中で目的語のはたらきをしている。目的格の関係代名詞は省略できる。

## 発想 英文の組み立て方

「昔は簡単だと思っていた作業」は、「作業」という名詞を「昔は簡単だと思っていた」という文が修飾しているので、tasks の後に関係詞節を続けて表す。ここでは、選択肢に関係代名詞がないので、目的格の関係代名詞が省略されていると考え、we once found easy を続ける。「（体験して）A が〈形容詞〉だとわかる」は〈find＋A＋形容詞〉で表す（→ **015**）。ここでは、we once found tasks easy（私たちは昔は作業を簡単だと思っていた）という文を前提にして考えると理解しやすい。

## 表現 英作文に役立つ表現

☐ **悪化する** ▶ get worse

☐ **S が原因で～することは〈形容詞〉になる** ▶ S make it＋形容詞＋to *do* 機能

〈S make OC〉（→ **019**）の O に形式目的語 it を用い、その具体的な内容を表す〈to *do*〉を文末に置いたもの。ここでは、making ... のかたちで〈結果〉を表す分詞構文になっている（→ **079**）。

☐ **（現在と対比して）かつて、以前は** ▶ once

否定文の not の位置に置く。過去時制で用いる。

**087** Eyesight can get worse with age, making it difficult to perform **tasks we once found easy**.

**088** 一人暮らしをしている山田太郎さんは先日、「私は子供たちのお荷物にはなりたくない」と言った。

The other day Mr. Yamada Taro who lives alone said, "I don't want to become a burden to my children." 【下線部訂正】

## 確認 【節の急所⑤】 固有名詞の説明の仕方に注意する

名詞を文で修飾する時は〈名詞＋関係詞節〉を用いる（→ **087**）。関係詞節を加えることで、その名詞を他の名詞と区別するはたらきをしているので、この関係詞の用法を〈制限用法〉という。一方、**固有名詞を文で修飾する時は、関係詞節の前にコンマを入れる**。この用法を〈**非制限用法**〉という。固有名詞は世の中で唯一無二のものなので、制限用法で他の名詞と区別する必要はなく、コンマで切って補足説明を加えていると理解すればよい。

例 大地震に見舞われたトルコに救援物資が到着した。

Relief supplies have arrived in Turkey, **which** was hit by a major earthquake.

Turkey（トルコ）は固有名詞なので、関係詞節の前にコンマが必要。

## 発想 英文の組み立て方

「一人暮らしをしている山田太郎さん」は、「山田太郎さん」という固有の人物について、「一人暮らしをしている」という補足説明を加えているので、非制限用法の関係詞節で修飾するのが適切。よって、Mr. Yamada Taro, who lives alone, said ... とする。関係詞節が文中にあるので、関係詞節の前後にコンマが2か所必要（who の前と alone の後）。

## 表現 英作文に役立つ表現

☐ **先日、この間** ▶ the other day

前置詞を付けずに副詞句として、過去時制の文で用いる。

☐ **一人で** ▶ alone

lonely（ひとりぼっちの、寂しい、孤独な）と混同しないよう注意。

☐ **S が C になる** ▶ S become C 機能

C は名詞・形容詞。「S が～するようになる」は S come to *do* で表す（→ **031**）。

☐ **A にとっての重荷〔負担〕** ▶ a burden to〔on〕A

☐ 負担を軽減する ▶ ease a burden

☐（A に）負担を課す ▶ impose a burden（on A）

**088** The other day **Mr. Yamada Taro, who lives alone**, said, "I don't want to become a burden to my children."

**089** 特に健康志向の高い30代を中心に、ますます多くの人が効果があると思う運動を始めている。

More and more people are starting to do [ effective / think / exercise / is / they / which ], especially health-conscious people in their 30s. 【並べ替え】

## 確認 【節の急所⑥】 関係詞節の内容が個人的な意見であることを示す

関係詞節の内容が〈個人的な意見〉の場合、関係代名詞の直後にI thinkやyou believeなどを入れて表す。このかたちを〈連鎖関係代名詞節〉という。「私が思うに～の〈名詞〉」という婉曲的な表現になるので、断定的な説明を避けたい時に使える。

例 正直者の少年 ▶ the boy who is honest

正直者だと私が思っている少年 ▶ the boy **who I believe** is honest

「あくまでも私の意見としては、その少年は正直者だと思う」という婉曲的な言い方。

例 将来の出来事に影響する数字

▶ numbers which will affect future events

将来の出来事に影響すると彼らが思う数字

▶ numbers **which they suspect** will affect future events

## 発想 英文の組み立て方

「効果があると思う運動」は、「効果があると彼らが思っている運動」ということ。「効果がある運動」を表すexercise which is effectiveの関係代名詞whichの後に「彼らが思っている」という意味のthey thinkを入れて、exercise which they think is effectiveとする。

## 表現 英作文に役立つ表現

□ **ますます～(数量・程度が増す)** ▶ 比較級＋and＋比較級 ～

ここではmany people(多くの人)の形容詞manyが比較級のmoreになっている。

□ **(健康維持・体力増強のために)運動する、体を動かす** ▶ do〔take、get〕exercise

□ **Sが～と思う〈名詞〉** ▶ 名詞＋関係代名詞＋S think＋V 機能

□ **健康志向の、健康意識の高い** ▶ health-conscious

□ 流行に敏感な ▶ fashion-conscious　□ 階級意識の強い ▶ class-conscious

□ **～歳代** ▶ in one's ～s

□ 30代前半〔半ば、後半〕 ▶ in their early 30s〔mid-30s、late 30s〕

**089** More and more people are starting to do **exercise which they think is effective**, especially health-conscious people in their 30s.

**090** その島は観光事業で完全に西洋化してしまった。つまり、かつての島とは違う島になってしまったのだ。

The island has been completely westernized by tourism. In other words, it is [ be / it / not / to / used / what ]. 【並べ替え】

## 確認 【節の急所⑦】「今〔過去、未来〕のS」の表し方に注意する

「今〔過去、未来〕のS」は、関係代名詞のwhatを用いて〈**what S be**〉で表す。いつのことを表すかでbe動詞のかたちを変えて用いる。現在・過去・未来における状況を述べる時に使える便利な表現なので、次の表でしっかりと確認しておこう。

| 意味 | 表現 | be動詞のかたち |
|---|---|---|
| ① 今のS(の姿〔という存在〕) | what S is | am / is / are |
| ② 過去のS(の姿〔という存在〕) | what S was | was / were |
| ③ 未来のS(の姿〔という存在〕) | what S will be | will be |

① 今日の私があるのはあなたのおかげだ。(→ 今日の私という存在)
▶ You have made me **what** I am today.

② 彼女はもう高校の頃とは別人だ。(→ 高校の頃の彼女)
▶ She is no longer **what** she was at high school.

③ 500年後の世界を想像できますか。(→ 500年後の世界の姿)
▶ Can you imagine **what** the world will be in 500 years?

## 発想 英文の組み立て方

「かつての島とは違う島になってしまった」は「その島は以前の姿ではない」と言い換えて考え、〈what S was〉を用いて表す。選択肢にused toがあるので、「以前は〜だった」という意味の〈used to *do*〉の*do*の部分にbeを入れて、it is not what it used to beとする。

## 表現 英作文に役立つ表現

□ **Aを西洋化する** ▶ westernize A

□ **言い換えれば、つまり** ▶ in other words 機能

〈SV .... In other words, SV 〜.〉というかたちで用いる。副詞句なので、等位接続詞のように×〈SV ..., in other words, SV 〜.〉というかたちで用いることはできない。

□ **(現在とは異なり)以前は〜だった** ▶ used to *do*

**090** The island has been completely westernized by tourism. In other words, it is **not what it used to be**.

**091** 自動車を使わず<u>自転車に乗る人が増えたら</u>、渋滞も減り、空気もきれいになるのになあ。

<u>If more people ride bicycles</u> instead of driving cars, we would have fewer traffic jams and cleaner air. 【下線部訂正】

## 確認 【節の急所⑧】「(もし)～すれば」の表し方に注意する①

「(もし)～すれば、～したら」は〈**if SV**〉で表す。ただし、表す内容によって if 節と主節で使う動詞のかたちが異なるので、次の表で確認しておこう。

| 表す内容 | 動詞のかたち | 表現 |
| --- | --- | --- |
| ① 現在の事実や実現の可能性が十分あること | **直説法** | If S *do*(現在形)～, S will〔can / may〕*do* .... |
| ② 現在の事実に反することや実現の可能性が低いこと | **仮定法過去** | If S *did* ～, S would〔could / might〕*do* .... |
| ③ 過去の事実に反すること | **仮定法過去完了** | If S had *done* ～, S would〔could / might〕have *done* .... |

日本語では「～したら」であっても、表す内容が〈常識的にほぼ確実に起こる内容〉の場合は、〈when 節＋直説法〉を用いて表す。

例 帰宅したら電話します。 ▸ <u>**When** I get home</u>, I will call you.

## 発想 英文の組み立て方

「なるのになあ」は「実際は～するのは難しい、不可能だ」と思っている時に用いる言い方。主節が would *do* になっていることと合わせて考えると、この文は②の「実現の可能性が低いこと」にあたるといえる。よって、if 節は仮定法過去になるので、ride を rode にする。

## 表現 英作文に役立つ表現

□ **〈可算名詞〉が増える〔減る〕** ▸ **more〔fewer〕＋可算名詞** 　機能

このかたちを用いると、動詞の increase / decrease を用いずに増加・減少を表現できる。

□ **A の代わりに、A ではなくて** ▸ **instead of A**

□ without *doing*(～しないで、～することなく)と混同しやすい(→ **075** 表現)。

□ **交通渋滞** ▸ **a traffic jam / traffic congestion**

congestion は不可算名詞なので、不定冠詞の a は付けない。

**091** **If more people rode bicycles** instead of driving cars, we would have fewer traffic jams and cleaner air.

**092** 天気がよければ、きっと残りの休暇はもっと楽しかったにちがいない。

If the weather were good, I am sure I would have enjoyed the rest of my vacation more. 【下線部訂正】

## 確認 【節の急所⑨】「(もし)～すれば」の表し方に注意する②

「(もし)～すれば、～したら」という日本語は、さまざまな状況を表すので、日本語が表す意味をしっかり確認して、**091** の表の中から適切なかたちを用いるようにしよう。

例 明日、天気がよければ、散歩しよう。

▶ If the weather **is** good tomorrow, I will take a walk.

「明日、天気がよい」のは可能性が十分あること → 直説法を用いる

例 今、天気がよければ、散歩しているのに。

▶ If the weather **were** good now, I would be taking a walk.

「今、天気がよい」のは現在の事実に反すること → 仮定法過去を用いる

例 昨日、天気がよければ、散歩したのに。

▶ If the weather **had been** good yesterday, I would have taken a walk.

「昨日、天気がよかった」のは過去の事実に反すること → 仮定法過去完了を用いる

## 発想 英文の組み立て方

この文の「天気がよければ」は、「実際は天気がよくなかったので、残りの休暇は楽しくなかった」という過去の事実に反することを表しているので、仮定法過去完了を用いて表す。仮定法過去完了では、if 節の動詞は過去完了に、主節の動詞は would〔could / might〕 have *done* にすることに注意。

## 表現 英作文に役立つ表現

☐ **(特定の地域や期間の)天気 ▶ the weather**

weather を修飾する形容詞には warm (暖かい)、cold (寒い)、hot (暑い)、cool (涼しい)、 rainy (雨続きの)、cloudy (曇りの)、mild (温暖な) などがある。

☐ **S はもっと V する ▶ SV more** 機能

enjoy A very much (A をとても楽しむ) の副詞 very much が比較級の more になったと考えよう。× more enjoy A や× enjoy more A の語順は不可。

☐ **残りの A ▶ the rest of A**

A に用いる名詞は特定のものなので、the や one's などを付ける。

例 生涯にわたり ▶ for the rest of my life (今まで生きてきた年月を引いた残りの人生の間)

**092** **If the weather had been good**, I am sure I would have enjoyed the rest of my vacation more.

**093** 目を閉じてその曲を聴いたら、まるでコンサートホールにいるような気分になる。

If you listen to the music with your eyes closed, you will feel as if you had been in a concert hall. 【下線部訂正】

## 確認 【節の急所⑩】「まるで〜であるかのように」の表し方に注意する

「(実際にはそうではないが) まるで〜であるかのように」は〈**as if＋仮定法**〉を用いて表す。as if 節の動詞の使い方は、**091** **092** で学んだ仮定法とは異なることに注意。

| as if 節が表す内容 | 動詞のかたち | 表現 |
|---|---|---|
| ① 主節の述語動詞が表す時と〈同時〉 | **仮定法過去** | as if S *did* ... |
| ② 主節の述語動詞が表す時より〈前の時点〉 | **仮定法過去完了** | as if S had *done* ... |

例 彼はまるで病気であるかのような顔をしている。

▶ He **looks** as if he **were** ill.

主節は〈現在〉(looks)。as if 節は〈同時〉→〈仮定法過去〉(were)。

例 彼はまるで長い間病気だったような顔をしている。

▶ He **looks** as if he **had been** ill for a long time.

主節は〈現在〉(looks)。as if 節は〈前の時点〉→〈仮定法過去完了〉(had been)。

例 彼はまるで病気のような顔をしていた。

▶ He **looked** as if he **were** ill.

主節は〈過去〉(looked)。as if 節は〈同時〉→〈仮定法過去〉(were)。

例 彼はまるで長い間病気だったような顔をしていた。

▶ He **looked** as if he **had been** ill for a long time.

主節は〈過去〉(looked)。as if 節は〈前の時点〉→〈仮定法過去完了〉(had been)。

## 発想 英文の組み立て方

「(未来の時点で) 〜の気分になる＋ (その時) コンサートホールにいるような」という〈同時〉の状況を表しているので、①の〈as if＋仮定法過去〉を用いるのが適切。よって、had been を were にする。

## 表現 英作文に役立つ表現

☐ **(意識して) A を聞く、A に耳を傾ける** ▶ **listen to A**

☐ (意思とは無関係に) 聞こえる ▶ hear A

☐ **目を閉じて〔閉じたまま〕** ▶ **with one's eyes closed** 機能

☐ 腕を組んで ▶ with one's arms folded　☐ 脚を組んで ▶ with one's legs crossed

**093** If you listen to the music with your eyes closed, **you will feel as if you were in a concert hall**.

**094** 兄はどんなに仕事が忙しくても、何とか時間を見つけては私の宿題を手伝ってくれた。

[ busy / how / my brother / no matter / was ] with his work, he managed to find time to help me with my homework. 【並べ替え】

---

### 確認 【節の急所⑪】「どんなに〈形容詞〉でも」の表し方に注意する

「どんなに～でも（その程度とは関係なく～）」という〈譲歩〉の意味は〈**no matter how＋形容詞＋SV**〉で表す。このかたちの作り方を確認しておこう。

例 何歳になっても、運動して体重を減らすことはできる。

▶ **No matter how** old you are, you can exercise and lose weight.

考え方 〈**no matter how**＋形容詞＋**SV**〉の作り方

① You are **old**.（君は歳だ） 【もとになる文】

↓ 形容詞 old の程度を尋ねるかたちにする

② **how old** you are（君はどの程度の歳か＝何歳か）

↓ 譲歩の意味を表す no matter を how の前に加える

③ **no matter how old** you are（君がどの程度の歳でも＝何歳でも）

### 発想 英文の組み立て方

「兄はどんなに仕事が忙しくても」は〈no matter how＋形容詞＋SV〉で表す。形容詞を SV の後に置いた× No matter how my brother was busy という間違いが多いので注意。考え方に沿って作り方を確認しておこう。

① My brother was busy.

↓ busy の程度を尋ねるかたちにする

② how busy my brother was

↓ no matter を how の前に加える

③ no matter how busy my brother was

### 表現 英作文に役立つ表現

☐ **どんなに〈形容詞〉でも ▶ no matter how＋形容詞＋SV** 機能

☐ **A（人）の B（もの）を手伝う ▶ help A with B**

× help A's B とは言えない ☐ A が～するのを手伝う ▶ help A (to) *do*

☐ **A で忙しい ▶ be busy with A**

☐ ～するのに忙しい ▶ be busy *doing* (→ **031** )

**094** **No matter how busy my brother was** with his work, he managed to find time to help me with my homework.

**095** いくら友だちが多くても、信頼できる人がいなければ、この深刻な問題は解決できない。

No matter [ friends / you / many / how / have ], you can't solve this serious problem unless you have someone you can trust. 【並べ替え】

**確認** 【節の急所⑫】「どんなに〈形容詞＋名詞〉でも」の表し方に注意する

「どんなに〈形容詞＋名詞〉でも（その程度とは関係なく～）」という〈譲歩〉の意味は〈no matter how＋形容詞＋名詞＋SV〉で表す。考え方は **094** の〈no matter how＋形容詞＋SV〉と同じなので、例文をもとに確認しておこう。

例 いくらお金を稼いでも、決して心が安らぐことはない。

▶ **No matter how much** money you make, you can never be at peace.

考え方 **〈no matter how＋形容詞＋名詞＋SV〉の作り方**

① You make **much money**.（君は多くのお金を稼ぐ） 【もとになる文】

↓ much money の程度を尋ねるかたちにする

② **how much money** you make（お金をいくら稼ぐのか）

↓ 譲歩の意味を表す no matter を how の前に加える

③ **no matter how much money** you make（いくらお金を稼いでも）

**発想** 英文の組み立て方

「いくら友だちが多くても」は〈no matter how＋形容詞＋名詞＋SV〉で表す。〈形容詞＋名詞〉をひとまとまりで扱うので、× no matter how you have many friends や× no matter how many you have friends は不可。作り方を確認しておこう。

① You have many friends.

↓ many friends の程度を尋ねるかたちにする

② how many friends you have

↓ no matter を how の前に加える

③ no matter how many friends you have

**表現** 英作文に役立つ表現

☐ **どんなに〈名詞〉が〈形容詞〉でも** ▶ no matter how＋形容詞＋名詞＋SV **機能**

☐ **問題を解決する〔解く〕** ▶ solve a problem

answer a question（問題〔質問〕に答える）と混同して、× solve an answer や× answer a problem とする間違いが多い。

**095** No matter **how many friends you have**, you can't solve this serious problem unless you have someone you can trust.

**096** いくら頑張ってみても、上司に相談することは他に何ひとつ思い浮かばなかった。

[ I / hard / how / no matter / tried ], I just could not think of anything else to discuss with the boss. 【並べ替え】

## 確認 【節の急所⑬】「どんなに〈副詞〉でも」の表し方に注意する

「どんなに〈副詞〉でも（その程度とは関係なく～）」という譲歩の意味は、〈**no matter how＋副詞＋SV**〉で表す。考え方は **094** **095** と同じ。

例 どんなに頻繁にテーブルを掃除しても、数分で汚れてしまう。

▶ **No matter how often** you clean the table, it gets dirty within minutes.

考え方 〈**no matter how**＋副詞＋**SV**〉の作り方

① You **often** clean the table.（君は頻繁にテーブルを掃除する） 【もとになる文】

↓ 副詞の often の程度を尋ねるかたちにする

② **how often** you clean the table（どのくらい頻繁にテーブルを掃除するか）

↓ 譲歩の意味を表す no matter を how の前に加える

③ **no matter how often** you clean the table（どんなに頻繁に掃除しても）

## 発想 英文の組み立て方

「いくら頑張ってみても」は〈no matter how＋副詞＋SV〉で表す。副詞を SV の後に置いた × No matter how I tried hard という間違いが多い。作り方を確認しておこう。

① I tried hard.

↓ hard の程度を尋ねるかたちにする

② how hard I tried

↓ no matter を how の前に加える

③ no matter how hard I tried

## 表現 英作文に役立つ表現

□ **どんなに〈副詞〉でも** ▶ **no matter how＋副詞＋SV** 機能

□ **少しも〔とても〕～できない** ▶ **just can't *do***

□ **他の何か** ▶ **anything〔something〕else**

-thing、-one、-body、-where を用いて「他のもの〔人、場所〕」という時は、other ではなく else を用いる。 例 誰か他の人 ▶ someone else

□ **A について話し合う** ▶ **discuss A**

× discuss about A という間違いが多い。

**096** **No matter how hard I tried**, I just could not think of anything else to discuss with the boss.

**097** その店長は、アルバイトが自分の頼んだとおりに動いてくれない場合の対処法をあれこれ考えているところだ。

The manager is wondering [ he / how / that / respond / should ] if his part-time employees don't do as he has asked them to. 【並べ替え・1語不要】

## 確認 【節の急所⑭】 疑問文を文に組み込む

「彼が何歳か知らない」のように、疑問文を文の中に組み込む時には〈間接疑問〉というかたちを用いる。間接疑問は、文の中で名詞のはたらき(= S/O/C)をする。疑問詞の後の語順が平叙文と同じ〈主語+動詞〉になるので注意。まずは作り方を確認しておこう。

例 私は彼が何歳か知りません。 ▶ I don't know **how old** he is.

考え方 **間接疑問の作り方**

① How old is he?(彼は何歳ですか) 【もとになる文】

↓ 疑問詞の後の語順を〈主語+動詞〉にする

② how old **he is**

↓ ほかの文に組み込む

③ I don't know **how old he is**.

## 発想 英文の組み立て方

「対処法」は「どのように対処すべきか」と言い換えて考え、間接疑問を用いて表す。間接疑問の作り方を考え方に沿って確認しておこう。that が不要。

① How should he respond?

↓ 疑問詞の後の語順を〈主語+動詞〉にする

② how he should respond

↓ ほかの文に組み込む

③ The manager is wondering how he should respond

## 表現 英作文に役立つ表現

□ **~かなあ(と思う) ▶ wonder+疑問詞節** 機能

疑問詞節の内容について自問していることを表す。×〈think+疑問詞節〉とは言えない。

□ ~か(それとも~でないか)どうか(と思う) ▶ I wonder if SV (→ **065**)

□ **Aに~するように頼む、求める ▶ ask A to *do***

ここでは、as he has asked them to do の do が繰り返しなので省略されて to だけが残されている。この to のことを〈代不定詞〉という。

**097** The manager is wondering **how he should respond** if his part-time employees don't do as he has asked them to.

**098** この表は、老後にお金の心配をすることなく快適に暮らすために必要だと人々が考えている額を示している。

This table shows [ they will need / people think / much / money / how ] to live a comfortable life without worrying about money in their old age. 【並べ替え】

## 確認 【節の急所⑮】「どの程度の～か」の表し方に注意する

日本語で〈程度〉を表す名詞表現は、**how で始まる間接疑問**で表すことができる。その場合、名詞表現を「S はどの程度～する〔～である〕か」という文のかたちに言い換える必要があるので、言い換えの方法を例文をもとに確認しておこう。

| 言い換えの方法 | 表現 |
| --- | --- |
| ① どの程度〈形容詞〉か | how＋形容詞＋SV（→ 094） |
| ② どの程度の〈形容詞＋名詞〉か | how＋形容詞＋名詞＋SV（→ 095） |
| ③ どの程度〈副詞〉か | how＋副詞＋SV（→ 096） |
| 参考 どのように～するか | how SV |

① 兄の忙しさ（→ 兄がどの程度忙しいか） ▶ how busy my brother is
② 友人の多さ（→ あなたにどの程度多くの友人がいるか） ▶ how many friends you have
③ 私の頑張り具合（→ 私がどの程度頑張るか） ▶ how hard I try

## 発想 英文の組み立て方

「人々が必要だと考えている額」は「人々はどの程度多くのお金を必要と考えているか」と言い換えて考え、②の〈how＋形容詞＋名詞＋SV〉のかたちを用いて how much money people think they need で表す。

## 表現 英作文に役立つ表現

□ **～の生活〔人生〕を送る** ▶ live〔lead〕a ～ life

この live は他動詞。〈～〉には good / long / healthy / happy / full / new / simple / quiet / normal などの形容詞が入る。

□ **A のことを心配する** ▶ worry about A （動作） 機能

□ A を心配している ▶ be worried about A （状態）（→ 047）

□ **老後に** ▶ in one's old age

**098** This table shows **how much money people think they will need** to live a comfortable life without worrying about money in their old age.

**099** 旅行中、ガイドがどんな史跡について説明してくれるのか、もっと注意していればよかった。

I wish I had paid more attention to how historic sites the tour guide explained to us during the trip. 【下線部訂正】

---

## 確認 【節の急所⑯】「どんな〈名詞〉か」の表し方に注意する

「どんな〔どの／何の〕〈名詞〉か」という〈名詞の種類・タイプ・内容〉を尋ねる時は〈**what**＋名詞〉を用いる。×〈how＋名詞〉という間違いが多い。

例 彼女の担当科目は不明だ。▶ It is unknown **what subject** she teaches.

考え方 〈**what**＋名詞〉を用いた間接疑問の作り方

① What subject does she teach?（彼女は何の科目を教えていますか） 【もとになる文】

↓ 〈what＋名詞〉の後の語順を〈主語＋動詞〉にする

② what subject **she teaches**

↓ ほかの文に組み込む

③ It is unknown **what subject she teaches**.

## 発想 英文の組み立て方

「どんな史跡か」は〈what＋名詞〉で表す。「どんな史跡について説明してくれるのか」はwhat historic sites the tour guide explained to us とする。作り方を確認しておこう。

① What historic sites did the tour guide explain?

↓〈what＋名詞〉の後の語順を〈主語＋動詞〉にする

② what historic sites the tour guide explained

↓ ほかの文に組み込む

③ I had paid more attention to what historic sites the tour guide explained

## 表現 英作文に役立つ表現

☐ **（実際はしなかったが）～したらよかったのに** ▶ I wish＋仮定法過去完了 **機能**

☐（実際はそうではないが）～だといいのに ▶ I wish＋仮定法過去

☐ **A に注意を払う** ▶ pay attention to A

☐ **歴史上重要な** ▶ historic

☐ 歴史の、歴史上の ▶ historical 例 歴史小説 ▶ a historical novel

☐ **A を B（相手）に説明する** ▶ explain A to B

**099** I wish I had paid more attention to **what historic sites the tour guide explained to us** during the trip.

## 100 コンクール<u>に出て1等賞を取ったらどんな感じだろう</u>と何度か想像してみた。

I tried imagining a couple of times [ would / what / how / like / it / be ] to enter the competition and win first prize. 【並べ替え・1語不要】

### 確認 【節の急所⑰】「〈名詞〉はどのような～か」の表し方に注意する

「〈名詞〉はどのような～か」という〈名詞の性質・性格・特徴〉を尋ねる時は〈**what 名詞 is like**〉を用いる。

例 君のお父さんがどんな人か教えて。 ▶ Tell me <u>**what** your father **is like**</u>.

「～するのはどのようなもの〔感じ〕か」と尋ねる時は〈**what it is like to *do***〉で表す。〈what 名詞 is like〉の名詞が不定詞（to *do*）になったもので、主語の位置に形式主語の it を置き、不定詞（to *do*）を文末に置いたかたちになっている。

例 田舎暮らしはどんな感じか教えてください。

▶ Tell me <u>**what it is like to** live in the countryside</u>.

### 発想 英文の組み立て方

「コンクールに出て1等賞を取ったらどんな感じだろう」は〈what it is like to *do*〉を用いて what it would be like to enter ... とする。「1等賞を取ったら」という想像上の話なので、動詞には〈可能性〉を表す will be を用いるが、主節の動詞が過去形なので、時制の一致で would be にする。このかたちは間接疑問なので、× what would it be like to enter ... というふつうの疑問文の語順にしてしまわないよう注意。how が不要。

### 表現 英作文に役立つ表現

□ **〈名詞〉はどのような～か（ということ）** ▶ **what 名詞 is like** 機能

×〈how 名詞 is like〉としてしまう間違いが多い。

□ **試しに～してみる** ▶ **try *doing***

try to *do*（～しようと（努力）する）との違いに注意。

例 ドアを開けようとしたが、どうしても開かなかったので、試しに何度かドアを叩いてみた。

▶ I <u>tried to open the door</u>, but it wouldn't open, so I <u>tried hitting it</u> several times.

□ **コンクール〔競技会〕に出る** ▶ **enter a competition**

□ **1位〔1等賞〕になる** ▶ **win first prize**

この意味では the は不要。 □ 2位になる ▶ win second prize

**100** I tried imagining a couple of times **what it would be like** to enter the competition and win first prize.

## 改めて確認 英語の品詞

ここで、日本語を英語にする際に特に重要な名詞・動詞・形容詞・副詞の4つについて改めて確認しておきましょう。

① **名詞**:人や事物などの名前や名称を表す語。dog, America, idea など。文中で**主語(S)**・**目的語(O)**・**補語(C)**になる。

□犬は知らない人にほえる。 ▶ **Dogs** bark at strangers. ✎ dogs は主語(S)

□姉は犬がとても好きだ。 ▶ My sister likes **dogs** very much. ✎ dogs は目的語(O)

□それらはめずらしい犬だ。 ▶ They are rare **dogs**. ✎ dogs は補語(C)

② **動詞**:主語の動作や状態を述べる語。play, are, like など。文中で述語動詞(V)になる。

□私たちは先週、野球をした。 ▶ We **played** baseball last week.

✎ played は主語の動作を表す述語動詞

□私たちは状況に満足している。 ▶ We **are** happy about the situation.

✎ are は主語の状態を表す述語動詞

③ **形容詞**:名詞の性質・状態などを表す語。kind, many, interesting など。文中で名詞を修飾したり、補語(C)になったりする。

□彼は親切な男性だ。 ▶ He is a **kind** man. ✎ kind は名詞 man を修飾している

□その男性は親切だ。 ▶ The man is **kind**. ✎ kind は補語(C)

④ **副詞**:名詞以外のさまざまな表現(動詞・形容詞・副詞・文など)を修飾する語。fast, very, fortunately など。

□彼女はゆっくりと歩いた。 ▶ She walked **slowly**.

✎ slowly は動詞 walk を修飾している

□彼女はとても幸福そうにみえた。 ▶ She looked **very** happy.

✎ very は形容詞 happy を修飾している

□彼女はとてもゆっくりと歩いた。 ▶ She walked **very** slowly.

✎ very は副詞 slowly を修飾している

□幸運にも彼女は生き延びた。 ▶ **Fortunately** she has survived.

✎ Fortunately は she has survived という文を修飾している

# Round 2

## 表現を機能ごとに確認する

## Round 2 理解 定着 発信 表現を機能ごとに確認する ①

### ■ 意見を述べる ①

□001 日本の先生は生徒に対して、アメリカ人くらい自信を持って自分の意見を述べるように勧めてこなかったと思う。

____________________ their students to express their opinions as confidently as Americans.

□002 私の考えでは、パソコンやスマホなどの電子機器は健康に悪い影響を与えていると思う。

____________________ such as computers and smartphones have a negative influence on our health.

□003 親しい友人関係を維持する最善の方法は、友人の視点から物事を見ることである。

The best way to maintain a close friendship is to ____________________ .

□004 特に健康志向の高い 30 代を中心に、ますます多くの人が効果があると思う運動を始めている。

More and more people are starting to do ____________________, especially health-conscious people in their 30s.

□001 **I don't think that Japanese teachers have encouraged** their students to express their opinions as confidently as Americans.

表現 ～ないと思う ▶ I don't think (that) SV

否定的な意見を述べる場合、日本語では「～ないと思う」「～とは思わない」の両方を用いるが、英語では〈I don't think (that) ＋肯定文〉を用いるのがふつう。

確認 「～と同じくらい」の表し方に注意する (→Round 1 054)

□002 **In my opinion, electronic devices** such as computers and smartphones have a negative influence on our health.

表現 私の考えでは、私見では ▶ in my opinion

自分の意見を述べる時に用いる。in my opinion に「～と思う」の意味が含まれているので、In my opinion, I think (that) ... のように後に I think を続けるのは不自然。

確認 「影響を与える」の表し方に注意する (→Round 1 034)

□003 The best way to maintain a close friendship is to **see things from the friend's point of view**.

表現 ～の視点〔立場〕から ▶ from one's〔a ～〕point of view

自分がどの視点・観点・立場から論じているかを述べる時に用いる。どの〔誰の〕視点・観点・立場かは、所有格か〈a ～〉で示す。

確認 「～する〈名詞〉」の表し方に注意する (→Round 1 068)

□004 More and more people are starting to do **exercise which they think is effective**, especially health-conscious people in their 30s.

表現 S が～と思う〈名詞〉 ▶ 名詞＋関係代名詞＋S think＋V

関係詞節の内容が個人的な意見であることを示す時に用いる。主格の関係代名詞とそれに対する述語動詞の間に〈S think〉を入れる。

確認 関係詞節の内容が個人的な意見であることを示す (→Round 1 089)

■ 意見を述べる ②

□005 彼が居眠りをして大切な書類を電車に置き忘れた可能性もあると警察は考えている。

______________________________ and left his important papers on the train.

□006 G7 サミットは、地球規模の問題に対する意識を高めるのにきわめて重要な役割を担っていると主張する人もいる。

______________________________ in raising awareness of global issues.

□007 正直に言って、もっと多くの外国人が日本で働けるようにすべきだという考えには賛成できません。

To be honest, ______________________ that more foreigners should be allowed to work in Japan.

□008 その男の子は自分に起こったことについてうそをついたが、残念ながら、小さな子供が家庭での虐待についてうそをつくのは珍しくない。

The boy lied about what happened to him, but unfortunately ______________________________ about abuse at home.

□005 **The police believe that he may have fallen asleep** and left his important papers on the train.

表現 〜と思う、考える ▶ believe (that) SV

believeは「〜と信じる」という意味を表すが、thinkと同じように意見を述べる時に用いることができる。

確認 「〜かもしれない」の表し方に注意する（→Round 1 039）

□006 **Some people claim that the G7 summit plays a crucial role** in raising awareness of global issues.

表現 〜だと主張する、〜は事実だと言い張る ▶ claim that SV

何かが真実だと主張するときに用いる。some peopleを主語に用いると、「一部の人々が〜と主張する」→「中には〜と主張する人もいる」という意味になる。

確認 自動詞と他動詞を区別する（→Round 1 009）

□007 To be honest, **I don't agree with the idea** that more foreigners should be allowed to work in Japan.

表現 A（人・意見・考えなど）に賛成する ▶ agree with A

賛成する、または同意見であることを述べる時に用いる。agree with you（あなたと同じ意見だ）、agree with the opinion that SV（〜という意見に賛成だ）という使い方をする。

確認 that節を使って名詞の具体的な内容を説明する（→Round 1 085）

□008 The boy lied about what happened to him, but unfortunately **it is not rare for small children to lie** about abuse at home.

表現 Aが〜することは珍しくない ▶ It is not rare for A to *do*

× It is not rare that SVは不可。「珍しくない」を「よくあること」と言い換えて、Small children often lie ... のように言うこともできる。

確認 似た意味・かたちの動詞を区別する（→Round 1 010）

## ■ 意見を述べる ③

□009 スタッフ全員が、残業を減らし仕事の効率を上げる計画にきっと賛成してくれるだろう。

______________________________ to reduce overtime and improve work efficiency.

□010 なまけ者のその少年が、私に悩み相談をしないうちに学校をやめるのは確実だ。

______________________________ before he talks to me about his problems.

□011 迷信深い人が将来の出来事に影響を及ぼす疑いのある特定の数字を選ぶことを避けるのは間違いない。

______________________________ which they suspect will affect future events.

## ■ 行動をうながす ①

□012 応募するかどうか決める前に、彼女はその奨学金についてもっと知る必要があるかもしれない。

______________________________ before she decides whether to apply for it or not.

□009 **I am sure that all my staff will agree to the plan** to reduce overtime and improve work efficiency.

表現 S（人）は～ということを確信している ▶ S be sure that SV

ある人が主観的に確信していることを述べる時に用いる。「～を確信している」→「～にちがいない」「きっと～である」という意味を表すこともできる。

確認 「～にちがいない」の表し方に注意する（→Round 1 **040**）

□010 **It is certain that the lazy boy will quit school** before he talks to me about his problems.

表現 ～ということは確か〔確実〕である ▶ It is certain that SV

確実な内容を述べる時に用いる。× It is sure that SVとは言えないことに注意。

確認 「話す」を表す語を使い分ける（→Round 1 **035**）

□011 **There is no doubt that superstitious people avoid choosing specific numbers** which they suspect will affect future events.

表現 ～ということは疑いの余地はない〔間違いない〕
▶ There is no doubt that SV

あることが疑う余地がないほど確実であること述べる時に用いる。「A については疑いの余地はない」という時は〈There is no doubt about A〉とする。

確認 「～すること」を目的語にする（→Round 1 **074**）

□012 **She may need to know more about the scholarship** before she decides whether to apply for it or not.

表現 ～する必要がある ▶ need to *do*

何かをする必要性があることを、人を主語にして伝える時に用いる。necessary を用いて〈It is necessary for 人 to *do*〉と言うこともできる（→ **013**）。

確認 未来の表し方に注意する（→Round 1 **025**）

## Round 2 理解 定着 発信 表現を機能ごとに確認する ④

### ■ 行動をうながす ②

□013 日本の社会で高齢者が活躍できる雇用の機会をもっと創出することが必要だ。

______________________________ for older people to play an active role in Japanese society.

□014 健康で若々しくあるために、バランスのよい食習慣を身につける重要性を肝に銘じておきなさい。

You should keep in mind ______________________________ in order to stay healthy and young.

□015 ひどい風邪をひいてせきやくしゃみがひどい時は、みんなマスクをすることをお勧めします。

______________________________ when they have a bad cold and are coughing or sneezing heavily.

□016 家族と連絡を取りながら、田舎で一人暮らしをしたほうがよいのではないでしょうか。

______________________________ in the country, keeping in touch with your family.

□013 **It is necessary to create more job opportunities** for older people to play an active role in Japanese society.

表現 ～することが必要だ ▶ It is necessary to *do*

何かをする必要性があることを、it を主語にして伝える時に用いる。人を主語にして〈S need to *do*〉と言うこともできる（→ **012**）。

確認 「～するのは…である」の表し方に注意する（→Round 1 **069**）

□014 You should keep in mind **how important it is to develop well-balanced eating habits** in order to stay healthy and young.

表現 ～することの重要性 ▶ how important it is to *do*

あることをする重要性を述べる時に用いる。「～することがいかに重要か（ということ）」という意味の名詞節。

確認 「～するために」の表し方に注意する（→Round 1 **072**）

□015 **It is recommended that everyone wear a mask** when they have a bad cold and are coughing or sneezing heavily.

表現 ～するよう勧める ▶ recommend that S (should) *do*

何かをすべきだと相手に勧める時に用いる。「誰が勧める」という主語を明示したくない、または明示できない場合は、この文のように受動態を用いるのが自然。

確認 「勧める」の表し方に注意する（→Round 1 **033**）

□016 **It would be better for you to live by yourself** in the country, keeping in touch with your family.

表現 A は～するほうがよい ▶ It is better for A to *do*

控えめに意見や提案を述べる時に用いる。この文のように would を用いて〈It would be better for A to *do*〉とすると、よりていねいな言い方になる。

確認 付帯状況の表し方に注意する（→Round 1 **080**）

## Round 2 理解 定着 発信 表現を機能ごとに確認する ⑤

### ■ 行動をうながす ③

□017 あさっての数学の試験対策について助言してあげよう。

______________________________ the day after tomorrow.

□018 その時点で、医師は患者に対して手洗いによる自衛を強く勧めるべきだった。

At that point, ______________________________ by washing his hands.

□019 部活に参加する時は、いやがおうでも他の部員と力を合わせることになっている。

When you participate in club activities, ______________________________ whether you like it or not.

### ■ 気持ちを伝える ①

□020 当時の親は、娘が 20 歳になったらすぐに結婚して子供を産んでほしいと思っていた。

______________________________ soon after they turned 20.

□017 **I will give you some advice on how to prepare for the math test** the day after tomorrow.

表現 （Bについて）A（人）に助言する ▶ give A advice（on〔about〕B）

相手に何かを助言する時に用いる。日本語の「する」に引きずられて× do A adviceとしてしまわないよう注意。

確認 2つの目的語の語順を意識する（→Round 1 016）

□018 At that point, **the doctor should have strongly advised the patient to protect himself** by washing his hands.

表現 A（人）に～するよう忠告する ▶ advise A to *do*

単なる助言ではなく、この文のように忠告〔警告〕する時に用いることもある。その場合は、医師などの専門家や、警察などの公的機関を主語にすることが多い。

確認 〈助動詞＋ have *done*〉の使い方に注意する（→Round 1 042）

□019 When you participate in club activities, **you are supposed to cooperate with other members** whether you like it or not.

表現 ～することになっている ▶ be supposed〔expected〕to *do*

規則や慣習により、ある特定の行動が期待されていることを述べる時に用いる。「～しなければならない」と言い換えて、you have to *do*と言うこともできる。

確認 「他の〈名詞〉」の表し方に注意する（→Round 1 043）

□020 **Parents in those days wanted their daughters to get married and have a child** soon after they turned 20.

表現 Aに～してほしい（と思う）▶ want A to *do*

他者が何かの行動をすることを願う時に用いる。願望を直接的に表す表現なので、間接的に願望を伝える場合は〈S would like A to *do*〉を用いる。

確認 「～する前〔後〕に」の表し方に注意する（→Round 1 084）

## ■ 気持ちを伝える ②

□**021** 旅行中、ガイドがどんな史跡について説明してくれるのか、もっと注意していればよかった。

------------------------------ what historic sites the tour guide explained to us during the trip.

□**022** 公共の場で個人的なことを大声で話して、他人の迷惑になっている人を時々見かける。

------------------------------ when they are speaking loudly about private matters in public places.

□**023** 語学の授業は時間の無駄だと思っている大学生が多いのは驚くにあたらない。

------------------------------ a lot of college students think language classes are a waste of time.

□**024** この表は、老後にお金の心配をすることなく快適に暮らすために必要だと人々が考えている額を示している。

This table shows how much money people think they will need to live a comfortable life ------------------------------.

☐021 **I wish I had paid more attention to** what historic sites the tour guide explained to us during the trip.

表現 (実際はしなかったが) ～したらよかったのに
▶ I wish＋仮定法過去完了

実際にはしなかったことを今になって残念に思い、後悔や反省をする状況などで用いる。「(実際はそうではないが)～だといいのに」は〈I wish＋仮定法過去〉で表す。

確認 「どんな〈名詞〉か」の表し方に注意する (→Round 1 **099**)

☐022 **I sometimes see people irritating others** when they are speaking loudly about private matters in public places.

表現 S は A (人) をいらいらさせる、A の気に障る ▶ S irritate A

「A (人) をある感情にさせる」は、amuse A (A をおもしろがらせる)、excite A (A をわくわくさせる) のように人を目的語にとる他動詞で表す。

確認 see OC の C に入れる要素に注意する (→Round 1 **018**)

☐023 **It is not surprising that** a lot of college students think language classes are a waste of time.

表現 ～ということは驚くにあたらない ▶ It is not surprising that SV

It is surprising that SV (～ということは驚きだ) の否定文。that 節の代わりに疑問詞節を用いた〈It is surprising＋疑問詞節〉(～かは驚きだ) という表現もある。

確認 SV と SVO を使い分ける (→Round 1 **014**)

☐024 This table shows how much money people think they will need to live a comfortable life **without worrying about money in their old age**.

表現 A のことを心配する ▶ worry about A

何かを心配していることを述べる時に用いる。他動詞の worry を用いた〈S worry A〉は「S は A (人) を心配させる」という意味になる。

確認 「どの程度の～か」の表し方に注意する (→Round 1 **098**)

## ■ 気持ちを伝える ③

□025 ショックなことに、夜遅く帰宅した私の顔色が悪いことに家族はほとんど気づかなかった。

________________ my family hardly noticed that I looked pale when I got home late at night.

□026 インタビューはわずか 10 分だったが、その時は気分が悪かったので、何時間にも感じた。

The interview only took ten minutes, but it felt like hours because ________________ .

□027 昨日見つけた仕事はとてもおもしろそうだが、給料が安すぎる。

________________, but the salary is too low.

□028 その飲み物がかなりの量のカフェインを含んでいることを知り、少しショックみたいですね。

________________ to learn that the drink contains a considerable amount of caffeine.

□025 **I was shocked that** my family hardly noticed that I looked pale when I got home late at night.

表現 ～ということにショックを受ける ▶ be shocked that SV

何かにショックを受けたことを述べる時に用いる。日本語を直訳した get〔receive〕a shock that SV は不自然なので、使うのは避けたほうがよい。

確認 「ほとんど～ない」の表し方に注意する（→Round 1 **066**）

□026 The interview only took ten minutes, but it felt like hours because **I was feeling sick at that time**.

表現 気分が悪くなる、吐き気がする ▶ feel sick

「S（人）が C（形容詞）と感じる」は〈S feel C〉で表す。

例 居心地よく感じる ▶ feel comfortable / 悲しい気分だ ▶ feel sad

確認 「感じる」の表し方に注意する（→Round 1 **032**）

□027 **The job I found yesterday sounds very interesting**, but the salary is too low.

表現 S は～のようだ〔～のように思われる〕 ▶ S sound＋形容詞

聞いたり読んだりした印象を述べる時に用いる。「S は〈名詞〉のように思われる」は〈S sound like＋名詞〉で表す。

確認 「高い／安い」の表し方に注意する（→Round 1 **048**）

□028 **You seem to be a little shocked** to learn that the drink contains a considerable amount of caffeine.

表現 S は～であるようだ ▶ S seem to *do*

印象を述べる時に用いる。It seems that SV と混同した× S seem that SV という間違いが多い。

確認 「～している」の表し方に注意する（→Round 1 **021**）

## ■ 気持ちを伝える ④

□029 その店長は、アルバイトが自分の頼んだとおりに動いてくれない場合の対処法をあれこれ考えているところだ。

______________________ if his part-time employees don't do as he has asked them to.

□030 彼は授業中にまったくノートを取らないけれど、テストでいい成績が取れるのだろうか。

______________________ though he takes no notes at all in class.

□031 今年の夏は去年の夏と同じアルバイトができないのが残念だ。

______________________ this summer I cannot do the same part-time job as I did last summer.

## ■ 条件・目的・譲歩を表す ①

□032 努力し続ける限り成功するチャンスは必ずあるから、あきらめないで。

______________________, there is always a chance to succeed, so don't give up.

□029 **The manager is wondering how he should respond** if his part-time employees don't do as he has asked them to.

表現 ～かなあ（と思う） ▶ wonder＋疑問詞節

あることに自信が持てずに自問している時に用いる。ここでは、「あれこれ考えているところだ」という「している最中」のニュアンスを進行形で表している。

確認 疑問文を文に組み込む（→Round 1 097）

□030 **I wonder if he can get good grades on his tests** though he takes no notes at all in class.

表現 ～か（それとも～でないか）どうか（と思う） ▶ I wonder if SV

あることについて判断に迷っている時に用いる。このif節は「～かどうか」という意味の名詞節。

確認 「〈名詞〉がない」の表し方に注意する（→Round 1 065）

□031 **It is a pity that** this summer I cannot do the same part-time job as I did last summer.

表現 ～ということは残念〔遺憾〕だ ▶ it is a pity〔shame〕 that SV

あることについて残念に思っていることを述べる時に用いる。「残念なことに～」「遺憾ながら～」「惜しむらくは～」などの日本語も、この表現で表すことができる。

確認 「同じ〈名詞〉」の表し方に注意する（→Round 1 044）

□032 **As long as you keep making an effort**, there is always a chance to succeed, so don't give up.

表現 （条件を表して）～する限り、～しさえすれば ▶ as long as SV

条件はif SVでも表せるが、「～する限り、～しさえすれば」という限定・制限のニュアンスが強い場合はas long as SVを用いる。

確認 名詞の特定・不特定を区別する（→Round 1 002）

## 表現を機能ごとに確認する ⑨

### 条件・目的・譲歩を表す ②

□033 チケットは余裕を持って予約する必要がある。座席をぜひ確保したい場合は特にそうだ。

You will have to book your ticket well in advance, ______________________________.

□034 相手の気持ちを傷つけないよう、できるだけていねいに話すのが一番よい。

It would be best to speak as politely as you can ______________________________.

□035 妹が暗闇を怖がらないように、彼女の部屋の明かりをつけたままにしておいた。

I left a light on in my sister's room ______________________________.

□036 確かに何度も挫折したが、彼はついに弁護士になる夢を叶えたのだ。

______________________________ he finally realized his dream of becoming a lawyer.

□033 You will have to book your ticket well in advance, **especially if you really want to reserve a seat**.

表現 (もし)～すれば ▶ if SV

可能性があることや事実を条件として示す時に用いる。書き手がその内容を事実に反する、あるいは実現の可能性が低いと考えている場合は仮定法を用いる。

確認 「特に」を表す表現を使い分ける (→Round 1 **062**)

□034 It would be best to speak as politely as you can **in order not to hurt others' feelings**.

表現 ～するように、～するために ▶ in order to *do*

行為の目的を述べる時に用いる。「～しないように」は in order not to *do* で表す。× not to *do* とは言えないので注意。

確認 another と others を使い分ける (→Round 1 **007**)

□035 I left a light on in my sister's room **so that she would not be scared of the dark**.

表現 Sが～するために ▶ so that S will〔can〕*do*

(in order) to *do* と同じく行為の目的を述べる時に用いる。この文のように、行為と目的の主語が異なる場合は(行為の主語は「私」、目的の主語は「妹」)、(in order) to *do* ではなく so that S will〔can〕*do* を用いるのが一般的。

確認 時制の一致を意識する (→Round 1 **028**)

□036 **It is true that he failed so many times, but** he finally realized his dream of becoming a lawyer.

表現 確かに～だが… ▶ It is true that SV ～, but SV ....

ある事実を認めたうえで、自分の主張を導入する時に用いる。〈譲歩→逆接→主張〉のかたちを用いることで、but 以下の主張が際立ち、主張がはっきりと伝わる効果がある。

確認 「ついに」を表す表現を使い分ける (→Round 1 **061**)

## ■ 条件・目的・譲歩を表す ③

□037 食べ始めはわくわくするような食べ物でも、慣れてくると飽きてしまうものだ。

------------------------------------------------------------, we will get bored as we get used to it.

□038 兄はどんなに仕事が忙しくても、何とか時間を見つけては私の宿題を手伝ってくれた。

------------------------------------------------------------, he managed to find time to help me with my homework.

□039 いくら友だちが多くても、信頼できる人がいなければ、この深刻な問題は解決できない。

------------------------------------------------------------, you can't solve this serious problem unless you have someone you can trust.

□040 いくら頑張ってみても、上司に相談することは他に何ひとつ思い浮かばなかった。

------------------------------------------------------------, I just could not think of anything else to discuss with the boss.

□037 **Even if some food excites us when we start eating**, we will get bored as we get used to it.

表現 たとえ～だとしても ▶ even if SV

ある可能性を認めたうえで、その可能性とは関係なくあることが起こることを述べる時に用いる。〈譲歩→主張〉のかたちで、主節で示される内容を強調している。

確認 接続詞 as の使い方に注意する（→Round 1 086）

□038 **No matter how busy my brother was with his work**, he managed to find time to help me with my homework.

表現 どんなに〈形容詞〉でも ▶ no matter how＋ 形容詞 ＋SV

形容詞の程度の変化を認めたうえで、その変化とは関係なくあることが起こることを述べる時に用いる。〈譲歩→主張〉のかたちで、主節で示される内容を強調している。

確認 「どんなに〈形容詞〉でも」の表し方に注意する（→Round 1 094）

□039 **No matter how many friends you have**, you can't solve this serious problem unless you have someone you can trust.

表現 どんなに〈名詞〉が〈形容詞〉でも
▶ no matter how＋形容詞＋名詞＋SV

〈形容詞＋名詞〉の程度の変化を認めたうえで、その変化とは関係なくあることが起こることを述べる時に用いる。〈譲歩→主張〉のかたちで、主節で示される内容を強調している。

確認 「どんなに〈名詞〉が〈形容詞〉でも」の表し方に注意する（→Round 1 095）

□040 **No matter how hard I tried**, I just could not think of anything else to discuss with the boss.

表現 どんなに〈副詞〉でも ▶ no matter how＋副詞＋SV

副詞の程度の変化を認めたうえで、その変化とは関係なくあることが起こることを述べる時に用いる。〈譲歩→主張〉のかたちで、主節で示される内容を強調している。

確認 「どんなに〈副詞〉でも」の表し方に注意する（→Round 1 096）

## 表現を機能ごとに確認する ⑪

### ■ 論理関係を表す ①

□**041** 最近の調査によれば、1日のテレビ視聴時間は時代によってばらつきがある。

______________________________ spent watching TV a day has varied from period to period.

□**042** 国際化のためには、さまざまな文化的背景を持つ人々とコミュニケーションを取ることが重要だとよく言われている。

______________________________ from different cultural backgrounds is important for internationalization.

□**043** 一般的に、インターンシップの経験がある人は、ない人に比べて卒業後の就職率が高い。

______________________________ are more likely to get a job after graduation than those without such experience.

□**044** デパートに買い物に行けなかった。停電で電車が全面運休になったからだ。

I couldn't go shopping at the department store. ______________________________.

□041 **According to recent research, the amount of time** spent watching TV a day has varied from period to period.

表現 Aによれば ▶ according to A

according to a newspaper report〔a record / the police〕(新聞の報道〔記録/警察〕によれば)のように、情報源や第三者の見解を示す時に用いる。

確認 「～される〈名詞〉」の表し方に注意する(→Round 1 077)

□042 **It is often said that communicating with people** from different cultural backgrounds is important for internationalization.

表現 ～と言われている、～だそうだ
▶ It is said that SV / S be said to *do*

多くの人の意見や世間で真実と考えられていることを述べる時に用いる。

確認 「話す」を表す語を使い分ける(→Round 1 037)

□043 **In general, those with internship experience** are more likely to get a job after graduation than those without such experience.

表現 一般的に、おおむね ▶ in general

極端な断言を避けて、「ほとんどの場合は～、ほとんどの人にとっては～(ただし例外もある)」という一般論を述べたり婉曲的な言い方をしたりする時に用いる。

確認 「…より～する可能性が高い〔低い〕」の表し方に注意する(→Round 1 055)

□044 I couldn't go shopping at the department store. **That's because all the trains were canceled due to a power outage**.

表現 ～。なぜなら… ▶ SV ～. This is〔That's〕because SV ....

前の文の内容に対して、その原因・理由を文のかたちで述べる時に用いる。この文は、〈SV ～ because ....〉のかたちを用いてI couldn't go shopping at the department store because all the trains .... とすることもできる。

確認 「すべての～」の表し方に注意する(→Round 1 050)

## ■ 論理関係を表す ②

□045 ここ数十年のITの発展により、生活ははるかに便利になりました。

Life has become much more convenient ________________
________________.

□046 そのレシピ本が初心者に人気なのは、そのわかりやすさが大きな理由の1つです。

________________ is that it is easy to understand.

□047 以前は友人がテスト結果を自慢するのを耳にするだけで、勉強する気が失せてしまったものだった。

________________ about his test results used to make me lose interest in studying.

□048 若いうちに海外を旅することで、他国の文化を知り視野を広げることができる。

Traveling abroad while you are young ________________
________________ and broaden your horizons.

□045 Life has become much more convenient **because of the development of information technology over the past few decades**.

表現 Aが原因で、Aによって ▶ because of A

主節の内容に対して、その原因・理由を名詞（句）を使って述べる時に用いる。

確認 「～になる」の表し方に注意する（→Round 1 **030**）

□046 **One of the main reasons the recipe book is popular with beginners** is that it is easy to understand.

表現 ～の理由は…ということである
▶ The reason (why) SV ～ is that SV ...

why 節の内容に対して、その原因・理由を that 節で述べる時に用いる。この文では one of A（特定＋複数名詞）との組み合わせで用いている。

確認 「Aは～しやすい」の表し方に注意する（→Round 1 **071**）

□047 **Just hearing a friend of mine boasting** about his test results used to make me lose interest in studying.

表現 …するだけでA（人）は～する（結果になる）
▶ Just *doing* ... makes A *do* ～

2つの行為の因果関係を表す時に用いる。主語の動名詞（単に…すること）が原因・理由で、A *do*（Aが～する）がその結果にあたる。

確認 「～すること」を主語にする（→Round 1 **073**）

□048 Traveling abroad while you are young **enables you to learn about the culture of other countries** and broaden your horizons.

表現 Sによって〔Sのおかげで〕A（人）は～できる ▶ S enable A to *do*

無生物の主語を用いて因果関係を表す時に用いる。主語のSが原因・理由や条件で、A to *do*（Aが～する）がその結果にあたる。

確認 〈自動詞＋副詞〉のフレーズを意識する（→Round 1 **011**）

## ■ 論理関係を表す ③

□049 視力は歳を重ねるごとに悪化し、昔は簡単だと思っていた作業が難しくなることがある。

Eyesight can get worse with age, ------------------------------ ---------- we once found easy.

□050 だれもが平和を願っているかもしれないが、問題は、将来への楽観的な展望が戦争につながる可能性があるということだ。

Everyone may hope for peace, but the problem is that ---------- ------------------------------.

## ■ 例示・追加を表す ①

□051 インターネットで日常生活はかなり変わった。たとえば、数年前よりもずっと多くの人がオンラインで買い物をしている。

The Internet has changed our daily lives considerably. ---------- ------------------------------.

□052 今回の調査は、どのようなタイプの人が高血圧などの慢性疾患に罹患するのかを調べるために実施した。

We conducted this survey to find out what kind of person suffers from ------------------------------.

□049 Eyesight can get worse with age, **making it difficult to perform tasks** we once found easy.

表現 Sが原因で～することは〈形容詞〉になる
▶ S make it＋形容詞＋to *do*

無生物の主語を用いて因果関係を表す時に用いる。主語のSが原因・理由で、形容詞 ＋ to *do* がその結果にあたる。

確認 関係詞を使って名詞を修飾する（→Round 1 087）

□050 Everyone may hope for peace, but the problem is that **an optimistic view of the future can lead to war**.

表現 SはAにつながる、SはAという結果になる ▶ S lead to A

無生物の主語を用いて因果関係を表す時に用いる。主語のSが原因で、Aがその結果。〈S lead A to *do*〉（Sが原因でAは～するようになる）も因果関係を表す。

確認 動詞の後に続く形を意識する（→Round 1 012）

□051 The Internet has changed our daily lives considerably. **For example, many more people are shopping online than several years ago**.

表現 たとえば～ ▶ For example, SV ～.

前の文に対して、その具体例を文のかたちで追加する時に用いる。

確認 現在完了（完了・結果）の使い方に注意する（→Round 1 026）

□052 We conducted this survey to find out what kind of person suffers from **chronic diseases such as high blood pressure**.

表現 Bのような〔などの〕A ▶ A such as B

ある名詞に対して、その具体例となる名詞を追加する時に用いる。英作文では、名詞の具体例はsuch asを、文の具体例はfor exampleを用いると覚えておこう。

確認 「～のような」の表し方に注意する（→Round 1 083）

## ■ 例示・追加を表す ②

□053 日本人にはユーモアのセンスが欠けている。実際、政治家や実業家が公式の場で冗談を言うことはめったにない。

Japanese people lack a sense of humor. ________________________________________________

_____________________________________________.

□054 私のおじは、外での仕事の責任に加え、家事のほとんどを負担している。

My uncle carries the burden of most household chores ____________________

_____________________________________________.

□055 この町は美しいビーチだけでなく、温かいもてなしと珍しい郷土料理でも知られている。

This town is known ______________________________________________

_______________________ and unique local dishes.

□056 彼女は電話をよくかけるが出るのが嫌いで、友人はそのことを快く思っていない。

She often makes phone calls, but she doesn't like to answer the phone,

_____________________________________________________.

□053 Japanese people lack a sense of humor. **In fact, politicians and businesspeople rarely tell jokes on official occasions**.

表現 実際に〔実のところ〕… ▶ SV ～. In fact, SV ....

前の文に対して、もっと詳細な事実を補足する時に用いる。

確認 「～している」の表し方に注意する（→Round 1 023）

□054 My uncle carries the burden of most household chores **in addition to his job responsibilities outside his home**.

表現 A に加えて、A の他にも ▶ in addition to A

A という名詞に対して別の名詞の情報を追加する時に用いる。前の文に対して、新しい文の情報を追加する時は〈SV～. In addition, SV ....〉（～。その上〔さらに〕…）を用いる。

確認 「～している」の表し方に注意する（→Round 1 022）

□055 This town is known **not only for its beautiful beaches but also for its warm hospitality** and unique local dishes.

表現 A だけではなく B もまた ▶ not only A but (also) B

A に旧情報、B に新情報が来て、B のほうに力点が置かれる。

確認 「知られている」の表し方に注意する（→Round 1 045）

□056 She often makes phone calls, but she doesn't like to answer the phone, **which makes her friends uncomfortable**.

表現 ～だが、それは… ▶ ～, which SV

前の文に対してコメントを加える時に用いる。前文の内容を受ける代名詞 this〔that〕を用いて、～ and this〔that〕makes her friends uncomfortable と言うこともできる。

確認 使役動詞 make の使い方に注意する（→Round 1 019）

## ■ 例示・追加を表す ③

□057 その町が嵐に見舞われると、5日連続で大雨が降り、土砂崩れや川の氾濫が発生した。

When a storm hit the city, heavy rain poured for five consecutive days, ________________.

□058 目を閉じてその曲を聴いたら、まるでコンサートホールにいるような気分になる。

________________, you will feel as if you were in a concert hall.

□059 通勤時にイヤホンを使うと、周囲の雑音に邪魔されずに音楽を楽しめるという利点がある。

One advantage of using earphones while commuting is that ________________.

□060 言語発達は自制心、つまり誘惑に負けず良識ある行動をする能力と密接に関係している。

Language development is closely related to ________________ and behave in a sensible way.

□057 When a storm hit the city, heavy rain poured for five consecutive days, **causing landslides and river flooding**.

表現 …して、その結果～する ▶ SV ..., (thus) *doing* ～.

前の文に対する結果を述べる時に用いる。この *doing* ～は分詞構文。非制限用法の関係代名詞 which を用いて、... days, which caused landslides ... と言うこともできる。

確認 分詞を使って文に情報を追加する（→Round 1 **079**）

□058 **If you listen to the music with your eyes closed**, you will feel as if you were in a concert hall.

表現 目を閉じて〔閉じたまま〕 ▶ with one's eyes closed

「～したままで」という状況を表す時に用いる。closed は形容詞と考えてよい。

□ 目を開けて〔開けたまま〕 ▶ with one's eyes open

確認 「まるで～であるかのように」の表し方に注意する（→Round 1 **093**）

□059 One advantage of using earphones while commuting is that **you can enjoy music without being disturbed by the background noise**.

表現 ～しないで、～することなく ▶ without *doing*

「ふつうはして当然のことをしないで」という状況を表す時に用いる。

確認 「～されること」の表し方に注意する（→Round 1 **075**）

□060 Language development is closely related to **self-control, or the ability to resist temptation** and behave in a sensible way.

表現 A すなわち B ▶ A, or B

名詞を別の名詞で言い換える時に用いる。or の代わりに that is（すなわち）を用いて〈A, that is, B〉と言うこともできる。

確認 「関係がある」の表し方に注意する（→Round 1 **046**）

## 表現を機能ごとに確認する ⑯

### ■ 例示・追加を表す ④

□061 その島は観光事業で完全に西洋化してしまった。つまり、かつての島とは違う島になってしまったのだ。

The island has been completely westernized by tourism. ________________

________________________________________.

□062 私の地元には、英語では「moderate」という意味の「てげてげ」という方言をまだ使っている人がいて驚いた。

I was surprised that some people in my hometown still use ____________

________________________________________.

### ■ 様子・程度を表す ①

□063 インスタグラムに画像を投稿する方法は、中高年の方でも簡単に習得できます。

It is easy even for middle-aged people to learn ________________________

________________________________________.

□064 新しい住宅が建設中で、コミュニティも順調に成長しつつあるので、人と人との関わり方もすぐに変わっていくだろう。

New houses are being built and the community is growing steadily, so ________________________________________.

□061 The island has been completely westernized by tourism. **In other words, it is not what it used to be**.

表現 言い換えれば、つまり ▶ in other words

前の文で述べた内容を、別の文でより明確にわかりやすく言い換える時に用いる。接続詞の or とともに〈..., or, in other words, ～〉というかたちでも用いられる。

確認 「今〔過去、未来〕の S」の表し方に注意する（→Round 1 090）

□062 I was surprised that some people in my hometown still use **the dialect word "tege-tege," which means "moderate" in English**.

表現 英語では「B」という意味の「A」
▶ "A," which means "B" in English

ある日本語がどのような英語に相当するかを説明する時に用いる。A の直後のコンマは引用符（"　"）の内側に入れる。

確認 「まだ」を表す表現を使い分ける（→Round 1 063）

□063 It is easy even for middle-aged people to learn **how to post images on Instagram**.

表現 ～するやり方〔方法〕 ▶ how to *do*

「どのようにして」という方法を述べる時に用いる。how to *do* は名詞句で、主語・目的語・補語に用いる。

確認 「A が～するのは…である」の表し方に注意する（→Round 1 070）

□064 New houses are being built and the community is growing steadily, so **the way people interact with each other will change soon**.

表現 S が V するやり方、S が V である様子 ▶ the way SV / how SV

「どのようにして」という方法や、「どんなふうに」という様態を述べる時に用いる。この文は「どんなふうに人々がお互いと関わるか」が直訳。

確認 「～されている」の表し方に注意する（→Round 1 024）

## ■ 様子・程度を表す ②

□065 この本に対するその評論家の批評は、あまりに幼稚で失礼なものであり、検討に値しない。

The critic's comments on this book are ________________________________

________________________________.

□066 好天に恵まれたので、川辺でピクニックをして 1 日の大半を過ごすことにした。

________________________________ most of the day having a picnic beside the river.

□067 10 代の若者のほとんどはスマホを適切に使用するだけの分別があるとみなすべきだ。

Most teens should be regarded as ________________________________

________________________________.

□068 彼は病気が恥ずかしすぎて、すぐには医師に相談できなかったにちがいないといううわさが立っている。

Rumor has it that he must have been ________________________________

________________________________ right away.

□065 The critic's comments on this book are **so childish and offensive that they are not worth considering**.

表現 とても…なので〜する（ほどだ）▶ so＋形容詞・副詞＋that SV

形容詞や副詞の程度を説明する時に用いる。形容詞や副詞の程度をthat節で説明することで、より具体的なイメージが読み手に伝わるという効果がある。

確認 「〜する価値がある」の表し方に注意する（→Round 1 081）

□066 **It was such sunny weather that we decided to spend** most of the day having a picnic beside the river.

表現 とても〔非常に、大変〕〜ので…する
▶ such＋形容詞＋名詞＋that SV

〈形容詞＋名詞〉の程度を説明する時に用いる。〈形容詞＋名詞〉の程度をthat節で説明することで、より具体的なイメージが読み手に伝わるという効果がある。

確認 名詞の可算・不可算を区別する（→Round 1 001）

□067 Most teens should be regarded as **mature enough to use their smartphones in an appropriate way**.

表現 …するほど〔だけ、くらい〕（十分に）〜
▶ 形容詞・副詞＋enough to *do*

形容詞や副詞の程度をto *do*で説明する時に用いる。形容詞や副詞の程度をto *do*で説明することで、より具体的なイメージが読み手に伝わるという効果がある。

確認 「ほとんどの〜」の表し方に注意する（→Round 1 049）

□068 Rumor has it that he must have been **too embarrassed about his illness to consult his doctor** right away.

表現 〜すぎて…できない ▶ too＋形容詞・副詞＋to *do*

「あまりに〜」「〜すぎる」という極端な状況を述べる時に用いる。「〜するには〈形容詞・副詞〉すぎる」が直訳。この文は「相談するには恥ずかしすぎた」が直訳。

確認 「〜したにちがいない」の表し方に注意する（→Round 1 041）

## ■ 様子・程度を表す ③

□069 世界中の何百万人もの人々が最新のテレビゲームに熱中しすぎているのではないかと専門家は心配している。

Experts are worried that millions of people all over the world ______________

______________________________________.

□070 最近、欧米人の間で動物性脂肪の摂り過ぎの危険性に対する認識がますます高まっていることは周知の事実である。

It is well known that Westerners are increasingly aware of ______________

______________________________ these days.

□071 トムはアプリを削除するように言われたが、おそらくアプリのせいで気が散りすぎて勉強に集中できなかったからだろう。

Tom was told to delete the app probably because ______________________

______________________________________.

□072 清潔すぎる環境で育つ幼い子供のほうが、アレルギーを発症するリスクが高くなる傾向がある。

______________________________________________ tend to

be at higher risk of developing allergies.

□069 Experts are worried that millions of people all over the world **might be too absorbed in playing the latest video game**.

表現 ～すぎる、あまりに～ ▶ too＋形容詞

形容詞の程度が極端であることを述べる時に用いる。too は副詞で、形容詞の程度を強調している。例 very cheap（とても安い）→ too cheap（安すぎる）

確認 「心配する」の表し方に注意する（→Round 1 **047**）

□070 It is well known that Westerners are increasingly aware of **the dangers of eating too much animal fat** these days.

表現 （量が）多すぎる～、あまりにも多くの～ ▶ too much＋不可算名詞

不可算名詞の量が極端に多いことを述べる時に用いる。too は副詞で、形容詞の much を強調している。例 水を飲みすぎる ▶ drink too much water

確認 「最近」を表す表現を使い分ける（→Round 1 **064**）

□071 Tom was told to delete the app probably because **it was distracting him too much from focusing on his studies**.

表現 ～しすぎる ▶ 動詞＋too much

動詞の程度や頻度が極端すぎることを述べる時に用いる。too は副詞で、副詞の much を強調している。too much は動詞を強調している。

確認 「話す」を表す語を使い分ける（→Round 1 **038**）

□072 **Young children growing up in too clean an environment** tend to be at higher risk of developing allergies.

表現 ～すぎる〈名詞〉 ▶ too＋形容詞＋a / an＋名詞

〈a / an＋形容詞＋名詞〉の程度が極端であることを述べる時に用いる。語順に注意。このかたちで使える名詞は可算名詞の単数形だけ。

確認 「～している〈名詞〉」の表し方に注意する（→Round 1 **076**）

## ■ 様子・程度を表す ④

□073 ある特定のやり方で常にやってきたからといって、それが必ずしもベストだとは限らない。

You might have always done something in a particular way, ______________

______________________________________________________________.

□074 コンクールに出て 1 等賞を取ったらどんな感じだろうと何度か想像してみた。

I tried imagining a couple of times ______________________________________________

________________________________________.

## ■ 相違・類似を表す ①

□075 その双子は、外見は似ているが、一方は自分にかなり自信を持っているのに対して、もう一方はとても恥ずかしがりでおとなしい。

The twins look alike, but one is pretty confident about herself, __________

__________________________________________________________.

□076 姉はたいてい家でダラダラしてストレスを発散する。一方、兄は買い物で発散している。

My sister usually relieves stress by idling away at home. _______________

______________________________________________________________.

□**073** You might have always done something in a particular way, **but it doesn't necessarily mean it is the best way**.

表現 …だからといって必ずしも～というわけではない
▶ SV ..., but it doesn't necessarily mean (that) SV ～.

「…という前提からは～という結論が導かれる」という考えを覆す時に用いる。

確認 「必ずしも～というわけではない」の表し方に注意する（→Round 1 **067**）

□**074** I tried imagining a couple of times **what it would be like to enter the competition and win first prize**.

表現 〈名詞〉はどのような～か（ということ） ▶ what 名詞 is like

人やものの性質・特徴などを尋ねる時に用いる。「どのような」という日本語に引きずられて× how S is like とする間違いが多い。

確認 「〈名詞〉はどのような～か」の表し方に注意する（→Round 1 **100**）

□**075** The twins look alike, but one is pretty confident about herself, **while the other is really shy and quiet**.

表現 ～に対して…／～である一方… ▶ SV ～, while SV ...

2つの文を対比する時に用いる。2つの文に分けて×〈SV ～. While SV ...〉とすることはできない。これは副詞句の on the other hand と混同した間違い。

確認 the other と the others を使い分ける（→Round 1 **008**）

□**076** My sister usually relieves stress by idling away at home. **On the other hand, my brother does so by shopping**.

表現 ～。その一方で… ▶ SV ～. On the other hand, SV ....

2つの文を対比する時に用いる。on the other hand は文頭に来て、直後にコンマを打つ。on the contrary（それどころか（正反対だ））は対比には使えないので注意。

確認 頻度を表す副詞を使い分ける（→Round 1 **059**）

## ■ 相違・類似を表す ②

□077 そのすばらしい風景はヨーロッパの田園風景とよく似ていたが、まったく同じというわけではなかった。

______________________________, but not exactly the same as, that of the European countryside.

□078 その留学生は、日本に来たばかりだったが、日本語を流ちょうに話し、日本人学生と同じようにふるまった。

That international student, who had just arrived in Japan, spoke Japanese fluently and ______________________________.

□079 19 世紀の間、欧米諸国では出生率と死亡率の差はほぼ横ばい状態だった。

In the 19th century, in Western countries, ______________________________
______________________________.

## ■ 比較を表す ①

□080 全体的に見て、アジア経済は 40 ～ 50 年前と比べて大きく改善していることがその調査でわかった。

The study found that, on the whole, the Asian economy ______________________________
______________________________.

□077 **The great scenery was very similar to**, but not exactly the same as, that of the European countryside.

表現 Aと似ている ▶ be similar to A

2つの要素を比較して〈類似〉の意味を表す時に用いる。「Aと異なる」はbe different from Aで表す。

確認 one / it / that を使い分ける（→Round 1 005）

□078 That international student, who had just arrived in Japan, spoke Japanese fluently and **behaved like Japanese students**.

表現 Aと同じように ▶ like A

〈類似〉〈比喩〉〈同様〉の意味を表す時に用いる。like Aは形容詞句として直前の名詞を修飾したり、副詞句として動詞を修飾したりする。この文では副詞句として動詞behavedを修飾している。

確認 「話す」を表す語を使い分ける（→Round 1 036）

□079 In the 19th century, in Western countries, **the difference between birth rates and death rates remained almost unchanged**.

表現 AとB（の間）の差〔違い〕 ▶ difference between A and B

2つの要素を比較して相違点を述べる時に用いる。〈There is a ～ difference between A and B〉（AとBの間には～の違いがある）というかたちでもよく使う。「～」にはbig（大きな）、important（重要な）などの形容詞が入る。

確認 SVとSVCを使い分ける（→Round 1 013）

□080 The study found that, on the whole, the Asian economy **has improved significantly compared to 40 to 50 years ago**.

表現 Aと比べて～ ▶ compared to〔with〕A

比較対象を示す時に用いる。形容詞や副詞を用いる比較級で表せない、あるいは表しにくい内容を表現する時に使える便利な表現。

確認 〈無生物〉を主語にした文をつくる（→Round 1 004）

## ■ 比較を表す ②

□081 アメリカの高校生にとって休み時間のおしゃべりほど楽しいものはないそうだ。

I have heard ________________ for American high school students ________________.

□082 この映画は、昨夜見に行ったが、今まで見たことがないほど最悪の映画だ。

This movie, which I went to see last night, is ________________ ________________.

□083 現代社会では、私たちは仕事が忙しすぎて、以前よりもさらに迅速な成果を期待するようになっている。

In modern society, we are too busy working and ________________ ________________.

□084 天気がよければ、きっと残りの休暇はもっと楽しかったにちがいない。

If the weather had been good, I am sure ________________ ________________.

□081 I have heard **nothing is more enjoyable** for American high school students **than talking to each other at break**.

表現 Aほど～なもの〔こと〕はない
▶ Nothing ... 比較級＋than〔as＋原級＋as〕A

比較級や原級を用いて最上級の意味を表す時に用いる。「Aが一番だ、Aに勝るもの〔こと〕はない」などの日本語を訳す時にも使える表現。

確認 「Aほど～な…はない」の表し方に注意する（→Round 1 058）

□082 This movie, which I went to see last night, is **the worst one that I have ever seen**.

表現 今まで～したことがないほど…の〈名詞〉、今まで～した中で最も…の〈名詞〉 ▶ the＋最上級の形容詞＋名詞＋(that) S have ever *done*

今までの経験の中で一番であることを述べる時に用いる。

確認 「今まで～した中で最も…」の表し方に注意する（→Round 1 057）

□083 In modern society, we are too busy working and **have come to expect even quicker results than before**.

表現 さらに～、（より）いっそう～ ▶ even＋比較級

「すでに～だが、（それに輪をかけて）さらに～」という意味で比較級を強調する時に用いるのが一般的。

確認 「～するようになる」の表し方に注意する（→Round 1 031）

□084 If the weather had been good, I am sure **I would have enjoyed the rest of my vacation more**.

表現 Sはもっと Vする ▶ SV more

動詞の程度や頻度を強調する時に用いる。動詞を強調する very much は文末に置くのが一般的で、SV more の more は very much を比較級にしたかたち。したがって× I would have more enjoyed ... は不可。

確認 「（もし）～すれば」の表し方に注意する（→Round 1 092）

## ■ 比較を表す ③

□085 新しい統計から、65 歳以上の成人の 3 人に 1 人が輸入品よりも国産品を購入していることがわかる。

New statistics show that ________________________ buy domestic products rather than imported ones.

□086 本校の先生の 3 分の 2 は、グーグル検索で無料の教材を探していると考えられている。

It is believed that ________________________ do a Google search for free teaching materials.

□087 近年、高齢者は増加しており、今では人口の 30%を占めるまでになっている。

In recent years, the number of older people has been increasing, and ________________________.

□088 自動車を使わず自転車に乗る人が増えたら、渋滞も減り、空気もきれいになるのになあ。

If more people rode bicycles instead of driving cars, ________________________
________________________.

□**085** New statistics show that **one in three adults aged 65 and older** buy domestic products rather than imported ones.

表現 ～人〔～つ〕の〈名詞〉に１人〔1つ〕 ▶ one in＋数詞＋名詞（複数形）

割合を示す時に用いる。「～人〔～つ〕の〈名詞〉にＸ人〔Ｘつ〕」は〈X out of＋数詞＋名詞〉で表す。例 日本人の４人に３人 ▶ three out of four Japanese people

確認 one の単数・複数／特定・不特定を区別する（→Round 1 **006**）

□**086** It is believed that **two-thirds of the teachers in this school** do a Google search for free teaching materials.

表現 Ａの…分の～ ▶ 分子-分母 of A

割合を分数で示す時に用いる。「２分の１、半分」は half、「４分の１」は a quarter、「４分の３」は three quarters で表すことも覚えておこう。

確認 「Ａの B」の表し方に注意する（→Round 1 **051**）

□**087** In recent years, the number of older people has been increasing, and **they now account for 30% of the population**.

表現 Ｓは A の割合を占める ▶ S account for A

割合をパーセントで示す時に用いる。Ａには母集団を明示するのが一般的。「～%」は〈数字＋percent〉や〈数字＋%〉で表す。

確認 「Ａの数」の表し方に注意する（→Round 1 **052**）

□**088** If more people rode bicycles instead of driving cars, **we would have fewer traffic jams and cleaner air**.

表現 〈可算名詞〉が増える〔減る〕 ▶ more〔fewer〕＋可算名詞

可算名詞の増加や減少を形容詞で示す時に用いる。「〈不可算名詞〉が増える〔減る〕」は〈more〔less〕＋不可算名詞〉を用いて表す。この more / less は much / little の比較級。

確認 「（もし）～すれば」の表し方に注意する（→Round 1 **091**）

## ■ 比較を表す ④

□089 コミュニティに多様なメンバーがいればいるほど、他人の考えを尊重する可能性が高まる。

The more diverse members we have in the community, ____________ ____________.

## ■ 時を表す ①

□090 彼女はレジでお金を払おうとしたら、さいふを盗まれたことに気づいた。

____________ she realized that her purse had been stolen.

□091 パーティーに顔を出す頃には、食べ物がほとんど残っていないのではないかと心配になる。

I am afraid that there will be almost no food left ____________ ____________.

□092 世の中にはさまざまな価値観が存在すると気づいて初めて寛容な態度がとれる。

____________ you can have a tolerant attitude.

□089 The more diverse members we have in the community, **the more likely we are to respect what others think**.

表現 …すればするほど(ますます)～ ▶ The＋比較級 ..., the＋比較級～.

比例関係や相関関係を述べる時に用いる。ここでは、we are likely to の likely が文頭に出て、likely の前後にある are と to が連続する語順になることに注意。

確認 「…すればするほど～」の表し方に注意する (→Round 1 056)

□090 **She was going to pay at the cash register when** she realized that her purse had been stolen.

表現 ～していたら(その時)…した ▶ S was *doing* ～ when SV

過去の出来事を時系列に沿って述べる時に用いる。S was *doing* で過去の場面を導入して、when SV で出来事の発生を述べている。

確認 時制の一致を意識する (→Round 1 029)

□091 I am afraid that there will be almost no food left **by the time we get to the party**.

表現 ～するまでには(すでに) ▶ by the time SV

動作や状態が終わっている時点を示す時に用いる。時を表す副詞節なので、SV が未来のことを表す場合は will *do* ではなく現在形を用いる。

確認 「～している〈名詞〉がいる〔ある〕」の表し方に注意する (→Round 1 078)

□092 **It is not until you realize there are various values in the world that** you can have a tolerant attitude.

表現 …して初めて～する ▶ It is not until ... that SV

「…するまでは～しない」が直訳。until ... は副詞句または副詞節なので、「...」には名詞または SV が来る。

確認 新情報と旧情報を区別する (→Round 1 003)

## ■ 時を表す ②

□093 最寄りの駅は約 8 キロ離れているので、車で行くと 5 分以上はかかります。

The nearest station is about eight kilometers away, so ________________

________________________________.

□094 1990 年代以降、医療に数々の大きな変化が起きていることは、そのデータから明らかだ。

It is clear from the data that a number of significant changes ____________

________________________________________.

□095 お隣の家はもう築 50 年なので、取り壊すか改築する予定だ。

The neighbor ______________________________________________

________ because it is already 50 years old.

□096 先月から自然の中で時間を過ごしていますが、美しい自然を初めて体験しました。

I have been spending time in nature since last month; ________________

______________________________________.

□**093** The nearest station is about eight kilometers away, so **it takes at least five minutes to get there by car**.

表現 (Aが)～するのに〈時間〉がかかる ▶ It takes (＋A) ＋時間＋to *do*

何かが起こる、あるいは何かをするのに要する時間を述べる時に用いる。It は形式主語で、to *do* が真主語。〈S take＋時間〉(S は〈時間〉がかかる) という表現もある。

確認 「～で」の表し方に注意する (→Round 1 **082**)

□**094** It is clear from the data that a number of significant changes **have taken place in medicine since the 1990s**.

表現 ～年代 ▶ in the ～s

西暦の年代を述べる時に用いる。the と s を忘れないよう注意。ここでは in を since (～以来) に変えた形になっている。

確認 「いくつかの〔多くの〕A」の表し方に注意する (→Round 1 **053**)

□**095** The neighbor **is going to have his house demolished or renovated** because it is already 50 years old.

表現 ～する予定だ、～するつもりだ ▶ be going to *do*

未来への意図・計画・予定を述べる時に用いる。単純に未来の内容を表す will を用いて The neighbor will have ... とすると、「取り壊すか改築するだろう」という〈推量〉の意味になる。

確認 使役動詞の have 使い方に注意する (→Round 1 **020**)

□**096** I have been spending time in nature since last month; **this is the first time I have experienced the beauty of nature**.

表現 ～するのはこれが初めてだ
▶ This is the first time (that) S have *done*.

初体験を述べる時に用いる。「過去から現在までの体験の中で初めて」ということなので、that 節では現在完了を用いるのが一般的。

確認 現在完了 (継続) の使い方に注意する (→Round 1 **027**)

## ■ 変化を表す

□097 最初は面白半分にTikTokに投稿していたが、気がつけば動画制作に本気を出していた。

------------------------------------------ I found myself taking video creation more seriously.

□098 一人暮らしをしている山田太郎さんは先日、「私は子供たちのお荷物にはなりたくない」と言った。

The other day Mr. Yamada Taro, who lives alone, said, "------------------------------------------."

□099 ケンは少し休みが取れたので、妻に手伝ってくれたお礼のプレゼントを買いに行った。

------------------------------------------, so he went to buy his wife a gift to thank her for helping him.

□100 その男性が久しぶりに母親と会った時、彼女は息子のことがわからなくなっていた。

When the man met his mother for the first time in ages, ------------------------------------------.

□097 **At first I was just posting on TikTok for fun, but** I found myself taking video creation more seriously.

表現 最初は、初めのうちは ▶ at first

「初めのうちは～だったが後で状況が変化した」という状況で用いる。

確認 SVOO と SVOC を使い分ける (→Round 1 015)

□098 The other day Mr. Yamada Taro, who lives alone, said, "**I don't want to become a burden to my children**."

表現 S が C になる ▶ S become C

状態の変化を述べる時に用いる。ある状態が別の状態に変わる状況を表す。C には名詞・形容詞が来る。

確認 固有名詞の説明の仕方に注意する (→Round 1 088)

□099 **Ken was able to take some time off**, so he went to buy his wife a gift to thank her for helping him.

表現 ～することができた ▶ was〔were〕able to *do*

過去に実際にした、その時限りの行為を述べる時に用いる。この意味では could は用いることができないので注意。

確認 2つの目的語の語順を意識する (→Round 1 017)

□100 When the man met his mother for the first time in ages, **she could no longer recognize him**.

表現 もはや～ない、～しなくなる ▶ no longer

「以前は～していたが、今ではもう～しなくなった」という状況で用いる。still (今でも～している) の反意語として理解すればよい。

確認 「初めて」を表す表現を使い分ける (→Round 1 060)

## 改めて確認 英語の語順

英語は語順で意味が決まることばなので、日本語を英語にする際には、語順を意識することが重要です。ここで、基本となる5つの語順(文型)を改めて確認しておきましょう。

① SV「SはVする」 【第1文型】
② SVC「S＝Cである／S＝C(の状態)にVする」 【第2文型】
③ SVO「SはOをVする」 【第3文型】
④ $SVO_1O_2$「Sは$O_1$に$O_2$をVする」 【第4文型】
⑤ SVOC「SはO＝C(の状態)にVする」 【第5文型】

日本語を英語にする際には、この5つの文型を使うことになりますが、**動詞によって使える文型は決まっています**。そのため、動詞ごとにどの文型が使えるかを覚える必要があります。その際には、arrive at the station(駅に到着する)やdiscuss the problem(その問題について話し合う)のように、具体的なフレーズで覚えるのが効果的です。そうすれば、arriveのあとには前置詞atが続くので自動詞、discussのあとには目的語になる名詞のthe problemが続くので他動詞だと判断できるようになります。つまり、他動詞や自動詞の区別を覚えるのではなく、**〈動詞＋後続形〉というフレーズで動詞の使い方を覚える**のが、実践的な学習法だといえるでしょう。

文の各要素(S / V / O / C)に使える品詞は以下のとおりです。

S(主語):名詞
V(述語動詞):動詞
O(目的語):名詞
C(補語):形容詞・名詞

名詞が述語動詞になったり、形容詞が主語になったりすることはできません。品詞の間違いをなくすことが、日本語を正確で自然な英語にするための第一歩になります。

# Round 3

## 和文英訳にチャレンジ

## Round 3 理解 〉定着 〉発信 和文英訳にチャレンジ①

□**001** **好天に恵まれたので、川辺でピクニックをして 1 日の大半を過ごすことにした。**

発想 「好天に恵まれた」は「とてもよい天気だった」ということ。

□**002** **努力し続ける限り成功するチャンスは必ずあるから、あきらめないで。**

発想 「チャンスがある」は「チャンスが存在する」ということ。

□**003** **世の中にはさまざまな価値観が存在すると気づいて初めて寛容な態度がとれる。**

発想 「さまざまな価値観」とは不特定の価値観のこと。

□**004** **全体的に見て、アジア経済は 40 ～ 50 年前と比べて大きく改善していることがその調査でわかった。**

発想 「～がその調査でわかった」は「その調査によって～が明らかになった」という無生物を主語にした表現に言い換えて考える。

□**005** **そのすばらしい風景はヨーロッパの田園風景とよく似ていたが、まったく同じというわけではなかった。**

発想 「そのすばらしい風景」と「ヨーロッパの田園風景」を比較していることに注目。

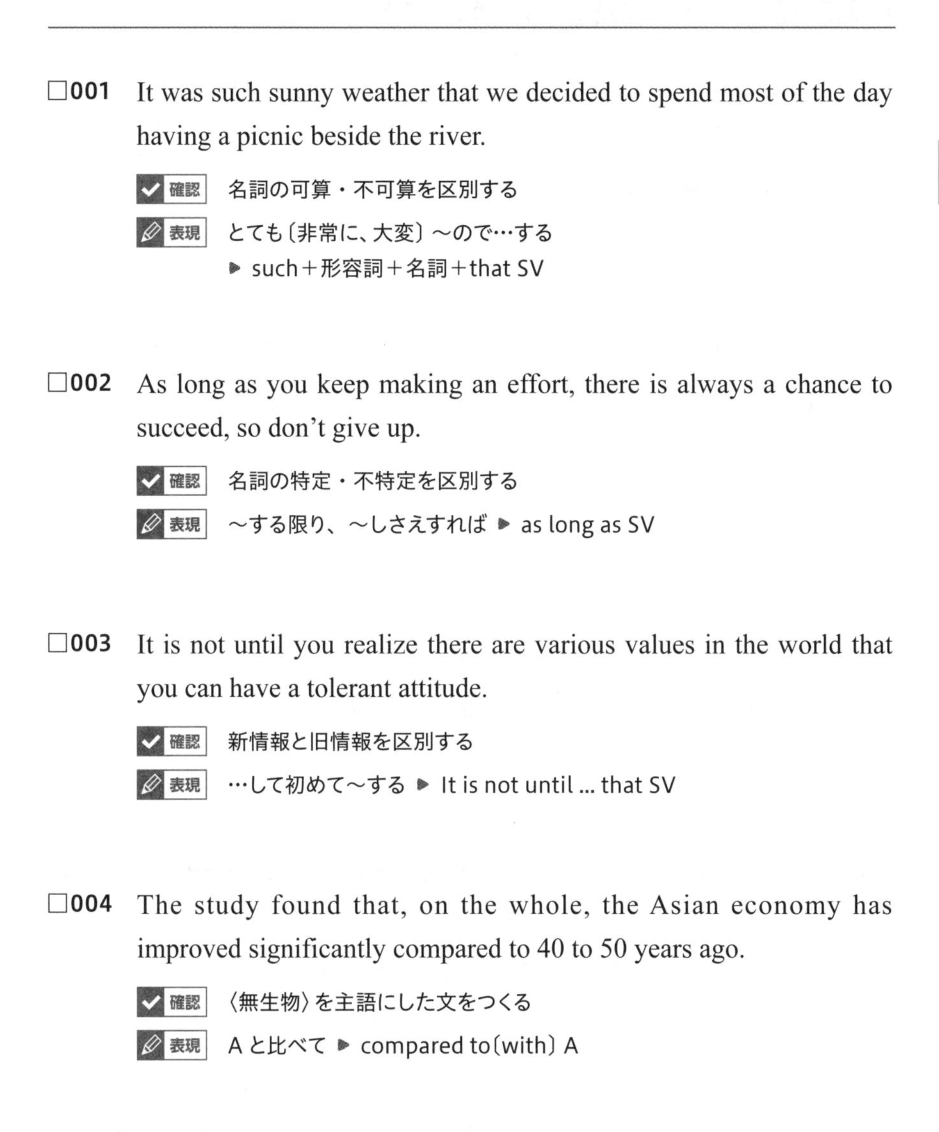

□**001** It was such sunny weather that we decided to spend most of the day having a picnic beside the river.

確認 名詞の可算・不可算を区別する

表現 とても〔非常に、大変〕～ので…する
▶ such＋形容詞＋名詞＋that SV

□**002** As long as you keep making an effort, there is always a chance to succeed, so don't give up.

確認 名詞の特定・不特定を区別する

表現 ～する限り、～しさえすれば ▶ as long as SV

□**003** It is not until you realize there are various values in the world that you can have a tolerant attitude.

確認 新情報と旧情報を区別する

表現 …して初めて～する ▶ It is not until ... that SV

□**004** The study found that, on the whole, the Asian economy has improved significantly compared to 40 to 50 years ago.

確認 〈無生物〉を主語にした文をつくる

表現 A と比べて ▶ compared to〔with〕A

□**005** The great scenery was very similar to, but not exactly the same as, that of the European countryside.

確認 one / it / that を使い分ける

表現 A と似ている ▶ be similar to A

## 和文英訳にチャレンジ ②

□006 新しい統計から、65 歳以上の成人の 3 人に 1 人が輸入品よりも国産品を購入していることがわかる。

発想 「国産品」と「輸入品」が対比関係にあることに注目。

□007 相手の気持ちを傷つけないよう、できるだけていねいに話すのが一番よい。

発想 「相手の気持ち」は「(一般に) 他の人たちの気持ち」と言い換えて考える。

□008 その双子は、外見は似ているが、一方は自分にかなり自信を持っているのに対して、もう一方はとても恥ずかしがりでおとなしい。

発想 「その双子」とあるので、登場するのは2人。

□009 G7 サミットは、地球規模の問題に対する意識を高めるのにきわめて重要な役割を担っていると主張する人もいる。

発想 「意識を高める」は他動詞の raise を用いて表す。

□010 その男の子は自分に起こったことについてうそをついたが、残念ながら、小さな子供が家庭での虐待についてうそをつくのは珍しくない。

発想 「うそをつく」は自動詞の lie を用いて表す。

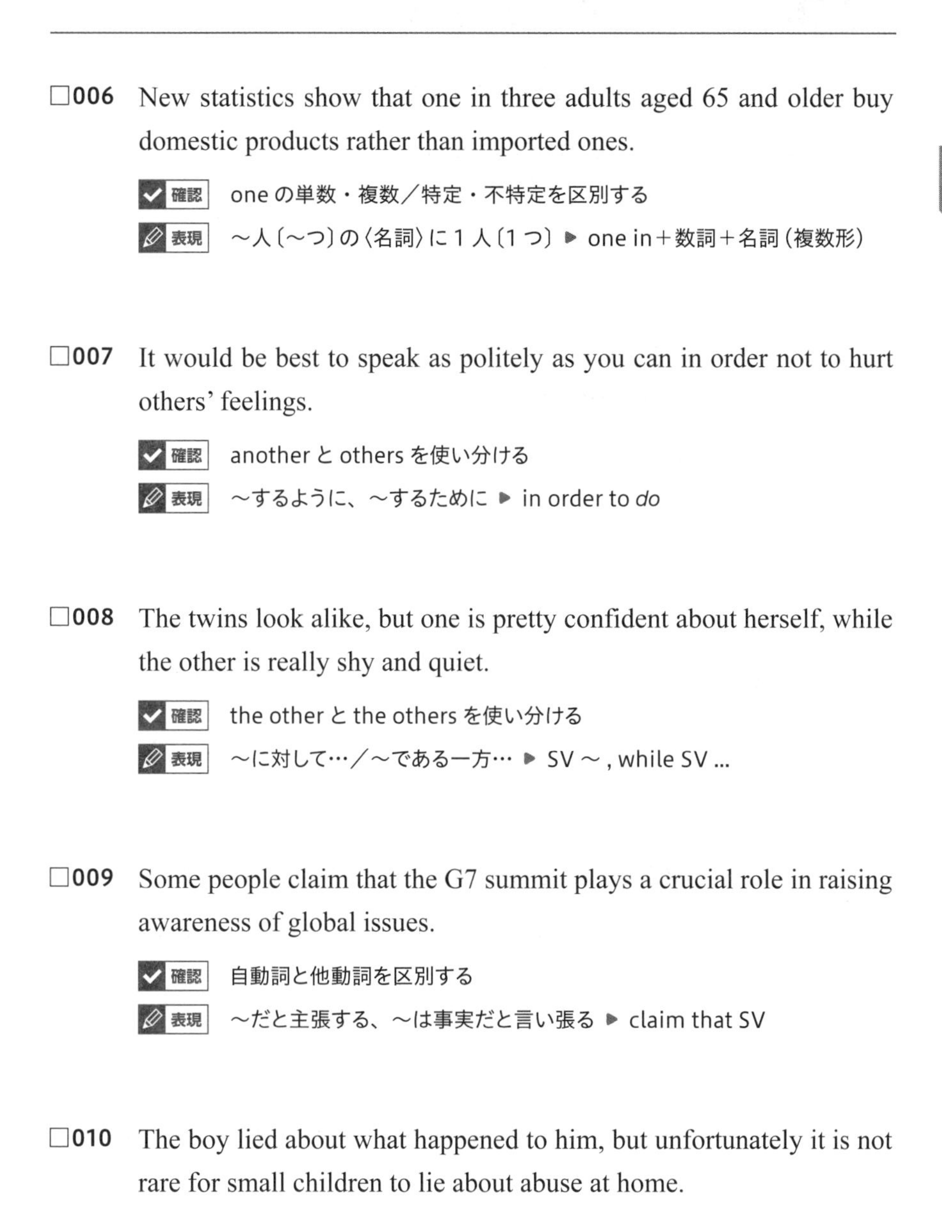

□**006** New statistics show that one in three adults aged 65 and older buy domestic products rather than imported ones.

確認 oneの単数・複数／特定・不特定を区別する

表現 ～人〔～つ〕の〈名詞〉に１人〔1つ〕▶ one in＋数詞＋名詞（複数形）

□**007** It would be best to speak as politely as you can in order not to hurt others' feelings.

確認 anotherとothersを使い分ける

表現 ～するように、～するために ▶ in order to *do*

□**008** The twins look alike, but one is pretty confident about herself, while the other is really shy and quiet.

確認 the otherとthe othersを使い分ける

表現 ～に対して…／～である一方… ▶ SV ～ , while SV ...

□**009** Some people claim that the G7 summit plays a crucial role in raising awareness of global issues.

確認 自動詞と他動詞を区別する

表現 ～だと主張する、～は事実だと言い張る ▶ claim that SV

□**010** The boy lied about what happened to him, but unfortunately it is not rare for small children to lie about abuse at home.

確認 似た意味・かたちの動詞を区別する

表現 Aが～することは珍しくない ▶ It is not rare for A to *do*

## Round 3 理解 定着 発信 和文英訳にチャレンジ③

□011 若いうちに海外を旅することで、他国の文化を知り視野を広げることができる。

発想 「海外を旅する」は自動詞の travel を用いて表す。

□012 だれもが平和を願っているかもしれないが、問題は、将来への楽観的な展望が戦争につながる可能性があるということだ。

発想 「平和を願う」は自動詞の hope を用いて表す。

□013 19 世紀の間、欧米諸国では出生率と死亡率の差はほぼ横ばい状態だった。

発想 「差はほぼ横ばい状態だった」は「差はほぼ変化しないままだった」と言い換えて考える。

□014 語学の授業は時間の無駄だと思っている大学生が多いのは驚くにあたらない。

発想 「～と思っている」は〈think (that) SV〉を用いて表す。この think は状態動詞。

□015 最初は面白半分に TikTok に投稿していたが、気がつけば動画制作に本気を出していた。

発想 「気がつけば動画制作に本気を出していた」は「気がつけば」というニュアンスを手がかりにして考える。

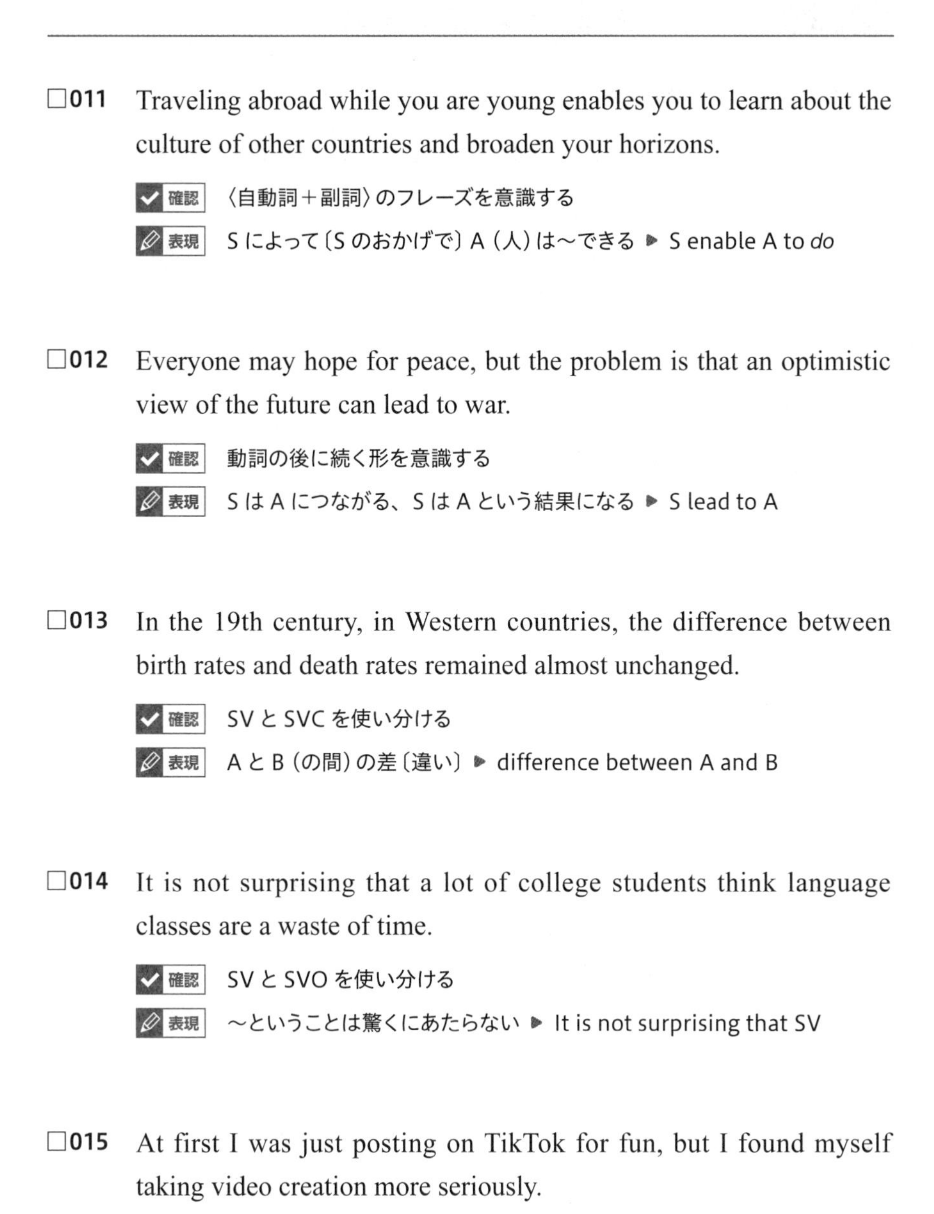

□**011** Traveling abroad while you are young enables you to learn about the culture of other countries and broaden your horizons.

確認 〈自動詞＋副詞〉のフレーズを意識する

表現 S によって〔S のおかげで〕A（人）は～できる ▶ S enable A to *do*

□**012** Everyone may hope for peace, but the problem is that an optimistic view of the future can lead to war.

確認 動詞の後に続く形を意識する

表現 S は A につながる、S は A という結果になる ▶ S lead to A

□**013** In the 19th century, in Western countries, the difference between birth rates and death rates remained almost unchanged.

確認 SV と SVC を使い分ける

表現 A と B（の間）の差〔違い〕 ▶ difference between A and B

□**014** It is not surprising that a lot of college students think language classes are a waste of time.

確認 SV と SVO を使い分ける

表現 ～ということは驚くにあたらない ▶ It is not surprising that SV

□**015** At first I was just posting on TikTok for fun, but I found myself taking video creation more seriously.

確認 SVOO と SVOC を使い分ける

表現 最初は、初めのうちは ▶ at first

## Round 3 理解 〉定着 〉発信 和文英訳にチャレンジ ④

□016 あさっての数学の試験対策について助言してあげよう。

発想 「助言してあげる」は「あなたに助言をする」と言い換えて考える。

□017 ケンは少し休みが取れたので、妻に手伝ってくれたお礼のプレゼントを買いに行った。

発想 「妻にプレゼントを買う」は〈buy＋人＋もの〉で表す。

□018 公共の場で個人的なことを大声で話して、他人の迷惑になっている人を時々見かける。

発想 「他人の迷惑になっている人を見かける」は「人が他の人をいらいらさせているのを見る」と言い換えて考える。

□019 彼女は電話をよくかけるが出るのが嫌いで、友人はそのことを快く思っていない。

発想 「友人はそのことを快く思っていない」は「そのことが原因で友人は不快になる」→「そのことが友人を不快にする」と言い換えて考える。

□020 お隣の家はもう築50年なので、取り壊すか改築する予定だ。

発想 「取り壊すか改築する」のは、ふつう業者に仕事としてやってもらうこと。

3

□016 I will give you some advice on how to prepare for the math test the day after tomorrow.

確認 2つの目的語の語順を意識する

表現 (Bについて) A (人) に助言する ▶ give A advice (on〔about〕B)

□017 Ken was able to take some time off, so he went to buy his wife a gift to thank her for helping him.

確認 2つの目的語の語順を意識する

表現 ～することができた ▶ was〔were〕able to *do*

□018 I sometimes see people irritating others when they are speaking loudly about private matters in public places.

確認 see OC の C に入れる要素に注意する

表現 S は A (人) をいらいらさせる、A の気に障る ▶ S irritate A

□019 She often makes phone calls, but she doesn't like to answer the phone, which makes her friends uncomfortable.

確認 使役動詞 make の使い方に注意する

表現 ～だが、それは… ▶ ～, which SV

□020 The neighbor is going to have his house demolished or renovated because it is already 50 years old.

確認 使役動詞の have 使い方に注意する

表現 ～する予定だ、～するつもりだ ▶ be going to *do*

## 和文英訳にチャレンジ⑤

□021 その飲み物がかなりの量のカフェインを含んでいることを知り、少しショックみたいですね。

発想 「～を含んでいる」は状態動詞の contain を用いて表す。

□022 私のおじは、外での仕事の責任に加え、家事のほとんどを負担している。

発想 「家事を負担している」は「日常的に負担している」ということ。

□023 日本人にはユーモアのセンスが欠けている。実際、政治家や実業家が公式の場で冗談を言うことはめったにない。

発想 「ユーモアのセンスが欠けている」は他動詞の lack を用いて表す。

□024 新しい住宅が建設中で、コミュニティも順調に成長しつつあるので、人と人との関わり方もすぐに変わっていくだろう。

発想 「新しい住宅が建設中」は「新しい住宅が建設されている最中だ」ということ。

□025 応募するかどうか決める前に、彼女はその奨学金についてもっと知る必要があるかもしれない。

発想 「(彼女が)応募するかどうか決める前に」は時を表す接続詞 before を用いて表す。

□021 You seem to be a little shocked to learn that the drink contains a considerable amount of caffeine.

確認 「～している」の表し方に注意する

表現 S は～であるようだ ▶ S seem to *do*

□022 My uncle carries the burden of most household chores in addition to his job responsibilities outside his home.

確認 「～している」の表し方に注意する

表現 A に加えて、A の他にも ▶ in addition to A

□023 Japanese people lack a sense of humor. In fact, politicians and businesspeople rarely tell jokes on official occasions.

確認 「～している」の表し方に注意する

表現 実際に〔実のところ〕… ▶ SV ～. In fact, SV ....

□024 New houses are being built and the community is growing steadily, so the way people interact with each other will change soon.

確認 「～されている」の表し方に注意する

表現 S が V するやり方、S が V である様子 ▶ the way SV / how SV

□025 She may need to know more about the scholarship before she decides whether to apply for it or not.

確認 未来の表し方に注意する

表現 ～する必要がある ▶ need to *do*

## 和文英訳にチャレンジ ⑥

□026 インターネットで日常生活はかなり変わった。たとえば、数年前よりもずっと多くの人がオンラインで買い物をしている。

発想 「日常生活は変わった」は「変わった結果、現在の日常生活は以前とは違う状態にある」ということ。

□027 先月から自然の中で時間を過ごしていますが、美しい自然を初めて体験しました。

発想 「時間を過ごす」は動作動詞の spend を用いて表す。

□028 妹が暗闇を怖がらないように、彼女の部屋の明かりをつけたままにしておいた。

発想 「暗闇を怖がらないように」したのは過去のこと。

□029 彼女はレジでお金を払おうとしたら、さいふを盗まれたことに気づいた。

発想 「さいふを盗まれた」のは「お金を払おうとした」時よりも前のこと。

□030 ここ数十年の IT の発展により、生活ははるかに便利になりました。

発想 「生活は便利になりました」は「かつては便利ではなかったが、状況が変化して、今は便利になった」という〈完了・結果〉を表している。

□**026** The Internet has changed our daily lives considerably. For example, many more people are shopping online than several years ago.

確認 現在完了(完了・結果)の使い方に注意する

表現 たとえば〜 ▶ For example, SV 〜.

□**027** I have been spending time in nature since last month; this is the first time I have experienced the beauty of nature.

確認 現在完了(継続)の使い方に注意する

表現 〜するのはこれが初めてだ
▶ This is the first time (that) S have *done*.

□**028** I left a light on in my sister's room so that she would not be scared of the dark.

確認 時制の一致を意識する

表現 S が〜するために ▶ so that S will〔can〕*do*

□**029** She was going to pay at the cash register when she realized that her purse had been stolen.

確認 時制の一致を意識する

表現 〜していたら(その時)…した ▶ S was *doing* 〜 when SV

□**030** Life has become much more convenient because of the development of information technology over the past few decades.

確認 「〜になる」の表し方に注意する

表現 A が原因で、A によって ▶ because of A

## 和文英訳にチャレンジ⑦

□031 現代社会では、私たちは仕事が忙しすぎて、以前よりもさらに迅速な成果を期待するようになっている。

発想 「期待するようになっている」は、「考え方が変化して、今は期待している」という〈完了・結果〉を表している。

□032 インタビューはわずか10分だったが、その時は気分が悪かったので、何時間にも感じた。

発想 「(それは) 何時間にも感じた」は、「インタビュー」という〈こと〉を主語にして考える。

□033 ひどい風邪をひいてせきやくしゃみがひどい時は、みんなマスクをすることをお勧めします。

発想 「～するよう勧める」は〈recommend that S (should) *do*〉を用いて表す。

□034 私の考えでは、パソコンやスマホなどの電子機器は健康に悪い影響を与えていると思う。

発想 「Aに～の影響を与える」は〈have (a / an)＋形容詞＋influence on A〉を用いて表す。

□035 なまけ者のその少年が、私に悩み相談をしないうちに学校をやめるのは確実だ。

発想 「私に悩み相談をしないうちに」は「彼が彼の問題について私と話し合う前に」と言い換えて考える。

□031 In modern society, we are too busy working and have come to expect even quicker results than before.

確認 「～するようになる」の表し方に注意する

表現 さらに～、(より)いっそう～ ▶ even＋比較級

□032 The interview only took ten minutes, but it felt like hours because I was feeling sick at that time.

確認 「感じる」の表し方に注意する

表現 気分が悪くなる、吐き気がする ▶ feel sick

□033 It is recommended that everyone wear a mask when they have a bad cold and are coughing or sneezing heavily.

確認 「勧める」の表し方に注意する

表現 ～するよう勧める ▶ recommend that S (should) *do*

□034 In my opinion, electronic devices such as computers and smartphones have a negative influence on our health.

確認 「影響を与える」の表し方に注意する

表現 私の考えでは、私見では ▶ in my opinion

□035 It is certain that the lazy boy will quit school before he talks to me about his problems.

確認 「話す」を表す語を使い分ける

表現 ～ということは確か〔確実〕である ▶ It is certain that SV

## Round 3 理解 〉定着 〉発信 和文英訳にチャレンジ ⑧

□036 その留学生は、日本に来たばかりだったが、日本語を流ちょうに話し、日本人学生と同じようにふるまった。

発想 「日本語を流ちょうに話した」は他動詞の speak を用いて表す。

□037 国際化のためには、さまざまな文化的背景を持つ人々とコミュニケーションを取ることが重要だとよく言われている。

発想 「～と言われている」は〈It is said that SV〉を用いて表す。

□038 トムはアプリを削除するように言われたが、おそらくアプリのせいで気が散りすぎて勉強に集中できなかったからだろう。

発想 「トムはアプリを削除するように言われた」は、「トムにアプリを削除するように言う」の受動態と考える。

□039 彼が居眠りをして大切な書類を電車に置き忘れた可能性もあると警察は考えている。

発想 「居眠りして置き忘れた可能性もある」は「居眠りして置き忘れたかもしれない」と言い換えて考える。

□040 スタッフ全員が、残業を減らし仕事の効率を上げる計画にきっと賛成してくれるだろう。

発想 「きっと賛成してくれるだろう」は「賛成するにちがいない」と言い換えて考える。

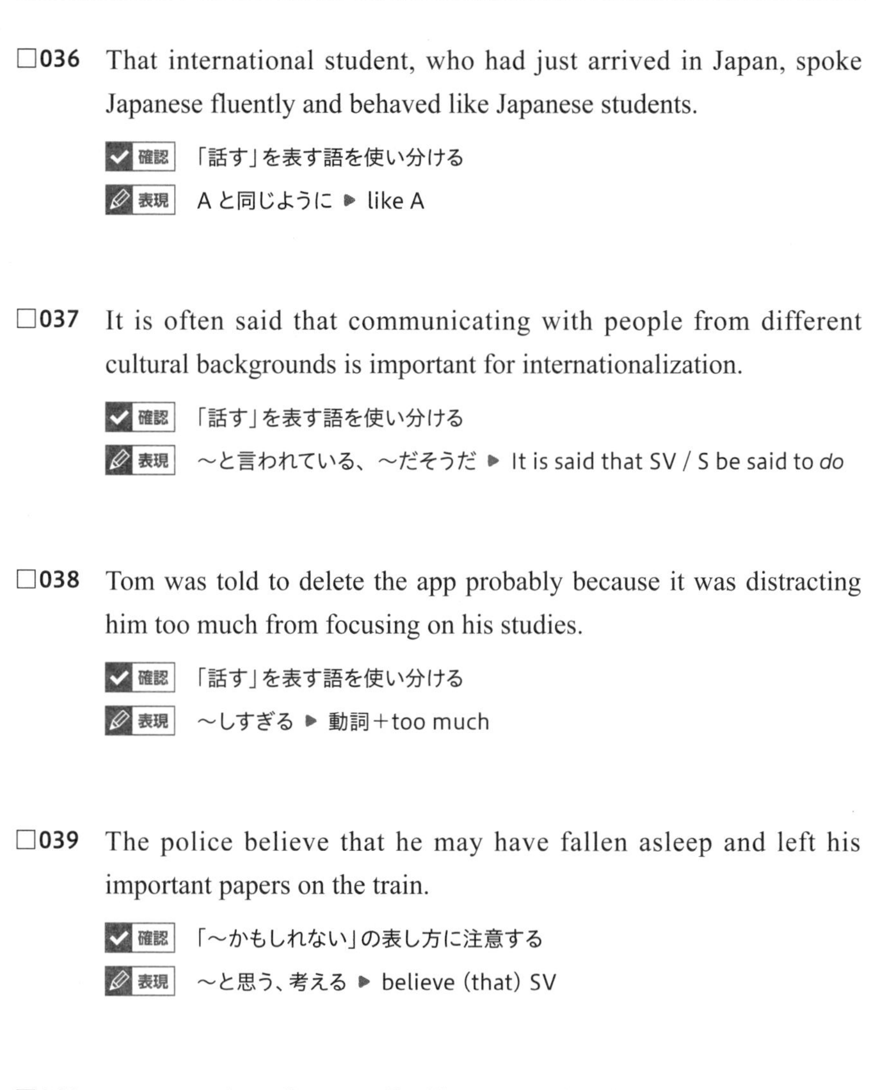

□**036** That international student, who had just arrived in Japan, spoke Japanese fluently and behaved like Japanese students.

確認　「話す」を表す語を使い分ける

表現　A と同じように ▶ like A

□**037** It is often said that communicating with people from different cultural backgrounds is important for internationalization.

確認　「話す」を表す語を使い分ける

表現　～と言われている、～だそうだ ▶ It is said that SV / S be said to *do*

□**038** Tom was told to delete the app probably because it was distracting him too much from focusing on his studies.

確認　「話す」を表す語を使い分ける

表現　～しすぎる ▶ 動詞＋too much

□**039** The police believe that he may have fallen asleep and left his important papers on the train.

確認　「～かもしれない」の表し方に注意する

表現　～と思う、考える ▶ believe (that) SV

□**040** I am sure that all my staff will agree to the plan to reduce overtime and improve work efficiency.

確認　「～にちがいない」の表し方に注意する

表現　S（人）は～ということを確信している ▶ S be sure that SV

## 和文英訳にチャレンジ ⑨

□041 彼は病気が恥ずかしすぎて、すぐには医師に相談できなかったにちがいないといううわさが立っている。

発想 「彼は～できなかったにちがいない」は〈過去の事柄に関する確信〉。

□042 その時点で、医師は患者に対して手洗いによる自衛を強く勧めるべきだった。

発想 「勧めるべきだった」は過去の時点ですべきだったのに実際はしなかったこと。

□043 部活に参加する時は、いやがおうでも他の部員と力を合わせることになっている。

発想 「他の部員」は、特定の部員ではなく一般論として述べているので、複数人いると考える。

□044 今年の夏は去年の夏と同じアルバイトができないのが残念だ。

発想 「去年の夏と同じアルバイト」は「去年の夏に私がしたアルバイトと同じアルバイト」と言い換えて考える。

□045 この町は美しいビーチだけでなく、温かいもてなしと珍しい郷土料理でも知られている。

発想 「この町は美しいビーチで知られている」は、主語の「この町」が「美しいビーチ」という特徴で知られているということ。

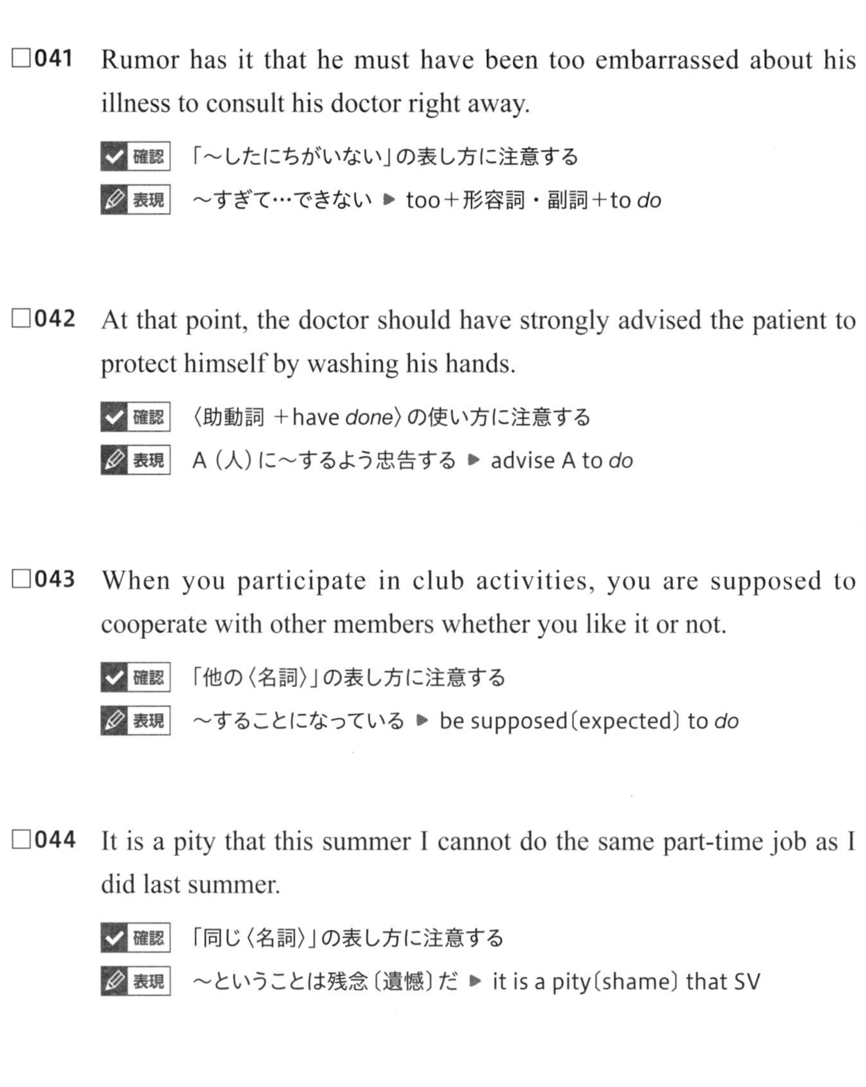

□**041** Rumor has it that he must have been too embarrassed about his illness to consult his doctor right away.

確認 「～したにちがいない」の表し方に注意する

表現 ～すぎて…できない ▶ too＋形容詞・副詞＋to *do*

□**042** At that point, the doctor should have strongly advised the patient to protect himself by washing his hands.

確認 〈助動詞 ＋have *done*〉の使い方に注意する

表現 A（人）に～するよう忠告する ▶ advise A to *do*

□**043** When you participate in club activities, you are supposed to cooperate with other members whether you like it or not.

確認 「他の〈名詞〉」の表し方に注意する

表現 ～することになっている ▶ be supposed〔expected〕 to *do*

□**044** It is a pity that this summer I cannot do the same part-time job as I did last summer.

確認 「同じ〈名詞〉」の表し方に注意する

表現 ～ということは残念〔遺憾〕だ ▶ it is a pity〔shame〕 that SV

□**045** This town is known not only for its beautiful beaches but also for its warm hospitality and unique local dishes.

確認 「知られている」の表し方に注意する

表現 A だけではなく B もまた ▶ not only A but（also）B

## 和文英訳にチャレンジ ⑩

□046 言語発達は自制心、つまり誘惑に負けず良識ある行動をする能力と密接に関係している。

発想 「A と関係している」は〈be related to A〉を用いて表す。

□047 世界中の何百万人もの人々が最新のテレビゲームに熱中しすぎているのではないかと専門家は心配している。

発想 「心配している」は〈be worried〉を用いて表す。ここでは、心配している内容が文で示されている。

□048 昨日見つけた仕事はとてもおもしろそうだが、給料が安すぎる。

発想 「給料が安い」は low を用いて表す。

□049 10 代の若者のほとんどはスマホを適切に使用するだけの分別があるとみなすべきだ。

発想 この文は、特定の 10 代の若者ではなく、一般論として 10 代の若者について述べている。

□050 デパートに買い物に行けなかった。停電で電車が全面運休になったからだ。

発想 「電車が全面運休になった」は、「(デパートに行くための特定の路線の) 電車がすべて運休になった」と考える。

□**046** Language development is closely related to self-control, or the ability to resist temptation and behave in a sensible way.

確認 「関係がある」の表し方に注意する

表現 A すなわち B ▶ A, or B



□**047** Experts are worried that millions of people all over the world might be too absorbed in playing the latest video game.

確認 「心配する」の表し方に注意する

表現 〜すぎる、あまりに〜 ▶ too＋形容詞

□**048** The job I found yesterday sounds very interesting, but the salary is too low.

確認 「高い／安い」の表し方に注意する

表現 S は〜のようだ〔〜のように思われる〕 ▶ S sound＋形容詞

□**049** Most teens should be regarded as mature enough to use their smartphones in an appropriate way.

確認 「ほとんどの〜」の表し方に注意する

表現 …するほど〔だけ、くらい〕（十分に）〜 ▶ 形容詞・副詞＋enough to *do*

□**050** I couldn't go shopping at the department store. That's because all the trains were canceled due to a power outage.

確認 「すべての〜」の表し方に注意する

表現 〜。なぜなら… ▶ SV 〜 . This is〔That's〕 because SV ....

## 和文英訳にチャレンジ ⑪

□051 本校の先生の 3 分の 2 は、グーグル検索で無料の教材を探していると考えられている。

発想 「本校の先生」は「学校という場所で教えている先生」と言い換えて考える。

□052 近年、高齢者は増加しており、今では人口の 30%を占めるまでになっている。

発想 「高齢者は増加しており」は人数の増加を表している。

□053 1990 年代以降、医療に数々の大きな変化が起きていることは、そのデータから明らかだ。

発想 「数々の大きな変化」は「多くの大きな変化」と言い換えて考える。

□054 日本の先生は生徒に対して、アメリカ人くらい自信を持って自分の意見を述べるように勧めてこなかったと思う。

発想 「アメリカ人くらい自信を持って自分の意見を述べる」は、「自信を持って」という点を比較している。

□055 一般的に、インターンシップの経験がある人は、ない人に比べて卒業後の就職率が高い。

発想 「～に比べて就職率が高い」は「～よりも就職する可能性が高い〔就職しやすい〕」と言い換えて考える。

□051 It is believed that two-thirds of the teachers in this school do a Google search for free teaching materials.

確認 「AのB」の表し方に注意する

表現 Aの…分の～ ▶ 分子-分母 of A

□052 In recent years, the number of older people has been increasing, and they now account for 30% of the population.

確認 「Aの数」の表し方に注意する

表現 SはAの割合を占める ▶ S account for A

□053 It is clear from the data that a number of significant changes have taken place in medicine since the 1990s.

確認 「いくつかの〔多くの〕A」の表し方に注意する

表現 ～年代 ▶ in the ～s

□054 I don't think that Japanese teachers have encouraged their students to express their opinions as confidently as Americans.

確認 「～と同じくらい」の表し方に注意する

表現 ～ないと思う ▶ I don't think (that) SV

□055 In general, those with internship experience are more likely to get a job after graduation than those without such experience.

確認 「…より～する可能性が高い〔低い〕」の表し方に注意する

表現 一般的に、おおむね ▶ in general

## 和文英訳にチャレンジ ⑫

□056 コミュニティに多様なメンバーがいればいるほど、他人の考えを尊重する可能性が高まる。

発想 「多様なメンバーがいればいるほど～」は〈The＋比較級 ..., the＋比較級 ～.〉で表す。

□057 この映画は、昨夜見に行ったが、今まで見たことがないほど最悪の映画だ。

発想 「今まで見たことがないほど最悪の映画」は「今まで見た中で最悪の映画」と言い換えて考える。

□058 アメリカの高校生にとって休み時間のおしゃべりほど楽しいものはないそうだ。

発想 「～ほど楽しいものはない」は〈Nothing ... 比較級 than ～〉を用いて表す。

□059 姉はたいてい家でダラダラしてストレスを発散する。一方、兄は買い物で発散している。

発想 「たいてい」は usually を用いて表す。

□060 その男性が久しぶりに母親と会った時、彼女は息子のことがわからなくなっていた。

発想 「久しぶりに」は「長い期間の中で初めて」と言い換えて考える。

□**056** The more diverse members we have in the community, the more likely we are to respect what others think.

確認 「…すればするほど～」の表し方に注意する

表現 …すればするほど（ますます）～ ▶ The＋比較級 ..., the＋比較級 ～ .

□**057** This movie, which I went to see last night, is the worst one that I have ever seen.

確認 「今まで～した中で最も…」の表し方に注意する

表現 今まで～したことがないほど…の〈名詞〉、今まで～した中で最も…の〈名詞〉 ▶ the＋最上級の形容詞＋名詞＋（that）S have ever *done*

□**058** I have heard nothing is more enjoyable for American high school students than talking to each other at break.

確認 「A ほど～な…はない」の表し方に注意する

表現 A ほど～なもの〔こと〕はない
▶ Nothing ... 比較級＋than〔as＋原級＋as〕A

□**059** My sister usually relieves stress by idling away at home. On the other hand, my brother does so by shopping.

確認 頻度を表す副詞を使い分ける

表現 ～。その一方で… ▶ SV ～. On the other hand, SV ....

□**060** When the man met his mother for the first time in ages, she could no longer recognize him.

確認 「初めて」を表す表現を使い分ける

表現 もはや～ない、～しなくなる ▶ no longer

## 和文英訳にチャレンジ ⑬

□061 確かに何度も挫折したが、彼はついに弁護士になる夢を叶えたのだ。

発想 「ついに夢を叶えた」は「長い時間を経て夢が成就した」ということ。

□062 チケットは余裕を持って予約する必要がある。座席をぜひ確保したい場合は特にそうだ。

発想 「座席をぜひ確保したい場合は特にそうだ」は特徴的な条件について述べている。

□063 私の地元には、英語では「moderate」という意味の「てげてげ」という方言をまだ使っている人がいて驚いた。

発想 「まだ使っている」は〈継続〉の意味を表している。

□064 最近、欧米人の間で動物性脂肪の摂り過ぎの危険性に対する認識がますます高まっていることは周知の事実である。

発想 「ますます高まっている」は、現在の変化を表していると考える。

□065 彼は授業中にまったくノートを取らないけれど、テストでいい成績が取れるのだろうか。

発想 「まったくノートを取らない」は〈no＋名詞＋at all〉を用いて表す。

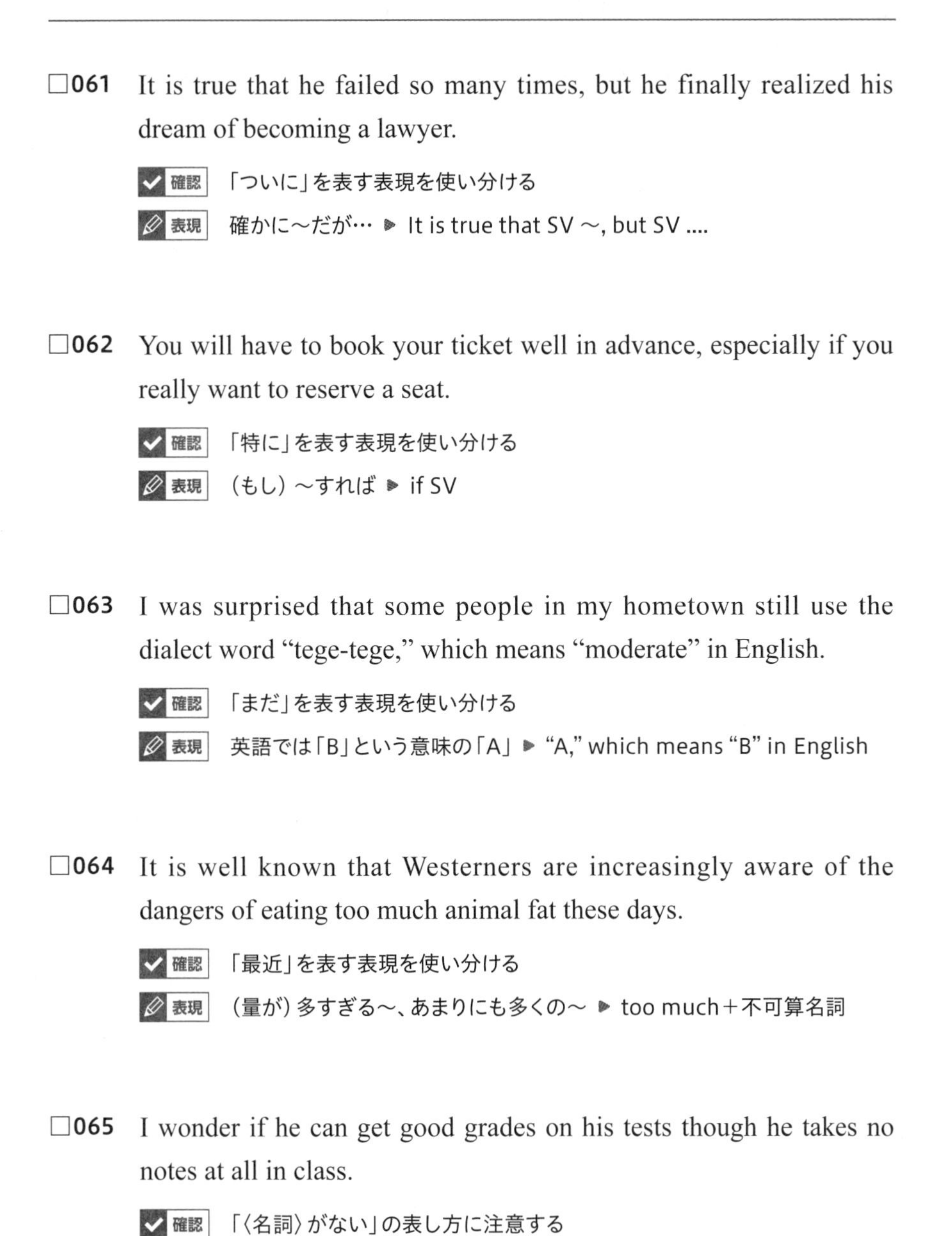

□061 It is true that he failed so many times, but he finally realized his dream of becoming a lawyer.

確認 「ついに」を表す表現を使い分ける

表現 確かに～だが… ▶ It is true that SV ～, but SV ....

□062 You will have to book your ticket well in advance, especially if you really want to reserve a seat.

確認 「特に」を表す表現を使い分ける

表現 （もし）～すれば ▶ if SV

□063 I was surprised that some people in my hometown still use the dialect word “tege-tege,” which means “moderate” in English.

確認 「まだ」を表す表現を使い分ける

表現 英語では「B」という意味の「A」 ▶ “A,” which means “B” in English

□064 It is well known that Westerners are increasingly aware of the dangers of eating too much animal fat these days.

確認 「最近」を表す表現を使い分ける

表現 （量が）多すぎる～、あまりにも多くの～ ▶ too much＋不可算名詞

□065 I wonder if he can get good grades on his tests though he takes no notes at all in class.

確認 「〈名詞〉がない」の表し方に注意する

表現 ～か（それとも～でないか）どうか（と思う） ▶ I wonder if SV

## 和文英訳にチャレンジ ⑭

□066 ショックなことに、夜遅く帰宅した私の顔色が悪いことに家族はほとんど気づかなかった。

発想 「ほとんど〜ない」という〈準否定〉の意味は hardly を用いて表す。

□067 ある特定のやり方で常にやってきたからといって、それが必ずしもベストだとは限らない。

発想 「必ずしも〜とは限らない」という〈部分否定〉の意味は〈not necessarily〉を用いて表す。

□068 親しい友人関係を維持する最善の方法は、友人の視点から物事を見ることである。

発想 「…する最善の方法は〜することである」は〈The way to *do* ... is to *do* 〜.〉を用いて表す。

□069 日本の社会で高齢者が活躍できる雇用の機会をもっと創出することが必要だ。

発想 「〜することが必要だ」は〈It is necessary to *do*〉を用いて表す。

□070 インスタグラムに画像を投稿する方法は、中高年の方でも簡単に習得できます。

発想 「中高年の方でも簡単に習得できます」は「中高年にとっても習得するのは簡単だ」と言い換えて考える。

□**066** I was shocked that my family hardly noticed that I looked pale when I got home late at night.

確認 「ほとんど～ない」の表し方に注意する

表現 ～ということにショックを受ける ▶ be shocked that SV

□**067** You might have always done something in a particular way, but it doesn't necessarily mean it is the best way.

確認 「必ずしも～というわけではない」の表し方に注意する

表現 …だからといって必ずしも～というわけではない
▶ SV ..., but it doesn't necessarily mean (that) SV ～.

□**068** The best way to maintain a close friendship is to see things from the friend's point of view.

確認 「～する〈名詞〉」の表し方に注意する

表現 ～の視点〔立場〕から ▶ from one's〔a ～〕 point of view

□**069** It is necessary to create more job opportunities for older people to play an active role in Japanese society.

確認 「～するのは…である」の表し方に注意する

表現 ～することが必要だ ▶ It is necessary to *do*

□**070** It is easy even for middle-aged people to learn how to post images on Instagram.

確認 「A が～するのは…である」の表し方に注意する

表現 ～するやり方〔方法〕 ▶ how to *do*

## 和文英訳にチャレンジ ⑮

□071 そのレシピ本が初心者に人気なのは、そのわかりやすさが大きな理由の１つです。

発想 「そのわかりやすさ」は、「それ（＝その本）はわかりやすい」→「それをわかるのは簡単だ」と考える。

□072 健康で若々しくあるために、バランスのよい食習慣を身につける重要性を肝に銘じておきなさい。

発想 「健康で若々しくあるために」は〈人がある行為をする目的〉を表している。

□073 以前は友人がテスト結果を自慢するのを耳にするだけで、勉強する気が失せてしまったものだった。

発想 「～を耳にするだけで、勉強する気が失せてしまった」は、「～を耳にすることは、私から勉強する気を失わせた」と言い換えて考える。

□074 迷信深い人が、将来の出来事に影響を及ぼす疑いのある特定の数字を選ぶことを避けるのは間違いない。

発想 「～を避ける」は avoid を用いて表す。

□075 通勤時にイヤホンを使うと、周囲の雑音に邪魔されずに音楽を楽しめるという利点がある。

発想 「周囲の雑音に邪魔されずに」は「周囲の雑音に邪魔されることなく」と言い換えて考える。

□**071** One of the main reasons the recipe book is popular with beginners is that it is easy to understand.

確認 「A は～しやすい」の表し方に注意する

表現 ～の理由は…ということである ▶ The reason (why) SV ～ is that SV ...

□**072** You should keep in mind how important it is to develop well-balanced eating habits in order to stay healthy and young.

確認 「～するために」の表し方に注意する

表現 ～することの重要性 ▶ how important it is to *do*

□**073** Just hearing a friend of mine boasting about his test results used to make me lose interest in studying.

確認 「～すること」を主語にする

表現 …するだけで A（人）は～する（結果になる）
▶ Just *doing* ... makes A *do* ～

□**074** There is no doubt that superstitious people avoid choosing specific numbers which they suspect will affect future events.

確認 「～すること」を目的語にする

表現 ～ということは疑いの余地はない〔間違いない〕
▶ There is no doubt that SV

□**075** One advantage of using earphones while commuting is that you can enjoy music without being disturbed by the background noise.

確認 「～されること」の表し方に注意する

表現 ～しないで、～することなく ▶ without *doing*

## 和文英訳にチャレンジ ⑯

□076 清潔すぎる環境で育つ幼い子供のほうが、アレルギーを発症するリスクが高くなる傾向がある。

発想 「清潔すぎる環境で育つ幼い子供」は「清潔すぎる環境で育っている幼い子供」と言い換えて考える。

□077 最近の調査によれば、1日のテレビ視聴時間は時代によってばらつきがある。

発想 「テレビ視聴時間」は「テレビ視聴に費やされる時間」と言い換えて考える。

□078 パーティーに顔を出す頃には、食べ物がほとんど残っていないのではないかと心配になる。

発想 「食べ物がほとんど残っていない」は、「食べ物はほとんど残されていない」という受動の関係になっている。

□079 その町が嵐に見舞われると、5日連続で大雨が降り、土砂崩れや川の氾濫が発生した。

発想 「大雨が降り、土砂崩れや川の氾濫が発生した」は、「大雨が降り、その結果、土砂崩れや川の氾濫が発生した」という因果関係があることに注目。

□080 家族と連絡を取りながら、田舎で一人暮らしをしたほうがよいのではないでしょうか。

発想 「田舎で一人暮らしする」に「家族と連絡を取りながら」という情報を追加している。

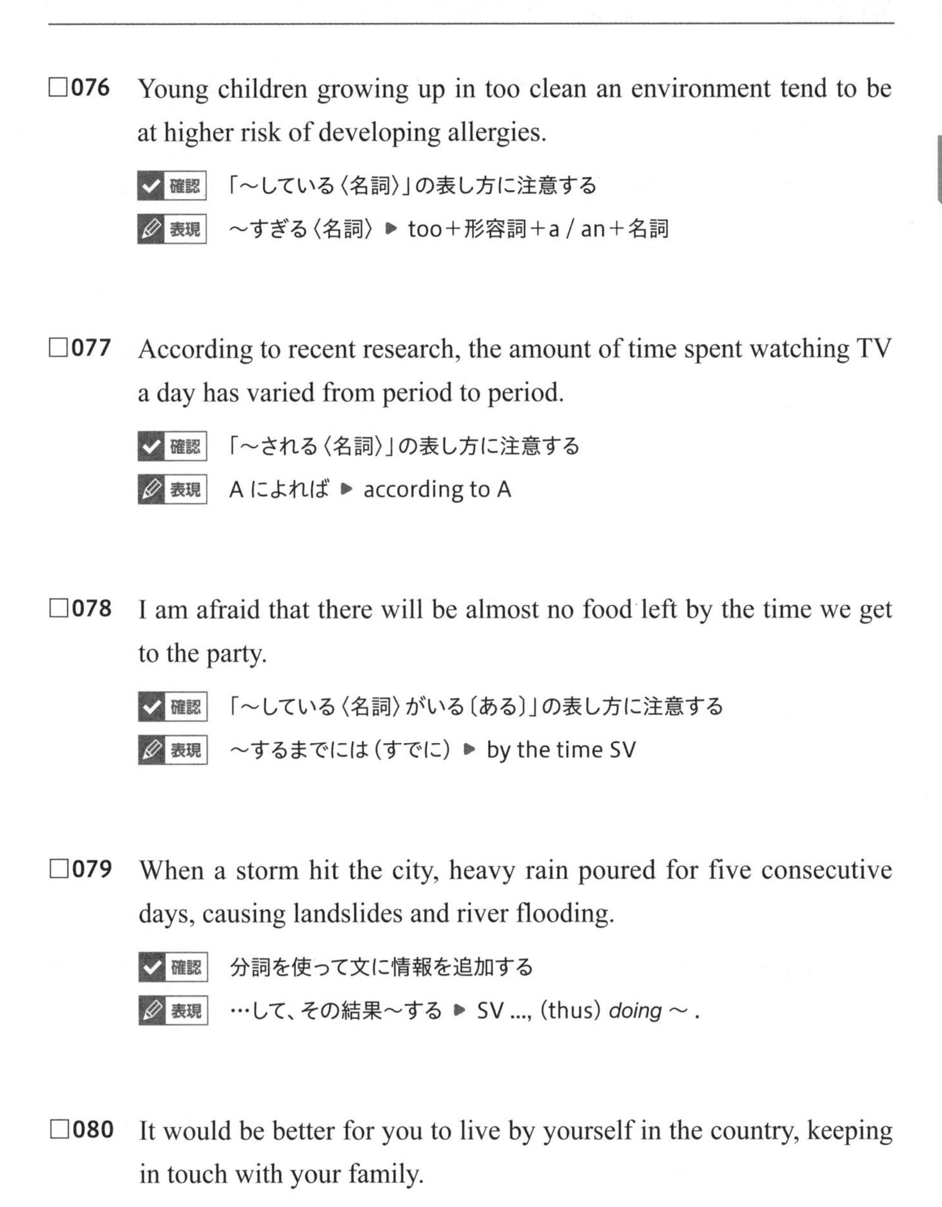

□**076** Young children growing up in too clean an environment tend to be at higher risk of developing allergies.

確認 「〜している〈名詞〉」の表し方に注意する

表現 〜すぎる〈名詞〉 ▶ too＋形容詞＋a / an＋名詞

□**077** According to recent research, the amount of time spent watching TV a day has varied from period to period.

確認 「〜される〈名詞〉」の表し方に注意する

表現 A によれば ▶ according to A

□**078** I am afraid that there will be almost no food left by the time we get to the party.

確認 「〜している〈名詞〉がいる〔ある〕」の表し方に注意する

表現 〜するまでには（すでに） ▶ by the time SV

□**079** When a storm hit the city, heavy rain poured for five consecutive days, causing landslides and river flooding.

確認 分詞を使って文に情報を追加する

表現 …して、その結果〜する ▶ SV ..., (thus) *doing* 〜 .

□**080** It would be better for you to live by yourself in the country, keeping in touch with your family.

確認 付帯状況の表し方に注意する

表現 A は〜するほうがよい ▶ It is better for A to *do*

## 和文英訳にチャレンジ ⑰

□081 この本に対するその評論家の批評は、あまりに幼稚で失礼なものであり、検討に値しない。

発想 「検討に値しない」は、「検討する価値はない」と言い換えて考える。

□082 最寄りの駅は約 8 キロ離れているので、車で行くと 5 分以上はかかります。

発想 「そこに車で行く」の「車」は、一般的な交通手段を表している。

□083 今回の調査は、どのようなタイプの人が高血圧などの慢性疾患に罹患するのかを調べるために実施した。

発想 「高血圧などの慢性疾患」は〈A such as B〉を用いて表す。

□084 当時の親は、娘が 20 歳になったらすぐに結婚して子供を産んでほしいと思っていた。

発想 「娘が 20 歳になったらすぐに」は「娘が 20 歳になったすぐ後に」と言い換えて考える。

□085 正直に言って、もっと多くの外国人が日本で働けるようにすべきだという考えには賛成できません。

発想 「〜という考え」は idea that SV を用いて表す。

□**081** The critic's comments on this book are so childish and offensive that they are not worth considering.

確認 「～する価値がある」の表し方に注意する

表現 とても…なので～する（ほどだ） ▶ so＋形容詞・副詞＋that SV

□**082** The nearest station is about eight kilometers away, so it takes at least five minutes to get there by car.

確認 「～で」の表し方に注意する

表現 （A が）～するのに〈時間〉がかかる ▶ It takes（＋A）＋時間＋to *do*

□**083** We conducted this survey to find out what kind of person suffers from chronic diseases such as high blood pressure.

確認 「～のような」の表し方に注意する

表現 B のような〔などの〕A ▶ A such as B

□**084** Parents in those days wanted their daughters to get married and have a child soon after they turned 20.

確認 「～する前〔後〕に」の表し方に注意する

表現 A に～してほしい（と思う） ▶ want A to *do*

□**085** To be honest, I don't agree with the idea that more foreigners should be allowed to work in Japan.

確認 that 節を使って名詞の具体的な内容を説明する

表現 A（人・意見・考えなど）に賛成する ▶ agree with A

□**086** 食べ始めはわくわくするような食べ物でも、慣れてくると飽きてしまうものだ。

発想 「(食べ物に) 慣れてくると」は「(食べ物に) 慣れるにつれて」と言い換えて考える。

□**087** 視力は歳を重ねるごとに悪化し、昔は簡単だと思っていた作業が難しくなることがある。

発想 「昔は簡単だと思っていた作業」は、「作業」という名詞を「昔は簡単だと思っていた」という文が修飾している。

□**088** 一人暮らしをしている山田太郎さんは先日、「私は子供たちのお荷物にはなりたくない」と言った。

発想 「一人暮らしをしている山田太郎さん」は、「山田太郎さん」という固有の人物について、「一人暮らしをしている」という補足説明を加えている。

□**089** 特に健康志向の高い30代を中心に、ますます多くの人が効果があると思う運動を始めている。

発想 「効果があると思う運動」は、「効果があると彼らが思っている運動」と言い換えて考える。

□**090** その島は観光事業で完全に西洋化してしまった。つまり、かつての島とは違う島になってしまったのだ。

発想 「かつての島とは違う島になってしまった」は「その島は以前の姿ではない」と言い換えて考える。

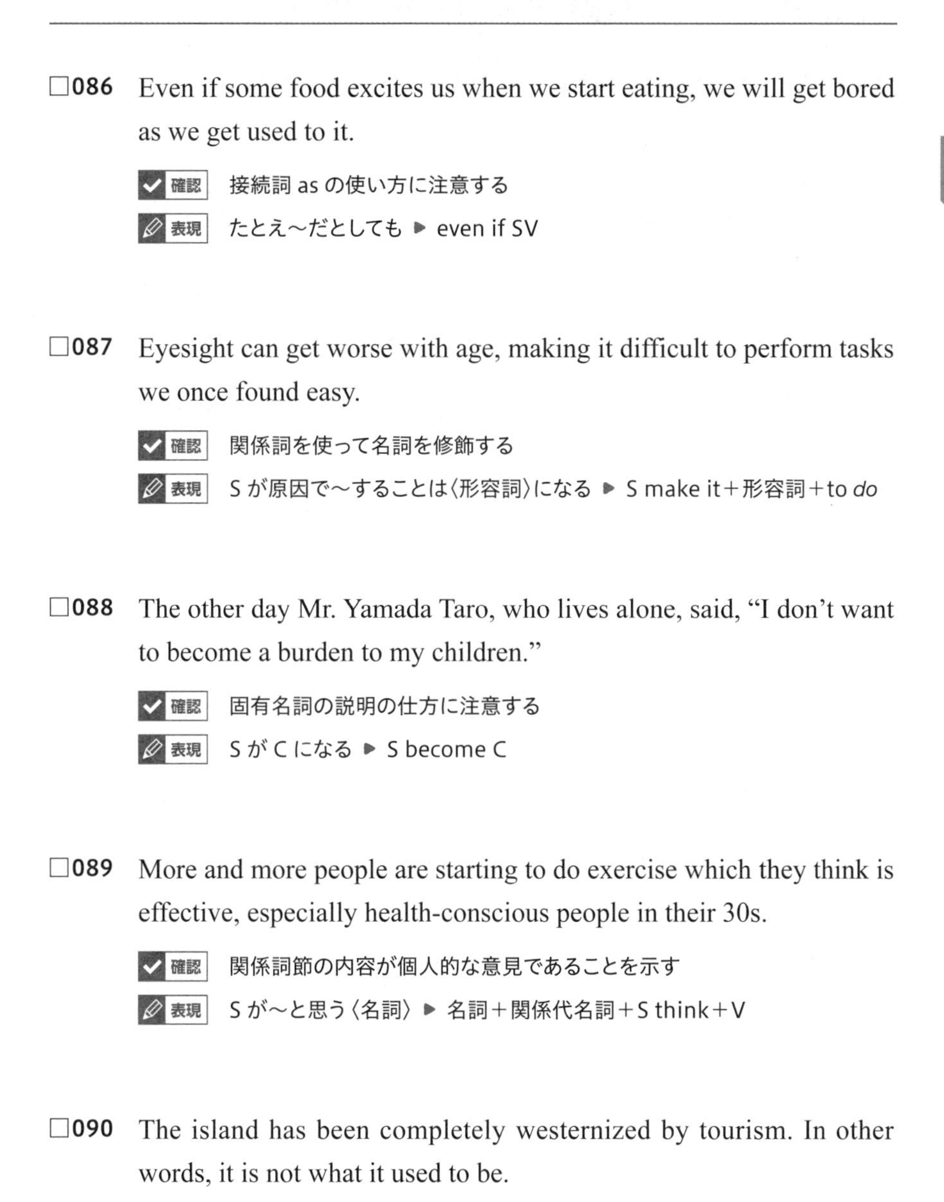

□086 Even if some food excites us when we start eating, we will get bored as we get used to it.

確認 接続詞 as の使い方に注意する

表現 たとえ～だとしても ▶ even if SV

□087 Eyesight can get worse with age, making it difficult to perform tasks we once found easy.

確認 関係詞を使って名詞を修飾する

表現 S が原因で～することは〈形容詞〉になる ▶ S make it＋形容詞＋to *do*

□088 The other day Mr. Yamada Taro, who lives alone, said, "I don't want to become a burden to my children."

確認 固有名詞の説明の仕方に注意する

表現 S が C になる ▶ S become C

□089 More and more people are starting to do exercise which they think is effective, especially health-conscious people in their 30s.

確認 関係詞節の内容が個人的な意見であることを示す

表現 S が～と思う〈名詞〉 ▶ 名詞＋関係代名詞＋S think＋V

□090 The island has been completely westernized by tourism. In other words, it is not what it used to be.

確認 「今〔過去、未来〕の S」の表し方に注意する

表現 言い換えれば、つまり ▶ in other words

## 和文英訳にチャレンジ ⑲

□091 自動車を使わず自転車に乗る人が増えたら、渋滞も減り、空気もきれいになるのになあ。

発想 「なるのになあ」は「実際はそうなるのは難しい、不可能だ」と思っている時に用いる言い方。

□092 天気がよければ、きっと残りの休暇はもっと楽しかったにちがいない。

発想 「天気がよければ」は、「実際は天気がよくなかったので、残りの休暇は楽しくなかった」という過去の事実に反することを表している。

□093 目を閉じてその曲を聴いたら、まるでコンサートホールにいるような気分になる。

発想 「(未来の時点で)～の気分になる＋(その時)コンサートホールにいるような」という〈同時〉の状況を表している。

□094 兄はどんなに仕事が忙しくても、何とか時間を見つけては私の宿題を手伝ってくれた。

発想 「兄はどんなに仕事が忙しくても」は〈no matter how＋形容詞＋SV〉を用いて表す。

□095 いくら友だちが多くても、信頼できる人がいなければ、この深刻な問題は解決できない。

発想 「いくら友だちが多くても」は〈no matter how＋形容詞＋名詞＋SV〉を用いて表す。

□**091** If more people rode bicycles instead of driving cars, we would have fewer traffic jams and cleaner air.

確認 「(もし) ～すれば」の表し方に注意する

表現 〈可算名詞〉が増える〔減る〕 ▶ more〔fewer〕＋可算名詞

□**092** If the weather had been good, I am sure I would have enjoyed the rest of my vacation more.

確認 「(もし)～すれば」の表し方に注意する

表現 S はもっと V する ▶ SV more

□**093** If you listen to the music with your eyes closed, you will feel as if you were in a concert hall.

確認 「まるで～であるかのように」の表し方に注意する

表現 目を閉じて〔閉じたまま〕 ▶ with one's eyes closed

□**094** No matter how busy my brother was with his work, he managed to find time to help me with my homework.

確認 「どんなに〈形容詞〉でも」の表し方に注意する

表現 どんなに〈形容詞〉でも ▶ no matter how＋形容詞＋SV

□**095** No matter how many friends you have, you can't solve this serious problem unless you have someone you can trust.

確認 「どんなに〈名詞〉が〈形容詞〉でも」の表し方に注意する

表現 どんなに〈名詞〉が〈形容詞〉でも
▶ no matter how＋形容詞＋名詞＋SV

□**096** いくら頑張ってみても、上司に相談することは他に何ひとつ思い浮かばなかった。

発想 「いくら頑張ってみても」は〈no matter how＋副詞＋SV〉を用いて表す。

□**097** その店長は、アルバイトが自分の頼んだとおりに動いてくれない場合の対処法をあれこれ考えているところだ。

発想 「対処法」は「どのように対処すべきか」と言い換えて考え、間接疑問を用いて表す。

□**098** この表は、老後にお金の心配をすることなく快適に暮らすために必要だと人々が考えている額を示している。

発想 「人々が必要だと考えている額」は「人々はどの程度多くのお金を必要と考えているか」と言い換えて考える。

□**099** 旅行中、ガイドがどんな史跡について説明してくれるのか、もっと注意していればよかった。

発想 「どんな史跡か」は〈what＋名詞〉で表す。

□**100** コンクールに出て 1 等賞を取ったらどんな感じだろうと何度か想像してみた。

発想 「コンクールに出て 1 等賞を取ったらどんな感じだろう」は〈what it is like to *do*〉を用いて表す。

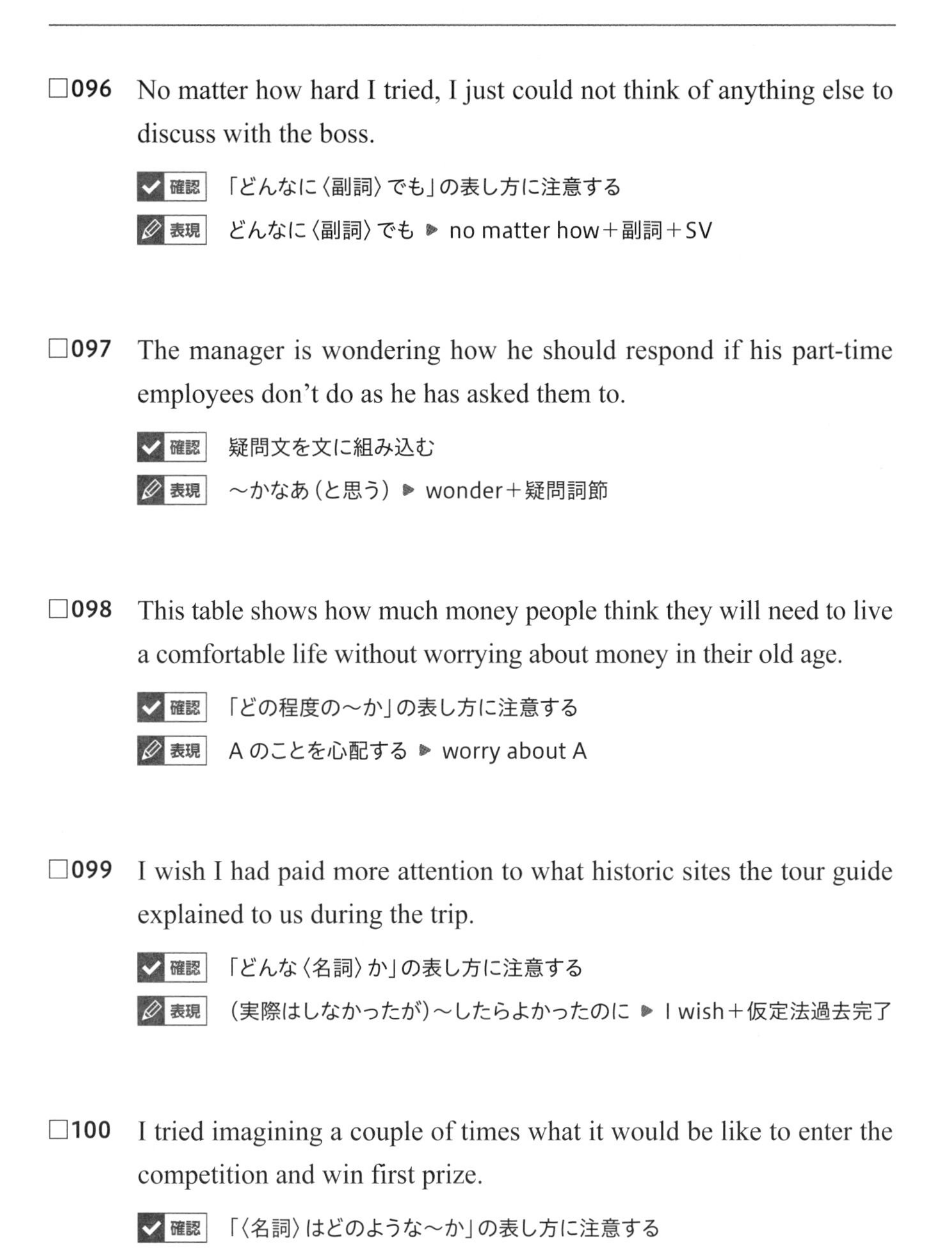

□**096** No matter how hard I tried, I just could not think of anything else to discuss with the boss.

確認 「どんなに〈副詞〉でも」の表し方に注意する

表現 どんなに〈副詞〉でも ▶ no matter how＋副詞＋SV

□**097** The manager is wondering how he should respond if his part-time employees don't do as he has asked them to.

確認 疑問文を文に組み込む

表現 ～かなあ（と思う） ▶ wonder＋疑問詞節

□**098** This table shows how much money people think they will need to live a comfortable life without worrying about money in their old age.

確認 「どの程度の～か」の表し方に注意する

表現 A のことを心配する ▶ worry about A

□**099** I wish I had paid more attention to what historic sites the tour guide explained to us during the trip.

確認 「どんな〈名詞〉か」の表し方に注意する

表現 （実際はしなかったが）～したらよかったのに ▶ I wish＋仮定法過去完了

□**100** I tried imagining a couple of times what it would be like to enter the competition and win first prize.

確認 「〈名詞〉はどのような～か」の表し方に注意する

表現 〈名詞〉はどのような～か（ということ） ▶ what 名詞 is like

書籍のアンケートにご協力ください

抽選で**図書カード**を
プレゼント！



## 著者紹介

**米山 達郎**（よねやま たつろう）

ラ・サール高校、京都大学文学部卒業。総合教育機関ECC、河合塾を経て、現在は『米山達郎英語塾』を主宰し、英作文の添削指導、個別学習相談、講演会などを行う。著作に『英文法・語法 Vintage』（共著、いいずな書店）、『英文法・語法 SWing』（共著、Gakken）、『パラグラフリーディングのストラテジー①②③』（共著、河合出版）などがある。
米山達郎英語塾　http://www.yone-juku.net/

**久保田 智大**（くぼた ともひろ）

栄東高校、東京大学文学部英文科卒業。ロンドン大学大学院（バークベック校）応用言語学科英語教授法専攻修了。現在は駿台予備学校英語科講師としてお茶の水校を中心に出講し、教材や模試の作成も多く手掛けている。著作に『英文解釈クラシック』（研究社）がある。

**大学入試 英作文バイブル 和文英訳編** 解いて覚える必修英文100

初版第1刷発行 ……………… 2023年12月10日

著者 ……………………………… 米山達郎、久保田智大
発行人 …………………………… 藤井孝昭
発行 ……………………………… Ｚ会
〒411-0033　静岡県三島市文教町1-9-11
【販売部門：書籍の乱丁・落丁・返品・交換・注文】
TEL 055-976-9095
【書籍の内容に関するお問い合わせ】
https://www.zkai.co.jp/books/contact/
【ホームページ】
https://www.zkai.co.jp/books/
装丁 ……………………………… BLANC design inc.
印刷・製本・DTP ……………… シナノ書籍印刷株式会社


ISBN978-4-86531-590-5　C7082

Z-KAI

別冊

大学入試

# 英作文バイブル

和文英訳編

暗唱英文
+
英作文に役立つ表現

## 別冊の構成と使い方

この別冊は、「暗唱英文」と「英作文に役立つ表現」の2つで構成されています。ここでそれぞれの使い方を確認し、本書で学んだ知識の定着に役立てましょう。

**暗唱英文** ……………………………………………………………………… 2

本書で扱った必修英文 100 がまとめられています。左ページの日本語を見て、すらすらと英文が復元できるようになるのが、本書の最終目標になります。音声も活用し、くり返し確認することでしっかりと英文を定着させましょう。右ページの英文には、文法と表現のポイントが示されているので、理解が不十分だと感じる箇所については、本体に戻ってポイントを復習するようにしましょう。

**英作文に役立つ表現** ……………………………………………………………… 42

本体の Round 1 で扱った〈英作文に役立つ表現〉がまとめられています。いずれも大学入試の和文英訳で頻出の表現で、覚えておくと、さまざまな場面で応用の効く英作文力につながります。暗唱英文と合わせてしっかりと確認しておきましょう。

**音声サイトのご案内**

本書の必修英文の音声は、下記サイトから無料でダウンロードできます。各 Round の学習の際や、別冊を使って英文を暗唱する際にご活用ください。

https://service.zkai.co.jp/books/zbooks_data/dlstream?c=3090

## 暗唱英文

□001　好天に恵まれたので、川辺でピクニックをして 1 日の大半を過ごすことにした。

□002　努力し続ける限り成功するチャンスは必ずあるから、あきらめないで。

□003　世の中にはさまざまな価値観が存在すると気づいて初めて寛容な態度がとれる。

□004　全体的に見て、アジア経済は 40 ～ 50 年前と比べて大きく改善していることがその調査でわかった。

□005　そのすばらしい風景はヨーロッパの田園風景とよく似ていたが、まったく同じというわけではなかった。

□**001** It was such sunny weather that we decided to spend most of the day having a picnic beside the river.

確認 名詞の可算・不可算を区別する

表現 とても〔非常に、大変〕～ので…する
▶ such＋形容詞＋名詞＋that SV

□**002** As long as you keep making an effort, there is always a chance to succeed, so don't give up.

確認 名詞の特定・不特定を区別する

表現 ～する限り、～しさえすれば ▶ as long as SV

□**003** It is not until you realize there are various values in the world that you can have a tolerant attitude.

確認 新情報と旧情報を区別する

表現 …して初めて～する ▶ It is not until ... that SV

□**004** The study found that, on the whole, the Asian economy has improved significantly compared to 40 to 50 years ago.

確認 〈無生物〉を主語にした文をつくる

表現 A と比べて ▶ compared to〔with〕A

□**005** The great scenery was very similar to, but not exactly the same as, that of the European countryside.

確認 one / it / that を使い分ける

表現 A と似ている ▶ be similar to A

□006 新しい統計から、65 歳以上の成人の 3 人に 1 人が輸入品よりも国産品を購入していることがわかる。

□007 相手の気持ちを傷つけないよう、できるだけていねいに話すのが一番よい。

□008 その双子は、外見は似ているが、一方は自分にかなり自信を持っているのに対して、もう一方はとても恥ずかしがりでおとなしい。

□009 G7 サミットは、地球規模の問題に対する意識を高めるのにきわめて重要な役割を担っていると主張する人もいる。

□010 その男の子は自分に起こったことについてうそをついたが、残念ながら、小さな子供が家庭での虐待についてうそをつくのは珍しくない。

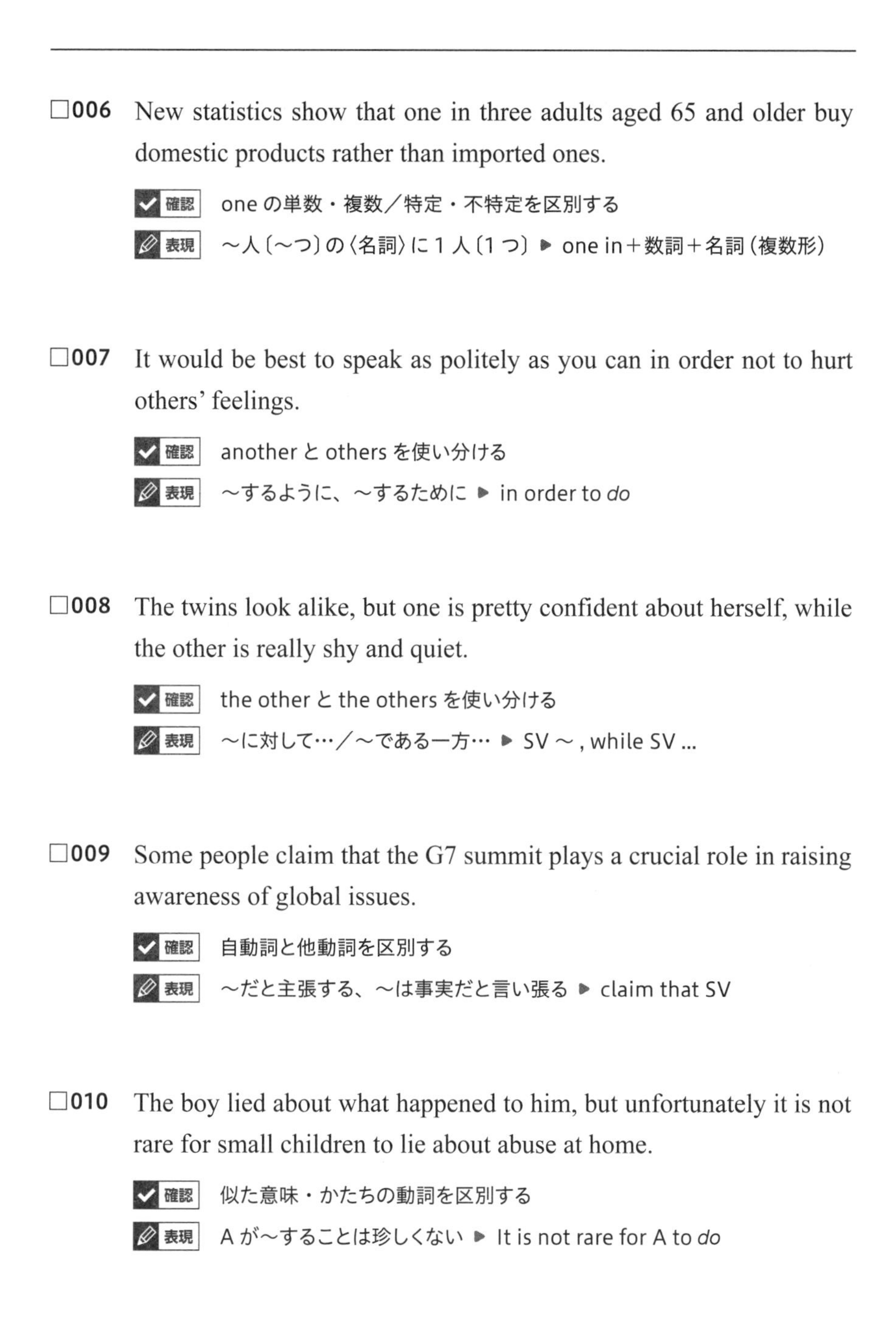

□**006** New statistics show that one in three adults aged 65 and older buy domestic products rather than imported ones.

確認 one の単数・複数／特定・不特定を区別する

表現 ～人〔～つ〕の〈名詞〉に 1 人〔1 つ〕 ▶ one in＋数詞＋名詞（複数形）

□**007** It would be best to speak as politely as you can in order not to hurt others' feelings.

確認 another と others を使い分ける

表現 ～するように、～するために ▶ in order to *do*

□**008** The twins look alike, but one is pretty confident about herself, while the other is really shy and quiet.

確認 the other と the others を使い分ける

表現 ～に対して…／～である一方… ▶ SV ～ , while SV ...

□**009** Some people claim that the G7 summit plays a crucial role in raising awareness of global issues.

確認 自動詞と他動詞を区別する

表現 ～だと主張する、～は事実だと言い張る ▶ claim that SV

□**010** The boy lied about what happened to him, but unfortunately it is not rare for small children to lie about abuse at home.

確認 似た意味・かたちの動詞を区別する

表現 A が～することは珍しくない ▶ It is not rare for A to *do*

□011　若いうちに海外を旅することで、他国の文化を知り視野を広げることができる。

□012　だれもが平和を願っているかもしれないが、問題は、将来への楽観的な展望が戦争につながる可能性があるということだ。

□013　19 世紀の間、欧米諸国では出生率と死亡率の差はほぼ横ばい状態だった。

□014　語学の授業は時間の無駄だと思っている大学生が多いのは驚くにあたらない。

□015　最初は面白半分に TikTok に投稿していたが、気がつけば動画制作に本気を出していた。

□011 Traveling abroad while you are young enables you to learn about the culture of other countries and broaden your horizons.

確認 〈自動詞＋副詞〉のフレーズを意識する

表現 S によって〔S のおかげで〕A（人）は～できる ▶ S enable A to *do*

□012 Everyone may hope for peace, but the problem is that an optimistic view of the future can lead to war.

確認 動詞の後に続く形を意識する

表現 S は A につながる、S は A という結果になる ▶ S lead to A

□013 In the 19th century, in Western countries, the difference between birth rates and death rates remained almost unchanged.

確認 SV と SVC を使い分ける

表現 A と B（の間）の差〔違い〕 ▶ difference between A and B

□014 It is not surprising that a lot of college students think language classes are a waste of time.

確認 SV と SVO を使い分ける

表現 ～ということは驚くにあたらない ▶ It is not surprising that SV

□015 At first I was just posting on TikTok for fun, but I found myself taking video creation more seriously.

確認 SVOO と SVOC を使い分ける

表現 最初は、初めのうちは ▶ at first

□016　あさっての数学の試験対策について助言してあげよう。

□017　ケンは少し休みが取れたので、妻に手伝ってくれたお礼のプレゼントを買いに行った。

□018　公共の場で個人的なことを大声で話して、他人の迷惑になっている人を時々見かける。

□019　彼女は電話をよくかけるが出るのが嫌いで、友人はそのことを快く思っていない。

□020　お隣の家はもう築 50 年なので、取り壊すか改築する予定だ。

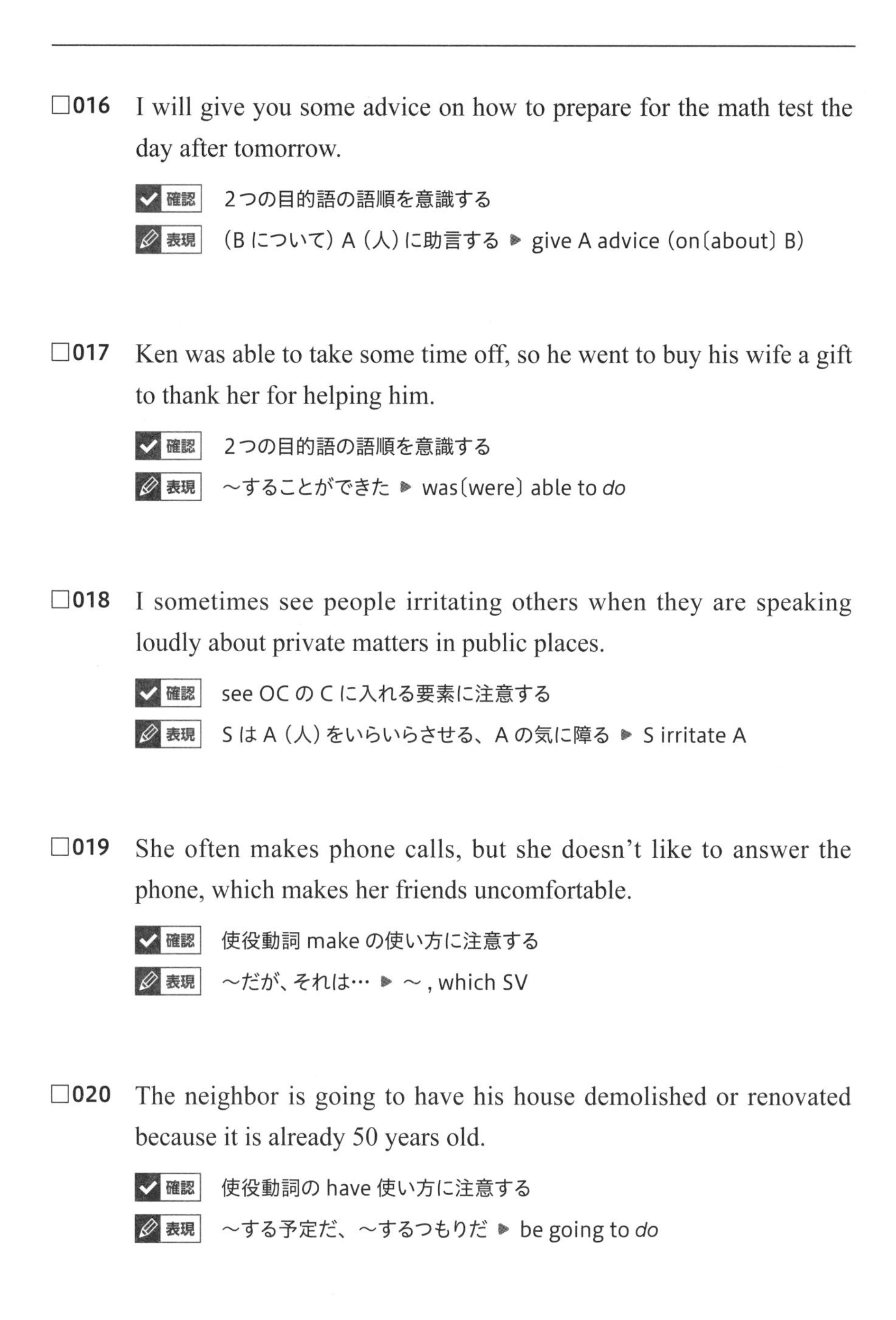

□016 I will give you some advice on how to prepare for the math test the day after tomorrow.

確認 2つの目的語の語順を意識する

表現 (Bについて) A(人)に助言する ▶ give A advice (on〔about〕B)

□017 Ken was able to take some time off, so he went to buy his wife a gift to thank her for helping him.

確認 2つの目的語の語順を意識する

表現 ～することができた ▶ was〔were〕able to *do*

□018 I sometimes see people irritating others when they are speaking loudly about private matters in public places.

確認 see OCのCに入れる要素に注意する

表現 SはA(人)をいらいらさせる、Aの気に障る ▶ S irritate A

□019 She often makes phone calls, but she doesn't like to answer the phone, which makes her friends uncomfortable.

確認 使役動詞makeの使い方に注意する

表現 ～だが、それは… ▶ ～, which SV

□020 The neighbor is going to have his house demolished or renovated because it is already 50 years old.

確認 使役動詞のhave使い方に注意する

表現 ～する予定だ、～するつもりだ ▶ be going to *do*

□021 その飲み物がかなりの量のカフェインを含んでいることを知り、少しショックみたいですね。

□022 私のおじは、外での仕事の責任に加え、家事のほとんどを負担している。

□023 日本人にはユーモアのセンスが欠けている。実際、政治家や実業家が公式の場で冗談を言うことはめったにない。

□024 新しい住宅が建設中で、コミュニティも順調に成長しつつあるので、人と人との関わり方もすぐに変わっていくだろう。

□025 応募するかどうか決める前に、彼女はその奨学金についてもっと知る必要があるかもしれない。

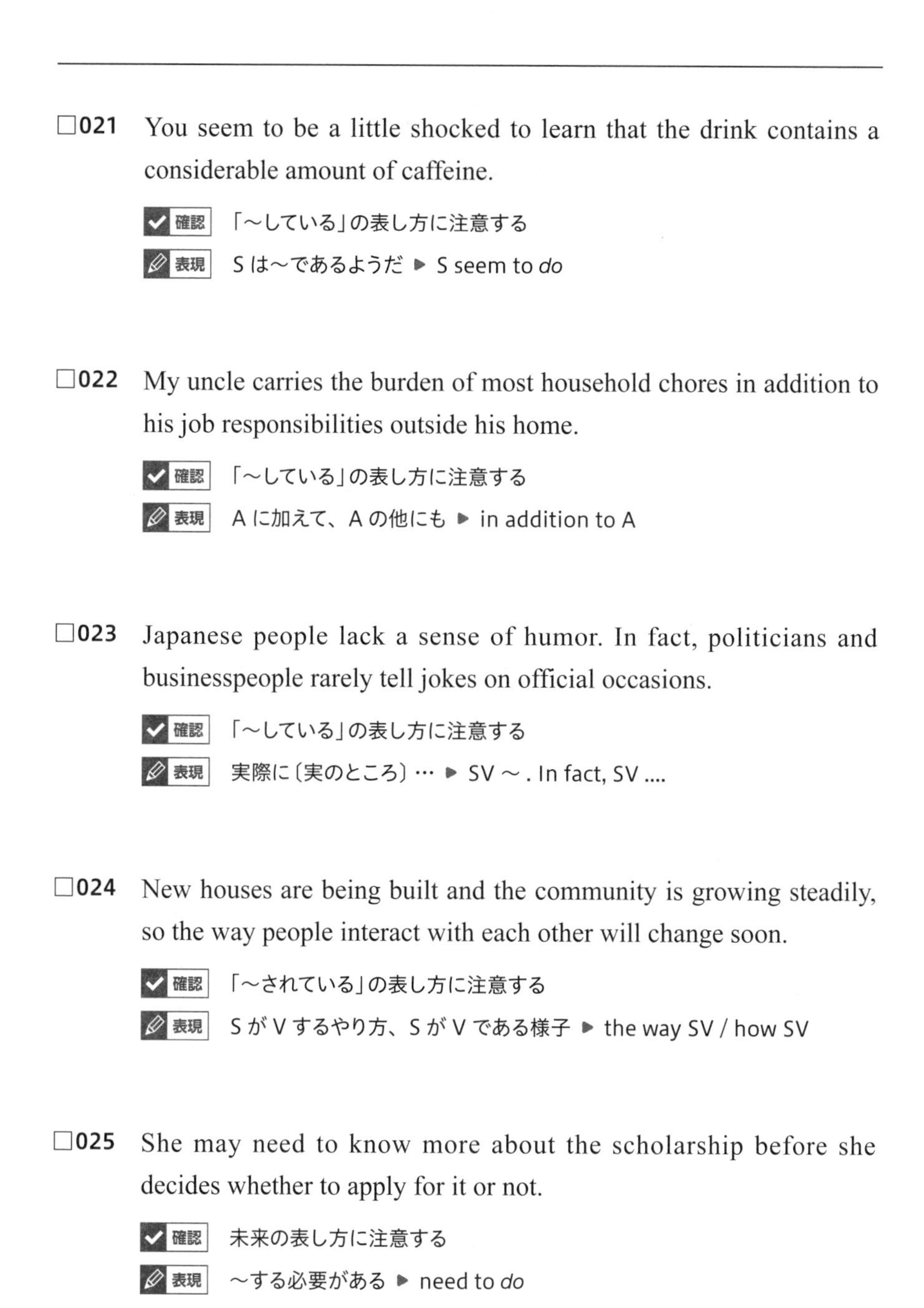

□021 You seem to be a little shocked to learn that the drink contains a considerable amount of caffeine.

確認 「〜している」の表し方に注意する

表現 S は〜であるようだ ▶ S seem to *do*

□022 My uncle carries the burden of most household chores in addition to his job responsibilities outside his home.

確認 「〜している」の表し方に注意する

表現 A に加えて、A の他にも ▶ in addition to A

□023 Japanese people lack a sense of humor. In fact, politicians and businesspeople rarely tell jokes on official occasions.

確認 「〜している」の表し方に注意する

表現 実際に〔実のところ〕… ▶ SV 〜. In fact, SV ....

□024 New houses are being built and the community is growing steadily, so the way people interact with each other will change soon.

確認 「〜されている」の表し方に注意する

表現 S が V するやり方、S が V である様子 ▶ the way SV / how SV

□025 She may need to know more about the scholarship before she decides whether to apply for it or not.

確認 未来の表し方に注意する

表現 〜する必要がある ▶ need to *do*

□026 インターネットで日常生活はかなり変わった。たとえば、数年前よりもずっと多くの人がオンラインで買い物をしている。

□027 先月から自然の中で時間を過ごしていますが、美しい自然を初めて体験しました。

□028 妹が暗闇を怖がらないように、彼女の部屋の明かりをつけたままにしておいた。

□029 彼女はレジでお金を払おうとしたら、さいふを盗まれたことに気づいた。

□030 ここ数十年のITの発展により、生活ははるかに便利になりました。

□**026** The Internet has changed our daily lives considerably. For example, many more people are shopping online than several years ago.

確認 現在完了（完了・結果）の使い方に注意する

表現 たとえば～ ▶ For example, SV ～.

□**027** I have been spending time in nature since last month; this is the first time I have experienced the beauty of nature.

確認 現在完了（継続）の使い方に注意する

表現 ～するのはこれが初めてだ
▶ This is the first time (that) S have *done*.

□**028** I left a light on in my sister's room so that she would not be scared of the dark.

確認 時制の一致を意識する

表現 S が～するために ▶ so that S will〔can〕 *do*

□**029** She was going to pay at the cash register when she realized that her purse had been stolen.

確認 時制の一致を意識する

表現 ～していたら（その時）…した ▶ S was *doing* ～ when SV

□**030** Life has become much more convenient because of the development of information technology over the past few decades.

確認 「～になる」の表し方に注意する

表現 A が原因で、A によって ▶ because of A

□031 現代社会では、私たちは仕事が忙しすぎて、以前よりもさらに迅速な成果を期待するようになっている。

□032 インタビューはわずか 10 分だったが、その時は気分が悪かったので、何時間にも感じた。

□033 ひどい風邪をひいてせきやくしゃみがひどい時は、みんなマスクをすることをお勧めします。

□034 私の考えでは、パソコンやスマホなどの電子機器は健康に悪い影響を与えていると思う。

□035 なまけ者のその少年が、私に悩み相談をしないうちに学校をやめるのは確実だ。

□031 In modern society, we are too busy working and have come to expect even quicker results than before.

確認 「～するようになる」の表し方に注意する

表現 さらに～、（より）いっそう～ ▶ even＋比較級

□032 The interview only took ten minutes, but it felt like hours because I was feeling sick at that time.

確認 「感じる」の表し方に注意する

表現 気分が悪くなる、吐き気がする ▶ feel sick

□033 It is recommended that everyone wear a mask when they have a bad cold and are coughing or sneezing heavily.

確認 「勧める」の表し方に注意する

表現 ～するよう勧める ▶ recommend that S (should) *do*

□034 In my opinion, electronic devices such as computers and smartphones have a negative influence on our health.

確認 「影響を与える」の表し方に注意する

表現 私の考えでは、私見では ▶ in my opinion

□035 It is certain that the lazy boy will quit school before he talks to me about his problems.

確認 「話す」を表す語を使い分ける

表現 ～ということは確か〔確実〕である ▶ It is certain that SV

□036 その留学生は、日本に来たばかりだったが、日本語を流ちょうに話し、日本人学生と同じようにふるまった。

□037 国際化のためには、さまざまな文化的背景を持つ人々とコミュニケーションを取ることが重要だとよく言われている。

□038 トムはアプリを削除するように言われたが、おそらくアプリのせいで気が散りすぎて勉強に集中できなかったからだろう。

□039 彼が居眠りをして大切な書類を電車に置き忘れた可能性もあると警察は考えている。

□040 スタッフ全員が、残業を減らし仕事の効率を上げる計画にきっと賛成してくれるだろう。

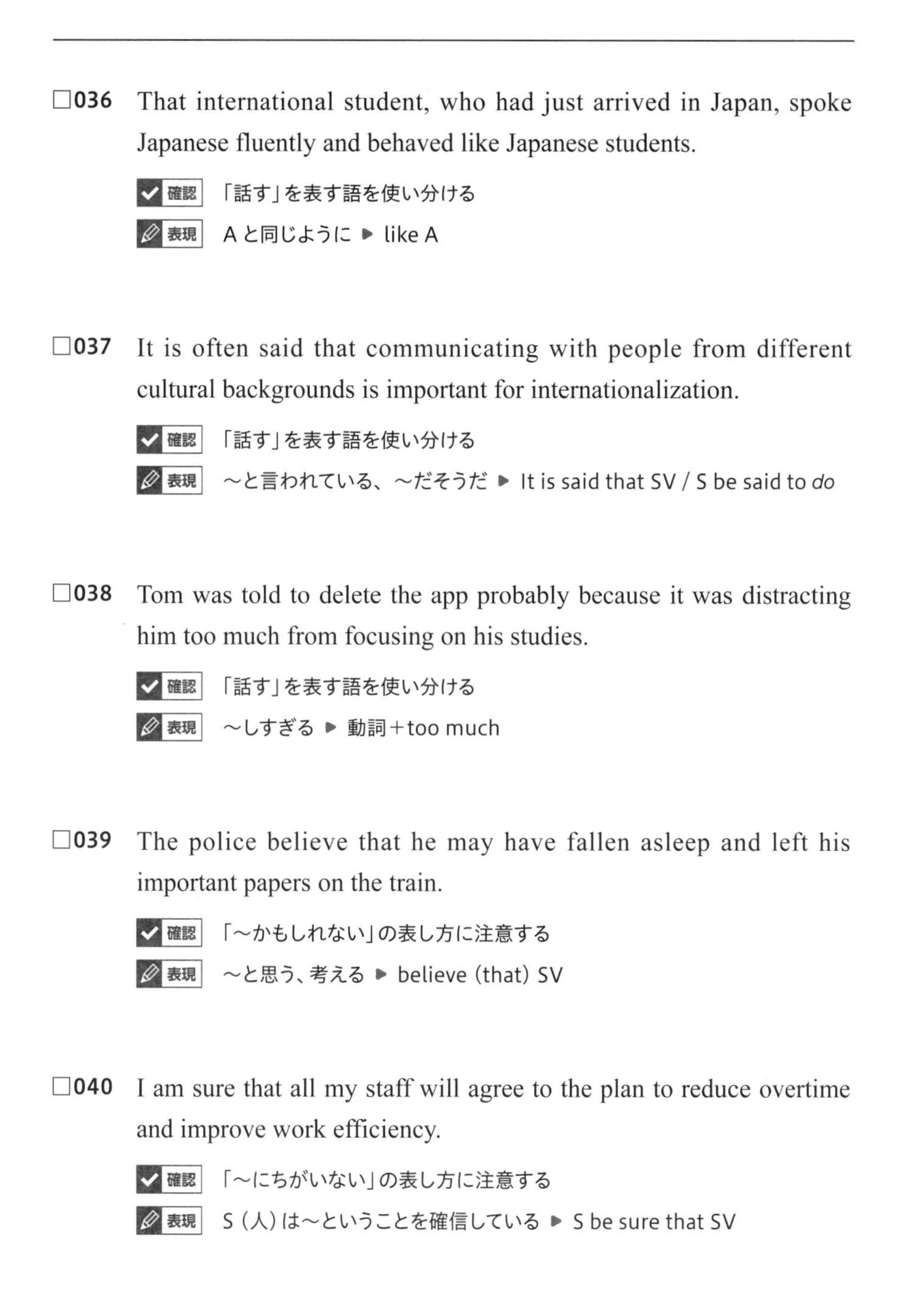

□036 That international student, who had just arrived in Japan, spoke Japanese fluently and behaved like Japanese students.

確認 「話す」を表す語を使い分ける

表現 A と同じように ▶ like A

□037 It is often said that communicating with people from different cultural backgrounds is important for internationalization.

確認 「話す」を表す語を使い分ける

表現 ～と言われている、～だそうだ ▶ It is said that SV / S be said to *do*

□038 Tom was told to delete the app probably because it was distracting him too much from focusing on his studies.

確認 「話す」を表す語を使い分ける

表現 ～しすぎる ▶ 動詞＋too much

□039 The police believe that he may have fallen asleep and left his important papers on the train.

確認 「～かもしれない」の表し方に注意する

表現 ～と思う、考える ▶ believe (that) SV

□040 I am sure that all my staff will agree to the plan to reduce overtime and improve work efficiency.

確認 「～にちがいない」の表し方に注意する

表現 S（人）は～ということを確信している ▶ S be sure that SV

□041 彼は病気が恥ずかしすぎて、すぐには医師に相談できなかったにちがいないというわさが立っている。

□042 その時点で、医師は患者に対して手洗いによる自衛を強く勧めるべきだった。

□043 部活に参加する時は、いやがおうでも他の部員と力を合わせることになっている。

□044 今年の夏は去年の夏と同じアルバイトができないのが残念だ。

□045 この町は美しいビーチだけでなく、温かいもてなしと珍しい郷土料理でも知られている。

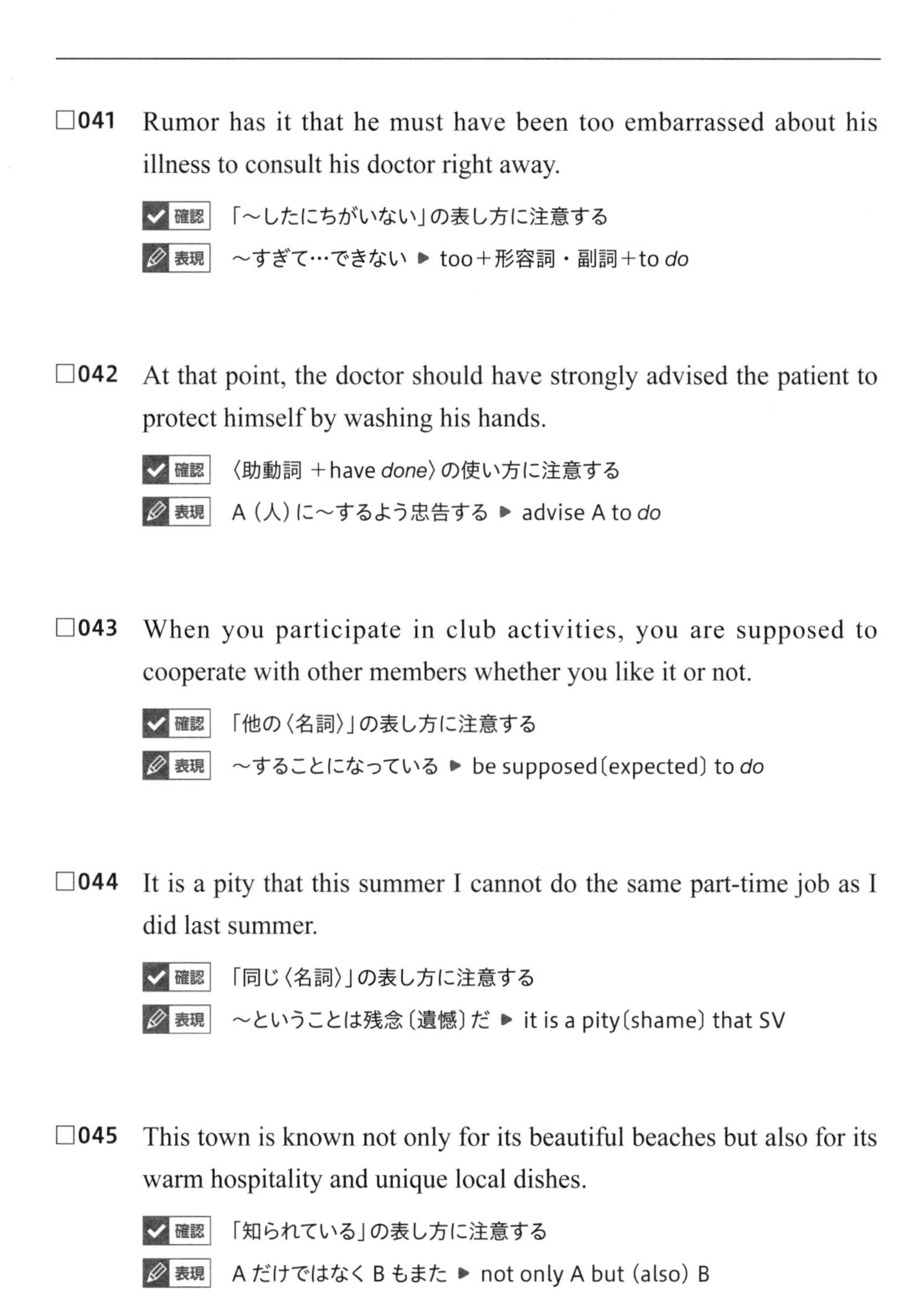

□**041** Rumor has it that he must have been too embarrassed about his illness to consult his doctor right away.

確認 「～したにちがいない」の表し方に注意する

表現 ～すぎて…できない ▶ too＋形容詞・副詞＋to *do*

□**042** At that point, the doctor should have strongly advised the patient to protect himself by washing his hands.

確認 〈助動詞 ＋have *done*〉の使い方に注意する

表現 A（人）に～するよう忠告する ▶ advise A to *do*

□**043** When you participate in club activities, you are supposed to cooperate with other members whether you like it or not.

確認 「他の〈名詞〉」の表し方に注意する

表現 ～することになっている ▶ be supposed〔expected〕to *do*

□**044** It is a pity that this summer I cannot do the same part-time job as I did last summer.

確認 「同じ〈名詞〉」の表し方に注意する

表現 ～ということは残念〔遺憾〕だ ▶ it is a pity〔shame〕that SV

□**045** This town is known not only for its beautiful beaches but also for its warm hospitality and unique local dishes.

確認 「知られている」の表し方に注意する

表現 A だけではなく B もまた ▶ not only A but (also) B

□**046** 言語発達は自制心、つまり誘惑に負けず良識ある行動をする能力と密接に関係している。

□**047** 世界中の何百万人もの人々が最新のテレビゲームに熱中しすぎているのではないかと専門家は心配している。

□**048** 昨日見つけた仕事はとてもおもしろそうだが、給料が安すぎる。

□**049** 10代の若者のほとんどはスマホを適切に使用するだけの分別があるとみなすべきだ。

□**050** デパートに買い物に行けなかった。停電で電車が全面運休になったからだ。

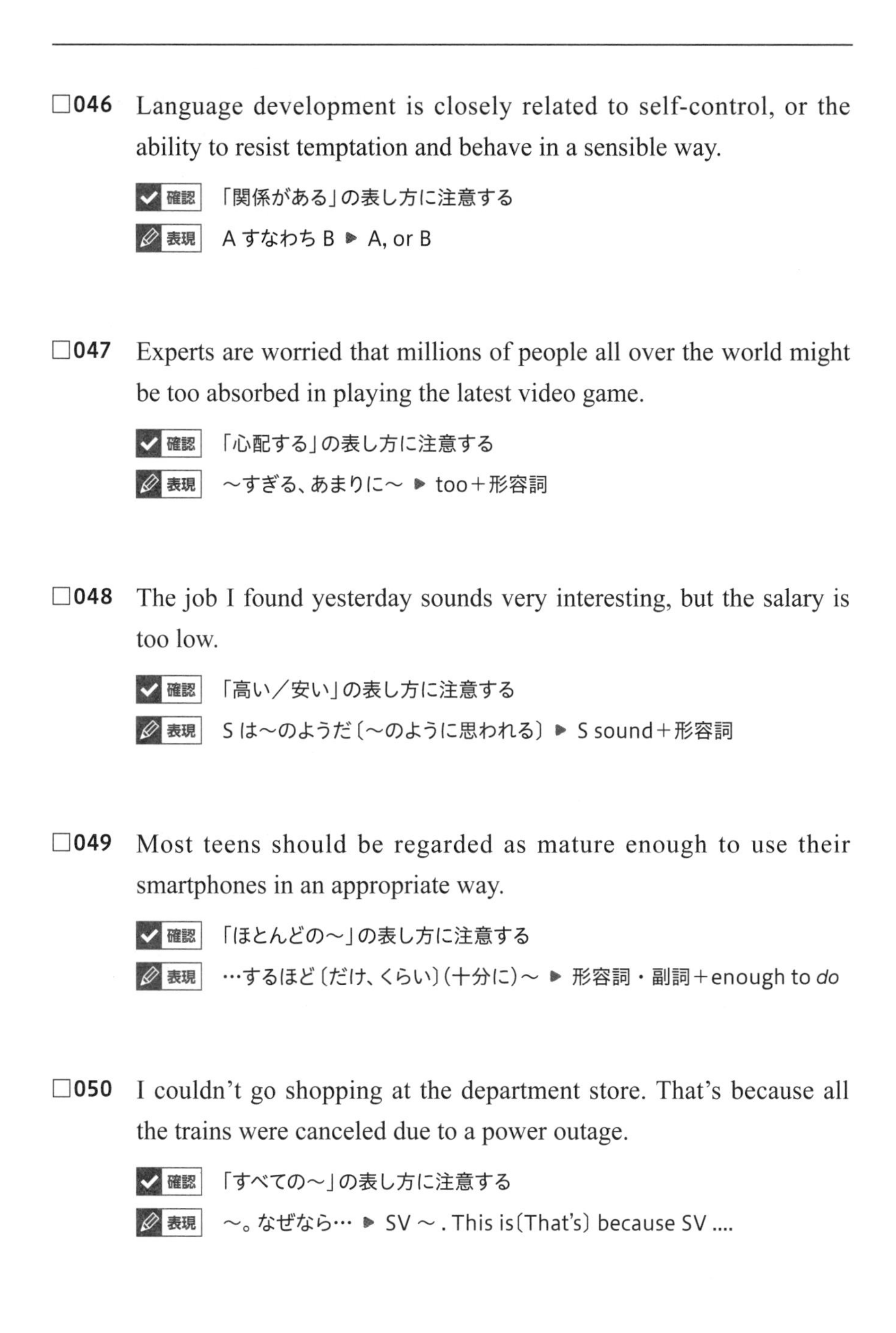

□**046** Language development is closely related to self-control, or the ability to resist temptation and behave in a sensible way.

確認 「関係がある」の表し方に注意する

表現 A すなわち B ▶ A, or B

□**047** Experts are worried that millions of people all over the world might be too absorbed in playing the latest video game.

確認 「心配する」の表し方に注意する

表現 ～すぎる、あまりに～ ▶ too＋形容詞

□**048** The job I found yesterday sounds very interesting, but the salary is too low.

確認 「高い／安い」の表し方に注意する

表現 S は～のようだ〔～のように思われる〕 ▶ S sound＋形容詞

□**049** Most teens should be regarded as mature enough to use their smartphones in an appropriate way.

確認 「ほとんどの～」の表し方に注意する

表現 …するほど〔だけ、くらい〕（十分に）～ ▶ 形容詞・副詞＋enough to *do*

□**050** I couldn't go shopping at the department store. That's because all the trains were canceled due to a power outage.

確認 「すべての～」の表し方に注意する

表現 ～。なぜなら… ▶ SV ～ . This is〔That's〕 because SV ....

□051 本校の先生の 3 分の 2 は、グーグル検索で無料の教材を探していると考えられている。

□052 近年、高齢者は増加しており、今では人口の 30%を占めるまでになっている。

□053 1990 年代以降、医療に数々の大きな変化が起きていることは、そのデータから明らかだ。

□054 日本の先生は生徒に対して、アメリカ人くらい自信を持って自分の意見を述べるように勧めてこなかったと思う。

□055 一般的に、インターンシップの経験がある人は、ない人に比べて卒業後の就職率が高い。

□051 It is believed that two-thirds of the teachers in this school do a Google search for free teaching materials.

確認 「A の B」の表し方に注意する

表現 A の…分の～ ▶ 分子-分母 of A

□052 In recent years, the number of older people has been increasing, and they now account for 30% of the population.

確認 「A の数」の表し方に注意する

表現 S は A の割合を占める ▶ S account for A

□053 It is clear from the data that a number of significant changes have taken place in medicine since the 1990s.

確認 「いくつかの〔多くの〕 A」の表し方に注意する

表現 ～年代 ▶ in the ～s

□054 I don't think that Japanese teachers have encouraged their students to express their opinions as confidently as Americans.

確認 「～と同じくらい」の表し方に注意する

表現 ～ないと思う ▶ I don't think (that) SV

□055 In general, those with internship experience are more likely to get a job after graduation than those without such experience.

確認 「…より～する可能性が高い〔低い〕」の表し方に注意する

表現 一般的に、おおむね ▶ in general

□056 コミュニティに多様なメンバーがいればいるほど、他人の考えを尊重する可能性が高まる。

□057 この映画は、昨夜見に行ったが、今まで見たことがないほど最悪の映画だ。

□058 アメリカの高校生にとって休み時間のおしゃべりほど楽しいものはないそうだ。

□059 姉はたいてい家でダラダラしてストレスを発散する。一方、兄は買い物で発散している。

□060 その男性が久しぶりに母親と会った時、彼女は息子のことがわからなくなっていた。

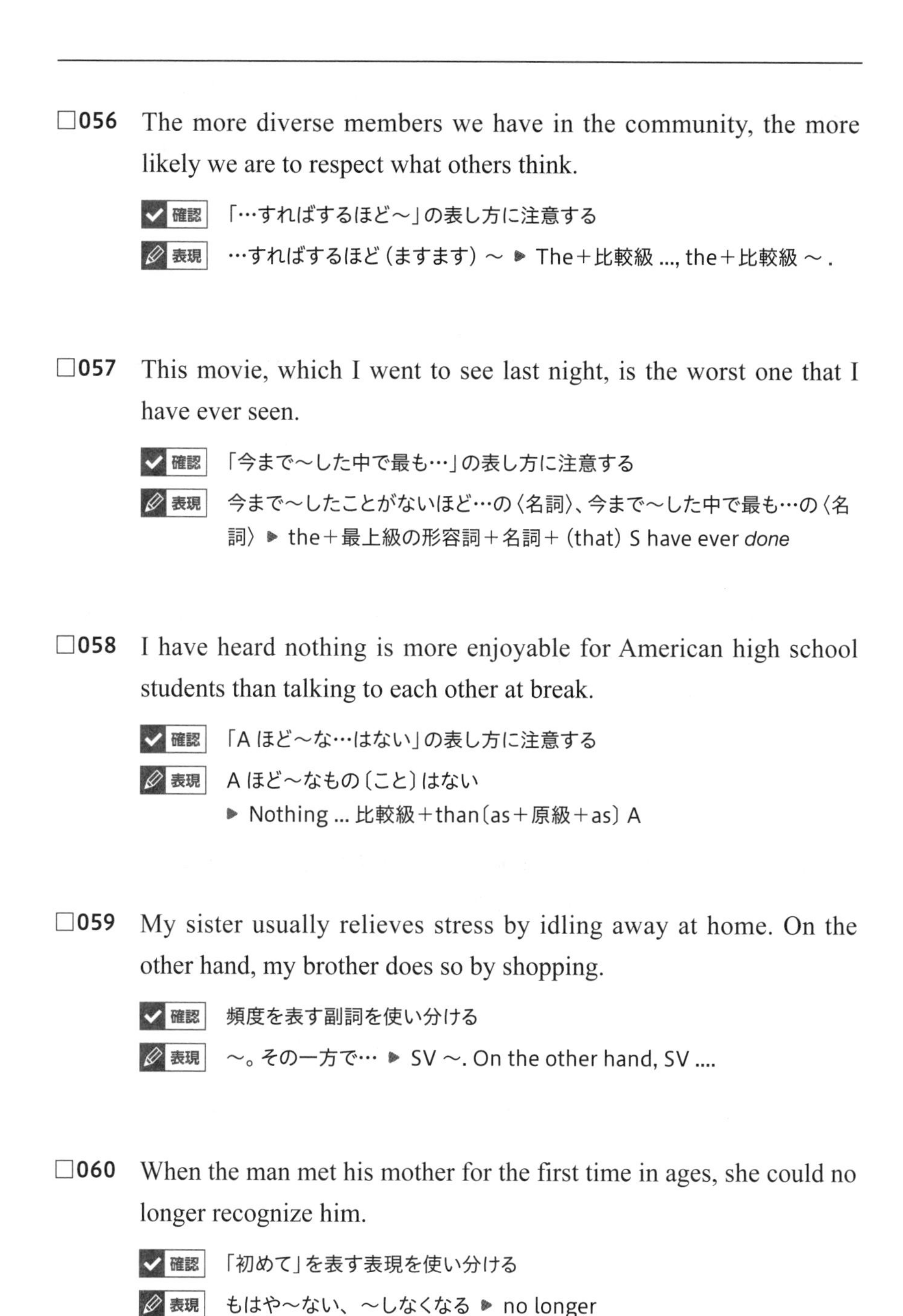

□**056** The more diverse members we have in the community, the more likely we are to respect what others think.

確認 「…すればするほど～」の表し方に注意する

表現 …すればするほど（ますます）～ ▶ The＋比較級 ..., the＋比較級 ～.

□**057** This movie, which I went to see last night, is the worst one that I have ever seen.

確認 「今まで～した中で最も…」の表し方に注意する

表現 今まで～したことがないほど…の〈名詞〉、今まで～した中で最も…の〈名詞〉 ▶ the＋最上級の形容詞＋名詞＋（that）S have ever *done*

□**058** I have heard nothing is more enjoyable for American high school students than talking to each other at break.

確認 「A ほど～な…はない」の表し方に注意する

表現 A ほど～なもの〔こと〕はない
▶ Nothing ... 比較級＋than〔as＋原級＋as〕A

□**059** My sister usually relieves stress by idling away at home. On the other hand, my brother does so by shopping.

確認 頻度を表す副詞を使い分ける

表現 ～。その一方で… ▶ SV ～. On the other hand, SV ....

□**060** When the man met his mother for the first time in ages, she could no longer recognize him.

確認 「初めて」を表す表現を使い分ける

表現 もはや～ない、～しなくなる ▶ no longer

□061 確かに何度も挫折したが、彼はついに弁護士になる夢を叶えたのだ。

□062 チケットは余裕を持って予約する必要がある。座席をぜひ確保したい場合は特にそうだ。

□063 私の地元には、英語では「moderate」という意味の「てげてげ」という方言をまだ使っている人がいて驚いた。

□064 最近、欧米人の間で動物性脂肪の摂り過ぎの危険性に対する認識がますます高まっていることは周知の事実である。

□065 彼は授業中にまったくノートを取らないけれど、テストでいい成績が取れるのだろうか。

□061 It is true that he failed so many times, but he finally realized his dream of becoming a lawyer.

確認 「ついに」を表す表現を使い分ける

表現 確かに～だが… ▶ It is true that SV ～, but SV ....

□062 You will have to book your ticket well in advance, especially if you really want to reserve a seat.

確認 「特に」を表す表現を使い分ける

表現 （もし）～すれば ▶ if SV

□063 I was surprised that some people in my hometown still use the dialect word “tege-tege,” which means “moderate” in English.

確認 「まだ」を表す表現を使い分ける

表現 英語では「B」という意味の「A」 ▶ “A,” which means “B” in English

□064 It is well known that Westerners are increasingly aware of the dangers of eating too much animal fat these days.

確認 「最近」を表す表現を使い分ける

表現 （量が）多すぎる～、あまりにも多くの～ ▶ too much＋不可算名詞

□065 I wonder if he can get good grades on his tests though he takes no notes at all in class.

確認 「〈名詞〉がない」の表し方に注意する

表現 ～か（それとも～でないか）どうか（と思う） ▶ I wonder if SV

□066 ショックなことに、夜遅く帰宅した私の顔色が悪いことに家族はほとんど気づかなかった。

□067 ある特定のやり方で常にやってきたからといって、それが必ずしもベストだとは限らない。

□068 親しい友人関係を維持する最善の方法は、友人の視点から物事を見ることである。

□069 日本の社会で高齢者が活躍できる雇用の機会をもっと創出することが必要だ。

□070 インスタグラムに画像を投稿する方法は、中高年の方でも簡単に習得できます。

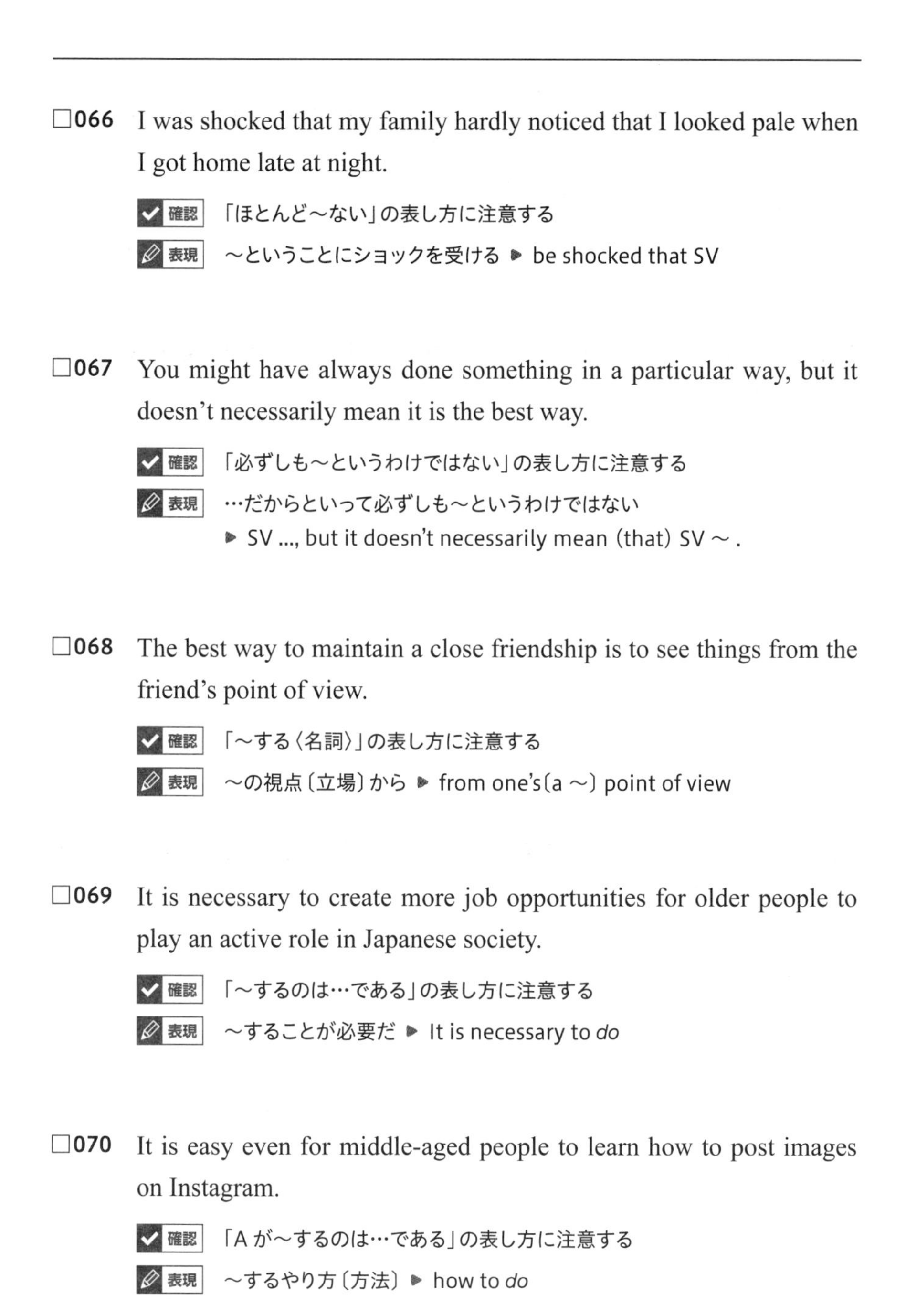

□**066** I was shocked that my family hardly noticed that I looked pale when I got home late at night.

確認 「ほとんど～ない」の表し方に注意する

表現 ～ということにショックを受ける ▶ be shocked that SV

□**067** You might have always done something in a particular way, but it doesn't necessarily mean it is the best way.

確認 「必ずしも～というわけではない」の表し方に注意する

表現 …だからといって必ずしも～というわけではない
▶ SV ..., but it doesn't necessarily mean (that) SV ～ .

□**068** The best way to maintain a close friendship is to see things from the friend's point of view.

確認 「～する〈名詞〉」の表し方に注意する

表現 ～の視点〔立場〕から ▶ from one's〔a ～〕point of view

□**069** It is necessary to create more job opportunities for older people to play an active role in Japanese society.

確認 「～するのは…である」の表し方に注意する

表現 ～することが必要だ ▶ It is necessary to *do*

□**070** It is easy even for middle-aged people to learn how to post images on Instagram.

確認 「A が～するのは…である」の表し方に注意する

表現 ～するやり方〔方法〕 ▶ how to *do*

□071　そのレシピ本が初心者に人気なのは、そのわかりやすさが大きな理由の1つです。

□072　健康で若々しくあるために、バランスのよい食習慣を身につける重要性を肝に銘じておきなさい。

□073　以前は友人がテスト結果を自慢するのを耳にするだけで、勉強する気が失せてしまったものだった。

□074　迷信深い人が、将来の出来事に影響を及ぼす疑いのある特定の数字を選ぶことを避けるのは間違いない。

□075　通勤時にイヤホンを使うと、周囲の雑音に邪魔されずに音楽を楽しめるという利点がある。

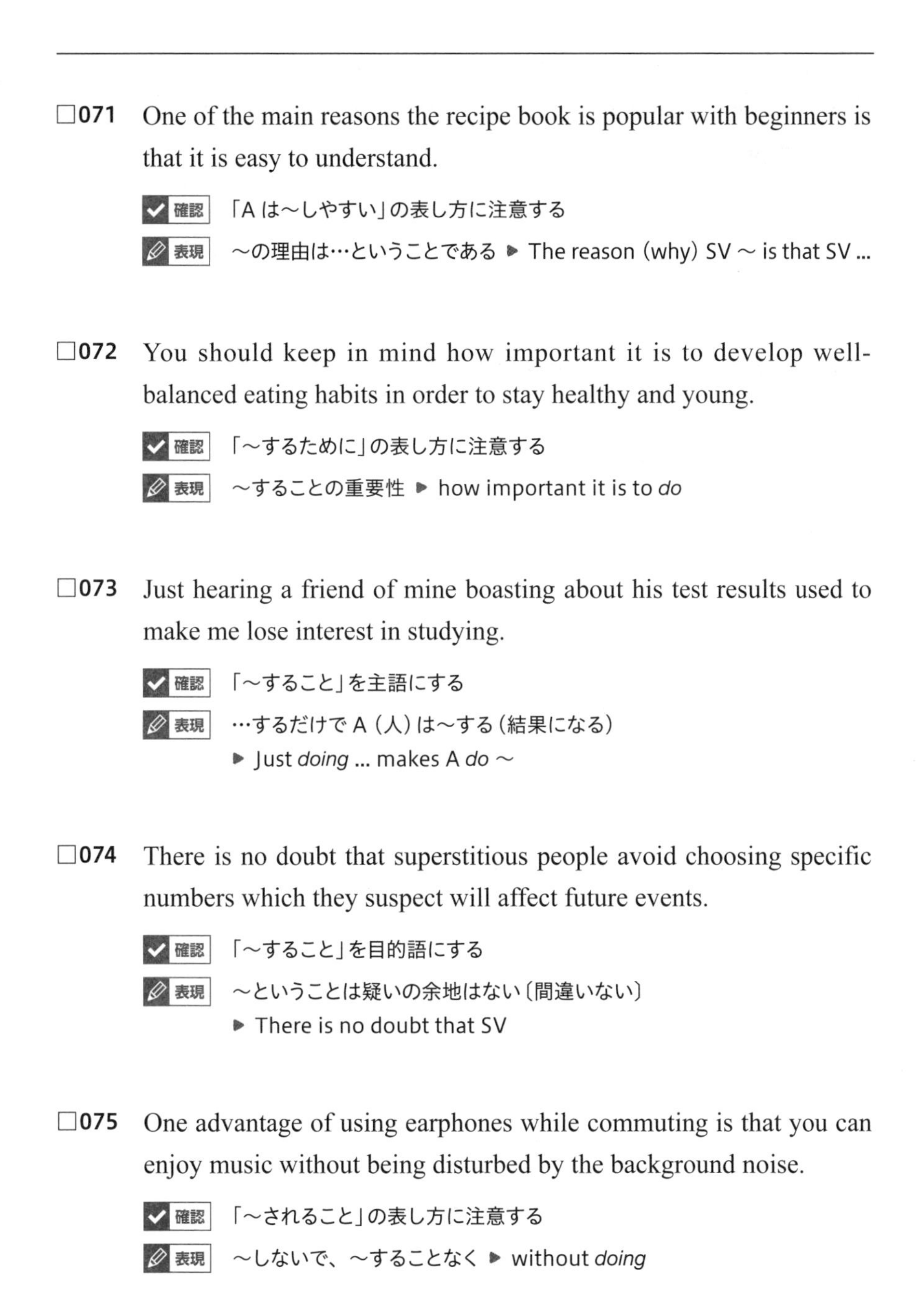

□**071** One of the main reasons the recipe book is popular with beginners is that it is easy to understand.

確認 「A は〜しやすい」の表し方に注意する

表現 〜の理由は…ということである ▶ The reason (why) SV 〜 is that SV ...

□**072** You should keep in mind how important it is to develop well-balanced eating habits in order to stay healthy and young.

確認 「〜するために」の表し方に注意する

表現 〜することの重要性 ▶ how important it is to *do*

□**073** Just hearing a friend of mine boasting about his test results used to make me lose interest in studying.

確認 「〜すること」を主語にする

表現 …するだけで A（人）は〜する（結果になる）
▶ Just *doing* ... makes A *do* 〜

□**074** There is no doubt that superstitious people avoid choosing specific numbers which they suspect will affect future events.

確認 「〜すること」を目的語にする

表現 〜ということは疑いの余地はない〔間違いない〕
▶ There is no doubt that SV

□**075** One advantage of using earphones while commuting is that you can enjoy music without being disturbed by the background noise.

確認 「〜されること」の表し方に注意する

表現 〜しないで、〜することなく ▶ without *doing*

□076 清潔すぎる環境で育つ幼い子供のほうが、アレルギーを発症するリスクが高くなる傾向がある。

□077 最近の調査によれば、1日のテレビ視聴時間は時代によってばらつきがある。

□078 パーティーに顔を出す頃には、食べ物がほとんど残っていないのではないかと心配になる。

□079 その町が嵐に見舞われると、5日連続で大雨が降り、土砂崩れや川の氾濫が発生した。

□080 家族と連絡を取りながら、田舎で一人暮らしをしたほうがよいのではないでしょうか。

□076 Young children growing up in too clean an environment tend to be at higher risk of developing allergies.

確認 「～している〈名詞〉」の表し方に注意する

表現 ～すぎる〈名詞〉 ▶ too＋形容詞＋a / an＋名詞

□077 According to recent research, the amount of time spent watching TV a day has varied from period to period.

確認 「～される〈名詞〉」の表し方に注意する

表現 A によれば ▶ according to A

□078 I am afraid that there will be almost no food left by the time we get to the party.

確認 「～している〈名詞〉がいる〔ある〕」の表し方に注意する

表現 ～するまでには（すでに） ▶ by the time SV

□079 When a storm hit the city, heavy rain poured for five consecutive days, causing landslides and river flooding.

確認 分詞を使って文に情報を追加する

表現 …して、その結果～する ▶ SV ..., (thus) *doing* ～ .

□080 It would be better for you to live by yourself in the country, keeping in touch with your family.

確認 付帯状況の表し方に注意する

表現 A は～するほうがよい ▶ It is better for A to *do*

□081 この本に対するその評論家の批評は、あまりに幼稚で失礼なものであり、検討に値しない。

□082 最寄りの駅は約 8 キロ離れているので、車で行くと 5 分以上はかかります。

□083 今回の調査は、どのようなタイプの人が高血圧などの慢性疾患に罹患するのかを調べるために実施した。

□084 当時の親は、娘が 20 歳になったらすぐに結婚して子供を産んでほしいと思っていた。

□085 正直に言って、もっと多くの外国人が日本で働けるようにすべきだという考えには賛成できません。

□081 The critic's comments on this book are so childish and offensive that they are not worth considering.

確認 「～する価値がある」の表し方に注意する

表現 とても…なので～する（ほどだ） ▶ so＋形容詞・副詞＋that SV

□082 The nearest station is about eight kilometers away, so it takes at least five minutes to get there by car.

確認 「～で」の表し方に注意する

表現 （A が）～するのに〈時間〉がかかる ▶ It takes（＋A）＋時間＋to *do*

□083 We conducted this survey to find out what kind of person suffers from chronic diseases such as high blood pressure.

確認 「～のような」の表し方に注意する

表現 B のような〔などの〕A ▶ A such as B

□084 Parents in those days wanted their daughters to get married and have a child soon after they turned 20.

確認 「～する前〔後〕に」の表し方に注意する

表現 A に～してほしい（と思う） ▶ want A to *do*

□085 To be honest, I don't agree with the idea that more foreigners should be allowed to work in Japan.

確認 that 節を使って名詞の具体的な内容を説明する

表現 A（人・意見・考えなど）に賛成する ▶ agree with A

□086 食べ始めはわくわくするような食べ物でも、慣れてくると飽きてしまうものだ。

□087 視力は歳を重ねるごとに悪化し、昔は簡単だと思っていた作業が難しくなることがある。

□088 一人暮らしをしている山田太郎さんは先日、「私は子供たちのお荷物にはなりたくない」と言った。

□089 特に健康志向の高い30代を中心に、ますます多くの人が効果があると思う運動を始めている。

□090 その島は観光事業で完全に西洋化してしまった。つまり、かつての島とは違う島になってしまったのだ。

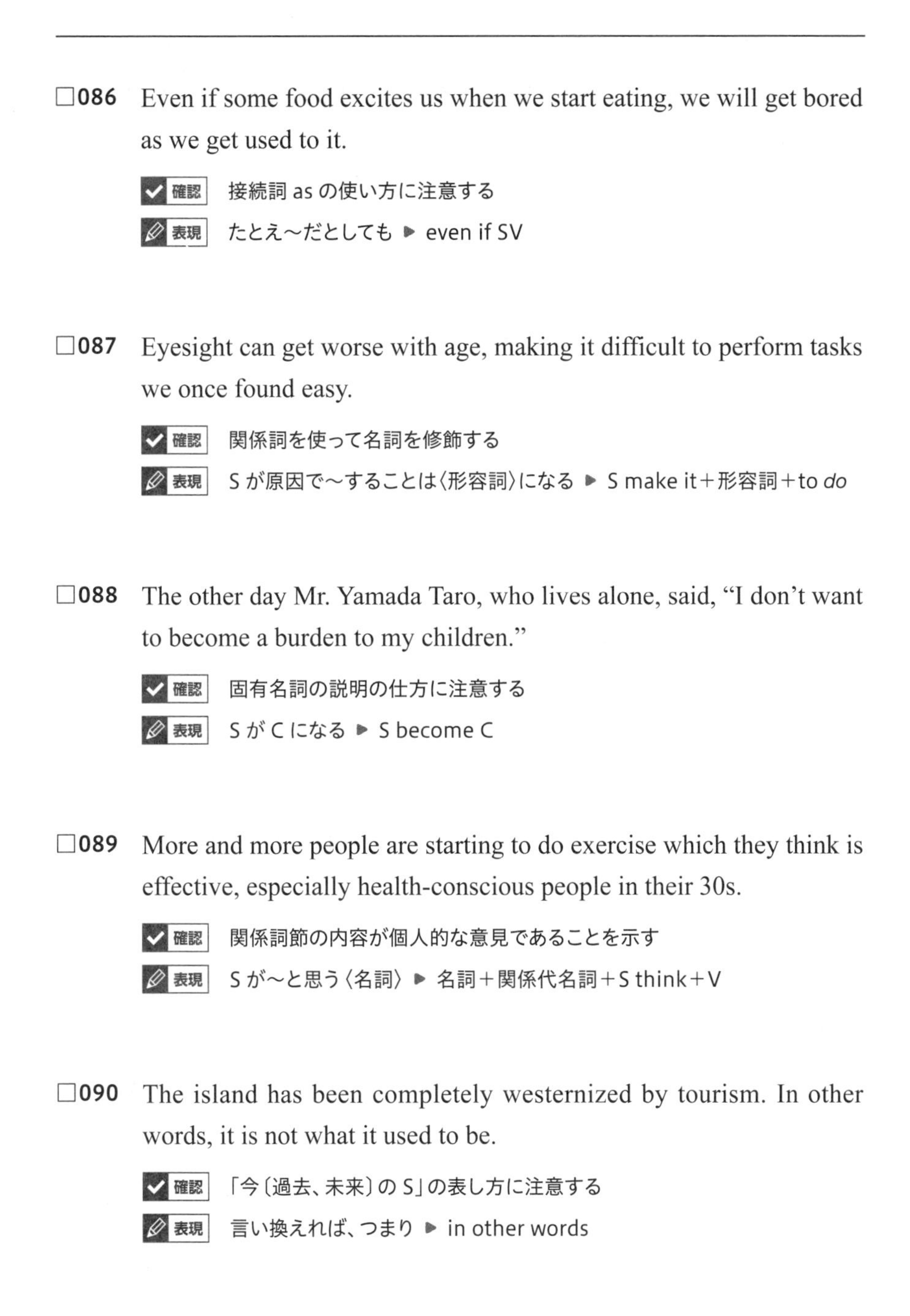

□**086** Even if some food excites us when we start eating, we will get bored as we get used to it.

確認 接続詞 as の使い方に注意する

表現 たとえ〜だとしても ▶ even if SV

□**087** Eyesight can get worse with age, making it difficult to perform tasks we once found easy.

確認 関係詞を使って名詞を修飾する

表現 S が原因で〜することは〈形容詞〉になる ▶ S make it＋形容詞＋to *do*

□**088** The other day Mr. Yamada Taro, who lives alone, said, "I don't want to become a burden to my children."

確認 固有名詞の説明の仕方に注意する

表現 S が C になる ▶ S become C

□**089** More and more people are starting to do exercise which they think is effective, especially health-conscious people in their 30s.

確認 関係詞節の内容が個人的な意見であることを示す

表現 S が〜と思う〈名詞〉 ▶ 名詞＋関係代名詞＋S think＋V

□**090** The island has been completely westernized by tourism. In other words, it is not what it used to be.

確認 「今〔過去、未来〕の S」の表し方に注意する

表現 言い換えれば、つまり ▶ in other words

□**091** 自動車を使わず自転車に乗る人が増えたら、渋滞も減り、空気もきれいになるのになあ。

□**092** 天気がよければ、きっと残りの休暇はもっと楽しかったにちがいない。

□**093** 目を閉じてその曲を聴いたら、まるでコンサートホールにいるような気分になる。

□**094** 兄はどんなに仕事が忙しくても、何とか時間を見つけては私の宿題を手伝ってくれた。

□**095** いくら友だちが多くても、信頼できる人がいなければ、この深刻な問題は解決できない。

□**091** If more people rode bicycles instead of driving cars, we would have fewer traffic jams and cleaner air.

確認 「(もし) ～すれば」の表し方に注意する

表現 〈可算名詞〉が増える〔減る〕 ▶ more〔fewer〕＋可算名詞

□**092** If the weather had been good, I am sure I would have enjoyed the rest of my vacation more.

確認 「(もし)～すれば」の表し方に注意する

表現 S はもっと V する ▶ SV more

□**093** If you listen to the music with your eyes closed, you will feel as if you were in a concert hall.

確認 「まるで～であるかのように」の表し方に注意する

表現 目を閉じて〔閉じたまま〕 ▶ with one's eyes closed

□**094** No matter how busy my brother was with his work, he managed to find time to help me with my homework.

確認 「どんなに〈形容詞〉でも」の表し方に注意する

表現 どんなに〈形容詞〉でも ▶ no matter how＋形容詞＋SV

□**095** No matter how many friends you have, you can't solve this serious problem unless you have someone you can trust.

確認 「どんなに〈名詞〉が〈形容詞〉でも」の表し方に注意する

表現 どんなに〈名詞〉が〈形容詞〉でも
▶ no matter how＋形容詞＋名詞＋SV

□**096** いくら頑張ってみても、上司に相談することは他に何ひとつ思い浮かばなかった。

□**097** その店長は、アルバイトが自分の頼んだとおりに動いてくれない場合の対処法をあれこれ考えているところだ。

□**098** この表は、老後にお金の心配をすることなく快適に暮らすために必要だと人々が考えている額を示している。

□**099** 旅行中、ガイドがどんな史跡について説明してくれるのか、もっと注意していればよかった。

□**100** コンクールに出て 1 等賞を取ったらどんな感じだろうと何度か想像してみた。

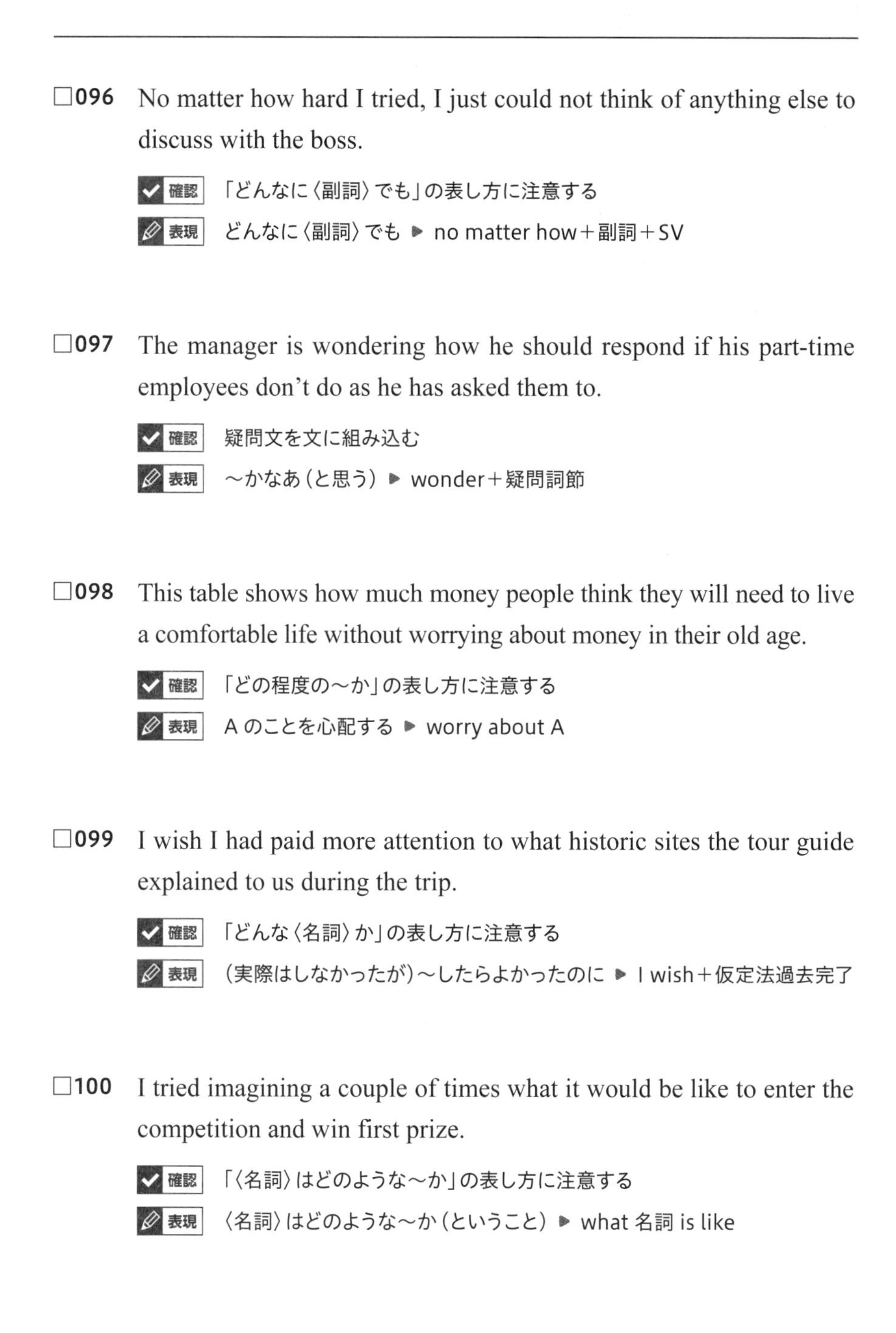

□**096** No matter how hard I tried, I just could not think of anything else to discuss with the boss.

確認　「どんなに〈副詞〉でも」の表し方に注意する

表現　どんなに〈副詞〉でも ▶ no matter how＋副詞＋SV

□**097** The manager is wondering how he should respond if his part-time employees don't do as he has asked them to.

確認　疑問文を文に組み込む

表現　〜かなあ（と思う） ▶ wonder＋疑問詞節

□**098** This table shows how much money people think they will need to live a comfortable life without worrying about money in their old age.

確認　「どの程度の〜か」の表し方に注意する

表現　A のことを心配する ▶ worry about A

□**099** I wish I had paid more attention to what historic sites the tour guide explained to us during the trip.

確認　「どんな〈名詞〉か」の表し方に注意する

表現　（実際はしなかったが）〜したらよかったのに ▶ I wish＋仮定法過去完了

□**100** I tried imagining a couple of times what it would be like to enter the competition and win first prize.

確認　「〈名詞〉はどのような〜か」の表し方に注意する

表現　〈名詞〉はどのような〜か（ということ） ▶ what 名詞 is like

## 表現　英作文に役立つ表現

**001** □ ピクニックをする ▶ have a picnic

**002** □ (途中でやめないで) ～し続ける、くり返し～する ▶ keep *doing*

□ (～するように) 努力する ▶ make an effort (to *do*)

□ ～するチャンス〔機会〕 ▶ a chance to *do*

□ あきらめる、断念する ▶ give up

**003** □ 価値観 ▶ values

□ (A に対して) ～の態度をとる ▶ have a ～ attitude (toward A)

**004** □ (例外もあるが) 全体的に～、概して～ ▶ On the whole, SV ～ .

**005** □ 風景、景色 ▶ scenery

**006** □ ～歳の〈名詞〉 ▶ 名詞＋aged＋数詞

□ A よりも (むしろ) B、A ではなく B ▶ B rather than A

**007** □ ～するのが一番よい ▶ it is best to *do*

□ できるだけ～ ▶ as ～ as S can / as ～ as possible

**008** □ 似ている ▶ alike

□ A に自信を持っている ▶ be confident about〔in / of〕 A

**009** □ (A において) 役割を担う〔果たす〕 ▶ play a role (in A)

**010** □ 残念ながら～ ▶ Unfortunately, SV

**011** □ 旅行する ▶ travel

□ A について知る〔知識を得る〕 ▶ learn about A

□ 視野を広げる ▶ broaden one's horizons

**012** □ ～かもしれないが… ▶ may *do* ～ , but ...

□ 問題は～ということだ、困ったことに～ ▶ The problem is that SV.

**013** □ 19 世紀の間、19 世紀に ▶ in the 19th century

**014** □ A の無駄 (遣い) ▶ a waste of A

**015** □ 面白半分に、遊びで、ふざけて ▶ for fun

**016** □ A に備えて準備する ▶ prepare for A

□ あさって、明後日 ▶ the day after tomorrow

**017** □ 〈ある期間〉休みを取る〔仕事を休む〕 ▶ take＋〈期間〉＋off

□ A (人) に～してくれたことを感謝する ▶ thank A for *doing*

**019** □ （Aに）電話をかける ▶ make a phone call (to A)

□ 電話に出る ▶ answer the phone

**020** □ A（建物）を取り壊す ▶ demolish A

□ A（建物など）を改装〔改築〕する、リフォームする ▶ renovate〔remodel〕A

**021** □ ～してショックだ ▶ be shocked to *do*

**022** □ Aを負担する、Aの重荷を負う ▶ carry〔bear〕the burden of A

□ 家事 ▶ household chores〔duties〕

**023** □ 実業家 ▶ a businessperson

□ 冗談を言う ▶ tell a joke

□ …の場〔機会〕で ▶ on a ... occasion / in a ... situation

**024** □ A（人）と交流する、関わる ▶ interact with A

**025** □ Aを申し込む、申請する ▶ apply for A

**026** □ ずっと多くの（数の）～ ▶ many more＋可算名詞

**027** □ 美しい自然、自然の美しさ ▶ the beauty of nature

**028** □ AをC（の状態）のままにしておく ▶ leave A C

□ （人が）Aを怖がる ▶ be scared of A

**029** □ レジで支払う ▶ pay at the cash register / pay at the checkout

□ Aを（こっそり）盗む ▶ steal A

**030** □ はるかに、ずっと、断然～ ▶ much＋比較級

□ ここ～の（期間の）間 ▶ over the past〔last〕～

**031** □ 現代社会では ▶ in modern society

□ ～するのに忙しい ▶ be busy *doing*

**032** □ Sは〈時間〉がかかる ▶ S take＋時間

**033** □ Aを着用している ▶ wear A

□ 風邪をひいている ▶ have a cold

**034** □ 電子機器 ▶ an electronic device

**035** □ 退学する、学校をやめる ▶ quit school

□ ～しないうちに ▶ before SV

036 □ 留学生 ▶ an international student / a foreign student

□ A に到着する ▶ arrive in〔at〕A

037 □ A（人）と意思疎通をする、コミュニケーションを取る
▶ communicate with A

038 □ アプリを削除する ▶ delete an app

□ B から A（人）の注意をそらす、気を散らせる ▶ distract A from B

□ A に集中する ▶ focus on A

039 □ 眠りに落ちる、居眠りする ▶ fall asleep

□ 〈場所〉に A を置き忘れる ▶ leave A+場所

040 □ スタッフ ▶ staff

□ A（提案・要求など）に同意〔賛成〕する、応じる ▶ agree to A

□ 〜する（という）計画 ▶ plan to *do*

041 □ 〜といううわさが立っている ▶ Rumor has it that SV

□ A（医師・弁護士）に相談する、意見を聞く ▶ consult A

□ すぐに、ただちに ▶ right away / at once

042 □ その時点で、その時 ▶ at that point

□ 〜することによって ▶ by *doing*

043 □ A に参加する ▶ participate in A

□ A と力を合わせる、協力〔連携〕する ▶ cooperate with A

□ いやがおうでも、好むと好まざるとにかかわらず
▶ whether you like it or not

044 □ 今年〔去年〕の夏 ▶ this〔last〕summer

□ アルバイトをする ▶ do a part-time job / work part-time

045 □ おもてなし ▶ hospitality

□ 郷土料理 ▶ a local dish

046 □ （〜したいという）誘惑に負けない、耐える ▶ resist temptation (to *do*)

047 □ 何百万もの A ▶ millions of A

□ A に熱中〔没頭〕している、夢中である ▶ be absorbed in A

□ 最新の A ▶ the〔one's〕latest A

**048** □ 仕事を見つける ▶ find〔get〕 a job

**049** □ A を〜とみなす ▶ regard A as 〜

**050** □ A に買い物に行く ▶ go shopping in〔at〕 A

**051** □ A を（探して）グーグルで検索する ▶ do a Google search for A

**052** □ 近年、ここ数年の間に ▶ in recent years

□ 高齢者 ▶ older〔elderly〕 people / the elderly

**053** □ S が起こる ▶ S take place / S happen

**054** □ A（人）に〜するよう奨励する〔勧める〕 ▶ encourage A to *do*

□ 自分の意見を述べる〔言葉にする〕 ▶ express one's opinion(s)

**055** □ A を持った〔A が付いている〕〈名詞〉 ▶ 名詞＋with A

**056** □ 多様な、多様性に富んだ、さまざまな ▶ diverse / varied

□ A の考え ▶ what A think

**057** □ 映画を見に行く ▶ go to (see) a movie / go to the movies

□ 昨夜、昨日の夜 ▶ last night

**058** □ 〜だそうだ、〜と聞いている ▶ I hear (that) SV

□（授業の間の）休み時間に ▶ at break / at recess

**059** □ ストレスを発散する〔和らげる〕 ▶ relieve〔reduce〕 stress

□ ダラダラ過ごす、ゴロゴロする ▶ idle away

**060** □ A が（以前見聞きしたことがあると）わかる、A を（同一だと）認識する ▶ recognize A

**061** □ 何度〔何回〕も ▶ (so) many times

□ 〜する夢を叶える、実現する ▶ realize〔fulfill〕 a dream of *doing*

**062** □ A を予約する ▶ book〔reserve〕 A

□ 前もって、事前に ▶ in advance

**063** □ 〜ということに驚く ▶ be surprised that SV

**064** □ 〜ということは周知の事実である ▶ It is well known that SV

□ A を認識〔意識、自覚〕している ▶ be aware of A

**065** □ テストでよい成績を取る ▶ get a good grade on〔in〕 a test

□（A（授業・講義の内容など）の）ノートを取る ▶ take notes (of A)

□ 授業中 ▶ in class

**066** □ ～ということに気づく ▶ notice that SV

□ 顔色が悪い ▶ look pale

**067** □ ～のやり方で ▶ in a ～ way

**068** □ 友人関係、友情 ▶ a friendship

□ 物事を見る ▶ see things

**069** □ 機会をつくる ▶ create an opportunity

**070** □ 中高年の、中年の ▶ middle-aged

□ A（画像など）をB（ウェブ上）に投稿する ▶ post A on B

**071** □ A（特定・複数名詞）の1つ ▶ one of A

□ Aに〔Aの間で〕人気がある ▶ be popular with〔among〕A

**072** □ Aを覚えておく、心に留めておく ▶ keep A in mind

□ （～する）習慣を身に付ける、癖がつく ▶ develop a habit（of *doing*）

□ ～ままでいる ▶ stay＋形容詞

**073** □ Aが～しているところを耳にする ▶ hear A *doing*

□ Aを自慢する、自慢話をする ▶ boast about〔of〕A

□ （現在とは異なり）以前はよく～した ▶ used to *do*

□ Aに対する興味を失う ▶ lose interest in A

**074** □ ～ではないかと疑う、～だろうと思う ▶ suspect that SV

**075** □ Aの〔Aという〕利点、長所 ▶ advantage of A

□ A（人）を邪魔する ▶ disturb A

**076** □ （人が）育つ、成長する ▶ grow up

□ ～する傾向がある、～しがちである ▶ tend to *do*

□ ～するリスクが高い ▶ be at high risk of *doing*

□ アレルギーを起こす〔発症する〕 ▶ develop an allergy〔allergies〕

**077** □ テレビを見る〔視聴する〕 ▶ watch TV

□ ～あたり、～につき ▶ a＋単位となる時間

□ Aによって変動する〔さまざまである〕 ▶ vary from A to A

**078** □ ～ではないかと心配だ ▶ I am afraid that SV

□ Aに到着する ▶ get to A

**079** □ (災害などが) A (場所) を襲う ▶ hit〔strike〕 A

□ ～連続の〈名詞〉 ▶ 数字＋consecutive＋名詞

**080** □ 田舎で ▶ in the country

□ A と連絡を取っている、連絡を絶やさないでいる
▶ keep〔stay〕 in touch with A

**081** □ おとなげない、子供っぽい、幼稚な ▶ childish

**082** □ S は (A から) ～ (の距離) 離れている ▶ S be ～ away (from A)

**083** □ (質問形式の) 調査を行う〔実施する〕 ▶ conduct a survey

□ ～かを調べる、探り出す ▶ find out＋疑問詞＋SV

□ (長期間にわたり) A (病気) を患う、A に苦しむ ▶ suffer from A

**084** □ (過去のある特定の時点を指して) 当時は ▶ in those days

□ 結婚する ▶ get married

□ 〈年齢〉になる ▶ turn＋数字

**085** □ 正直に言って、実は ▶ to be honest

□ A が～するのを許可する ▶ allow A to *do*

**086** □ S に A (人) は興奮する、わくわくする ▶ S excite A

□ (人が) 退屈して、うんざりして ▶ bored

□ A〔～すること〕に慣れる ▶ get used to A〔*doing*〕

**087** □ 悪化する ▶ get worse

□ (現在と対比して) かつて、以前は ▶ once

**088** □ 先日、この間 ▶ the other day

□ 一人で ▶ alone

□ A にとっての重荷〔負担〕 ▶ a burden to〔on〕 A

**089** □ ますます～ (数量・程度が増す) ▶ 比較級＋and＋比較級 ～

□ (健康維持・体力増強のために) 運動する、体を動かす
▶ do〔take, get〕 exercise

□ 健康志向の、健康意識の高い ▶ health-conscious

□ ～歳代 ▶ in one's ～s

**090** □ Aを西洋化する ▶ westernize A

□ (現在とは異なり)以前は〜だった ▶ used to *do*

**091** □ Aの代わりに、Aではなくて ▶ instead of A

□ 交通渋滞 ▶ a traffic jam / traffic congestion

**092** □ (特定の地域や期間の)天気 ▶ the weather

□ 残りのA ▶ the rest of A

**093** □ (意識して) Aを聞く、Aに耳を傾ける ▶ listen to A

**094** □ A(人)のB(もの)を手伝う ▶ help A with B

□ Aで忙しい ▶ be busy with A

**095** □ 問題を解決する〔解く〕 ▶ solve a problem

**096** □ 少しも〔とても〕〜できない ▶ just can't *do*

□ 他の何か ▶ anything〔something〕 else

□ Aについて話し合う ▶ discuss A

**097** □ Aに〜するように頼む、求める ▶ ask A to *do*

**098** □ 〜の生活〔人生〕を送る ▶ live〔lead〕 a 〜 life

□ 老後に ▶ in one's old age

**099** □ Aに注意を払う ▶ pay attention to A

□ 歴史上重要な ▶ historic

□ AをB(相手)に説明する ▶ explain A to B

**100** □ 試しに〜してみる ▶ try *doing*

□ コンクール〔競技会〕に出る ▶ enter a competition

□ 1位〔1等賞〕になる ▶ win first prize

Z-KAI